项目基金：2020 年广西科技基地和人才专项（项目编
2021 年广西社会科学基金（项目编号：21CXW005）

我国社交媒体演进的 可视化知识图谱研究

党　琼　著

燕山大学出版社

·秦皇岛·

图书在版编目（CIP）数据

我国社交媒体演进的可视化知识图谱研究 / 党琼著. —秦皇岛：燕山大学出版社，2022.12
ISBN 978-7-5761-0404-2

Ⅰ. ①我… Ⅱ. ①党… Ⅲ. ①互联网络－传播媒介－研究－中国－图谱 Ⅳ. ① G206.2-64

中国版本图书馆 CIP 数据核字（2022）第 201481 号

我国社交媒体演进的可视化知识图谱研究
党琼　著

出 版 人：陈　玉			
责任编辑：孙志强		策划编辑：孙志强	
责任印制：吴　波		封面设计：刘韦希	
出版发行：燕山大学出版社 YANSHAN UNIVERSITY PRESS		电　　话：0335-8387555	
地　　址：河北省秦皇岛市河北大街西段 438 号		邮政编码：066004	
印　　刷：英格拉姆印刷(固安)有限公司		经　　销：全国新华书店	

开　　本：170mm×240mm　1/16		印　　张：13.5	
版　　次：2022 年 12 月第 1 版		印　　次：2022 年 12 月第 1 次印刷	
书　　号：ISBN 978-7-5761-0404-2		字　　数：200 千字	
定　　价：54.00 元			

目　　录

第1章 绪 论

1.1 研究背景

社交媒体是人们彼此之间用来分享意见、见解、经验和观点的工具和平台，现阶段主要包括 Facebook/Meta、Twitter、微博、微信、博客、论坛等。社交媒体的出现改变了人们的时空生活。社交媒体的出现进一步印证了"地球村"的说法，强化了虚拟社会中来自不同地域和不同空间的人与人之间的联系和沟通。传播技术的不断发展和进步带来了媒介技术的革新。进入 21 世纪，社交媒体重新构建的虚拟空间促使全球文化壁垒在不断地缩小，文化的认同使媒介时空突破了狭隘的地域和国家界限，打破了对时间和空间的依赖性，促使网络媒介实现了真正意义上的自由。随着微博、微信、论坛、抖音、快手等新兴网络传播方式的出现，媒介的地域特性被彻底打破，人与人之间的传播距离慢慢消失。社交媒体的出现改变了网络传播的时间偏向，使"媒介的时空偏向性朝着媒介时空一体性方向发展"（朱海松，2008）。自此之后，越来越多的学者开始从不同角度研究社交媒体传播等议题。

政务新媒体尤其是政务微博作为政府联系群众、服务群众、凝聚群众的重要方式成为研究的重要议题（张雅馨和范晓玲，2022）。政务微博是指由党政机构及其官员开通，经过实名认证的，用于公开政务信息、推动官民交流和加强公共服务的微博账户（陈静和袁勤俭，2014）。2018 年国务院出台的《国务院办公厅关于推进政务新媒体健康有序发展的意见》指出政务新媒体是移动互联网时代党和政府联系群众、服务群众、凝聚群众的重要渠道，是加快转变政府职能、建设服务型政府的重要手段，是引导网上舆论构建清朗网络空间的重要阵地，是探索社会治理新模式、提高社会治理能力的重要途径。微博的出现为政府和公众搭建了一座"交心"的桥梁，政务微博在重大突发公众事件中起着信息传递和信息互动的作用。杨光等（2022）以 @ 人民日报新浪微博在河南特大暴雨中政务微博的信息特征为例，研究发现微博关于河南特大暴雨的内容以新闻发布为主，辅以救援进度和灾情祈福等的报道，主要目的是稳定民心和缓解公众的恐惧情绪。另外在重大灾难的报道中，政务微博也对英雄人物事迹和各种能够传递正能量的新闻事件进行了报道，强化了公众在面对疫情、洪水、火灾、地震等灾害时的凝聚力和向心力。此外，政务新媒体具有成为社会治理创新助推器的功能，在风险传播和危机管理中能起到缓解风险和抑制风险的作用。突发公共事件具有复杂性、破坏性、难预测性的特点，对于突发自然灾害的舆论引导和治理需要多方参与，其中政府新媒体在满足公众对灾情的知情权和引导舆论方向方面具有举足轻重的作用。黄飞思和张博（2022）研究发现在灾情报道中带有正能量的微博报道能够安抚和缓解公众的焦虑与恐惧情绪。此外，政务微博的本质是官方媒体，带有政务的属性与特征，在运营和管理方面存在一定的短板，比如单向灌输式地发布信息，因此一定程度上政务微博忽视了与公众的沟通效果。整体来看，政务微博作为新时代政府与公众沟通的桥梁，在信息发布和舆论引导方面发挥着重要的作用。

随着传播技术的发展，以手机为代表的移动社交媒体受到了学界的关注。手机媒体拓展了传播载体在时空的自由度，以独特的时空传播方式改变了传统信息的传播方式和公众对信息的感知方式。手机将人们链接起来，使来自全世界各地的人能够突破束缚自主地参与不同话题的讨论，各个阶层的网民可以自由表达他们的意见和观点，促使社会热点事件更大范围地扩散传播。近两年，以抖音为代表的短视频社交软件的出现极大地改变了传播的话语权。中国网络视听节目服务协会发布的《2021 中国网络视听发展研究报告》显示，截至 2020 年 12 月，中国网络视听用户总规模达 9.44 亿，其中短视频用户规模为 8.73 亿，日均使用时长为 120 分钟。由此可见，短视频已经成为当下最热门的社交媒体，它的传播方式已经改变了公众接收信息的渠道和社交习惯。学者何芸茜等（2022）指出短视频的蓬勃发展其本质是文化的创新在行业集群内和行业集群外围的扩散传播现象。用户生产内容成为短视频平台传播的主要方式，碎片化的内容生产能够吸引更多的用户接收和分享知识。用户借助短视频平台对传统文化进行二次再创作，有助于其朝着多渠道、多元化的方向发展，这在一定程度上可以延缓传统文化衰竭的速度，降低传播中断的概率。此外，在短视频发展的浪潮中，主流媒体，如《人民日报》、新华社、《中国日报》等，也入驻短视频平台，出现了主流媒体短视频化现象。主流媒体新闻的短视频化能让用户轻松地、直观地、快捷地获取信息，构建自己的用户群体，利用算法推荐契合用户需求的新闻。最先入驻抖音短视频平台的主流媒体是央视一套，此后不到半年的时间里，该政务抖音发表的视频总播放量达到了 500 亿。

2020 年年初突发的新冠肺炎疫情快速席卷全国，在严格的管控措施下，社交媒体成为居家隔离的民众了解政府政令和疫情动态的主要渠道，社交媒体的社会价值也在此次疫情过程中得到凸显和放大。在移动互联网时代，社交媒体因为拥有丰富的多模态符号资源和庞大的用户群体，已经成为政府机关与社会机构发布消息时的首选渠道，是实现有效宣传和科学管理的重要方式。随着"社交疏远"（social distancing）的持续，人们对社交媒体的依赖性越来越强。在互联网时代，社交媒体越来越成为网民介入公共事务、社会管理的平台，是网络舆情的主要载体，也在相当程度上反映和影响着社情民意。在疫情防控过程中，社交媒体能够及时回应"民生民情"。政府能够借助社交媒体有效地、全面地做好新冠肺炎疫情防护工作，正确地引导舆论，避免新冠肺炎疫情引发网络信息疫情。当前国内外学者对社交媒体与新冠肺炎疫情的研究主要侧重在两个方面。

一方面是研究社交媒体在新冠肺炎疫情传播中的核心作用与传播机制。许多研究表明社交媒体，比如微信、微博、短视频，是公众获得疫情信息的主要渠道，在重大突发事件风险传播的各个阶段成为信息传播的重要节点。学者张克旭（2020）强调社交媒体在新冠肺炎疫情中起着"吹哨"预警、风险放大、形成信息瀑布、引爆舆论的核心作用。社交媒体参与新冠肺炎疫情的传播与治理几乎从根本上重塑了我国面对重大突发公共卫生事件时的防控预警体系。社交媒体可以预测新冠肺炎疫情的发病率和规模，促使公众及时地获取有关疫情的信息和资源，促进公众、政府、医疗机构之间进行有效的沟通。陈娟和郭雨丽（2020）的研究表明社交媒体，比如微信、抖音平台和微博，可以有效地参与新冠肺炎疫情科普知识的健康干预，潜移默化地影响公众的认知进而改变他们的行为。另外，在社交媒体参与疫情防控的过程中，公众的数据隐私和理性对话也应当引起学界和业界的重视。

国际社交媒体平台的主流在重大突发事件传播中的作用也引起了学界的注意。新冠肺炎疫情暴发后，彭文忠和曹瀚文分析了 @PDChina（人民日报）在 Twitter 平台有关新冠肺炎疫情的报道，发现社交媒体平台 @PDChina 的报道能够满足受众利用碎片化的视角阅读新闻信息的要求，报道聚焦全球新冠肺炎疫情事件动态并且报道的内容更加多元化，涉及政治、心理健康、旅游业、教育等。但是我国主流媒体在国际社交媒体平台缺乏强势的话语权，具体体现在粉丝数量较少，大多为中国人且中西主流价值观的差异导致来自不同国家的受众听不见或听不清中国抗击疫情、治理疫情的声音。另外，如果信息披露不及时可能引发公众对政府部门的信任危机。在国际社交媒体平台构建的虚拟网络空间里具有开放性话语特征，国内外的地理边界在国家社交媒体空间不复存在，这种自由的表象很容易掩盖传播中国与他国之间权力主体的激烈博弈（路璐，2016）。由于国家与国家之间的政治立场不同，对新冠肺炎疫情的报道无法做到客观公正，且报道本身就带有一定的意识形态倾向性，再加上社交媒体平台信息选择性接触机制的影响，受众很容易在信息超载的社交媒体平台根据自己的立场和喜好选择性地接触信息，很容易导致对某一特定群体、国家、民族产生偏见，也容易引发群体极化（彭文忠和曹瀚文，2021）。因此，为了能够更加有效、合理和全面地传播新冠肺炎疫情信息和让世界看到中国抗击疫情的信息，国际层面应该增强多方联动，打造国际社交媒体传播矩阵，充分利用社交媒体的对话功能积极开展正面的情绪引导。

另一方面是着重研究新冠肺炎疫情背景下社交媒体引发的"信息疫情"（infodemic）、舆情管理和治理策略。2020 年新冠肺炎疫情的暴发适逢社交媒体蓬勃发展的今天，"信息疫情"的现象和以往相比更加严重。世界卫生组织（World Health Organization，WHO）全球传染病防范主任西尔维·布里安德（Sylvie Briand）博士明确表示社交媒体时代，随着新冠肺炎疫情在全球范围内的暴发，势必会导致"信息疫情"的暴发。以前的许多研究已经表明历史上的每一次大规模的传染病（比如，SARS）的暴发，都会伴随着"信息疫情"的暴发。易艳刚（2020）强调疫情防控和治理工作很重要，但是预防和治理社交媒体平台的"信息疫情"也同样重要。历史上每一次暴发传染病，都会同时暴发"信息疫情"。沈可君（2020）认为在新冠肺炎疫情的防控和治理期间，虚假、错误、谣言等信息，比如双黄连可以治疗新冠肺炎，在社交媒体平台呈现出"巴赫金式狂欢"的传播态势，严重误导了公众的认知并引起了社会的恐慌。张子帆和王勇（2020）指出社交媒体传播隐蔽性的特点是使网络空间新冠肺炎疫情谣言泛滥的重要原因，信息的不对称和全民群体传播的情境下导致的网络判断力低下促使网络谣言的扩散，社交媒体的交互性和社会性为网民提供了一个情绪的发泄口，这为新冠肺炎疫情谣言的滋生和发酵提供了空间。社交媒体时代新冠肺炎疫情谣言在网络空间的泛滥给社交带来了极大的危害，比如国外反华势力企图通过社交媒体制造"政治病毒"，企图污蔑、抹黑、唱衰、瓦解中国人民治理疫情的决心，诱导国际舆论，从而影响我国民众的政治立场、破坏我国的政治稳定。

社交媒体在新冠肺炎疫情的传播中扮演了十分重要的角色，是公众获取信息的重要途径，然而公众应该时刻警惕和远离大量不实信息的传播。到目前为止，社交媒体平台关于新冠肺炎疫情谣言的治理成为学者关注的重中之重。侯丽（2020）指出社交媒体公司可以"屏蔽"（block）、"降级"（demote）或"提升"（elevate）有关新冠肺炎疫情的帖子，因此可以删除有关新冠肺炎疫情不实言论的帖子和谣言。此外，还应当从主体的情感维度、沟通维度、认知维度等方面提高公众使用社交媒体的素养。后疫情时代，臧海群（2020）提出在社交媒体治理方面应当从两个方面入手：一是强化社交媒体平台的主体责任意识和公共治理能力，建构多方力量共同参与的治理模式；二是要建立健全社交平台网络舆情治理机制，实现"平台联动"的治理模式。

综上可知，我国社交媒体在信息传递、舆情治理、政务服务、助农直播等方面起着重要的作用。学界从不同视角运用不同的理论对社交媒体进行了深入的分析，取得了丰硕的研究成果。但是，就研究方法而言，大部分的学者运用叙事、扎根理论、采访、观察、调研等方法对社交媒体进行了研究。

比如，马小萍（2022）从话语赋权、政治治理缺席、公众情绪疏导三个方面论述了社交媒体中谣言产生的原因，并提出社交媒体中谣言的治理应当提高政府的公信力、转变政府的行政理念、充分利用社交媒体传递"正能量"及构建网络与政府的良性互动。赵树旺和付佳（2022）运用网络传播叙事理论探讨了社交媒体中网民身份焦虑的问题，研究发现网民对精英的过度崇拜、新时代网民被技术赋予的权利以及消费主义环境中的特殊文本是造成网络叙事中网民身份焦虑的主要原因。此外，近两年随着人工智能技术和机器学习方法的广泛应用，越来越多的学者采用新的技术方法研究和分析微博、微信、抖音等平台的数据。例如，晏青和刘钰（2022）分析了微博超话中关于抑郁群体的文本，发现抑郁症患者群体通过微博平台构建情感链接，在这一微博空间他们通过相互鼓励由他助转变为自助。崔家勇和王锡苓（2022）对新浪微博平台有关新冠疫苗和疫苗接种犹豫的 15 万条数据进行了抽样分析。但无论是对社交媒体定性的分析还是定量的分析都只侧重于对某一具体方面的分析。整体来看，目前的研究缺乏从整体维度对社交媒体进行定量的分析。基于此，本研究运用科学知识图谱的方法，从整体上对社交媒体进行分析研究。

1.2 科学计量与科学知识图谱

在大数据时代，各个领域的信息和数据海量呈现。大数据已经在商业领域得到积极的应用并取得可观的增殖效益，然后学术领域来自不同学科的大量的科学数据尚未获得充分的关注，并且由于对大数据理解的欠缺，研究者对学界存在的海量数据的开发和利用尚处于初级阶段。另外，随着我国各种数据库的不断建立和完善以及对西方各种数据库（比如，Web of Science）的购买和引进的日益增多，可以用来分析利用的数据越来越丰富。并且，随着科技的不断完善，这些学术数据库越来越规范化和标准化，因此科学知识计量的准确性和一致性也有很大提高。另外，随着新技术的发展，用来进行文献计量分析的软件越来越多且功能也越来越完善，这为学科领域知识组织和知识发掘提供了技术支撑。科学知识图谱是一门新型的知识组织和管理的方法，能够从海量的文献中揭示某一学科领域潜藏的结构关系、社会关系、知识结构，成为当前科学知识计量学中的重要的研究方法，受到国内外不同学科领域的重视并且被广泛应用，比如，情报学、新闻学、心理学、医学、管理学、经济学等。

科学计量学的产生和其他学科与方法的兴起一样，也伴随着种种的困扰和问题。

《科学计量学》专刊在 20 世纪 90 年代举办了一场关于科学计量学学科发展问题的研讨会。在这次研讨会上，来自匈牙利和德国的两位学者格兰泽尔（Glanzel）和舍普林（Schoepflin）一针见血地提出了当下科学计量学存在的种种问题。首先是学界对科学计量学的概念和方法论的错误理解和运用。比如，有些研究者对计量学基本概念解释不清楚或存在错用的现象，比如"洛特卡定律"（Lotka Distribution），更有甚者，有些研究并没有正确地使用"影响因子""被引率"这些基本概念去评价和衡量个人、机构或国家的科学成就。其次是模糊和混淆了基础研究和知识思辨之间的界限。有些数学家和统计学家积极地发展量化的研究方法，这导致科学计量学更趋向于"技术的形式主义"，简单来说就是相关的研究内容被简单化为单纯的数据呈现而忽略了从知识和学科背景层面对数据的深层次的思辨。再次，人才流失也是科学计量学面临的一个重大难题。主要是因为科学计量学的研究通常不符合社会研究的标准且仅从技术形式对数据进行简单呈现的方式价值有限，因此面对这种情况，很多学者不得不转向其他学科领域。最后，值得注意的是由于科学计量学被政策和规划的利益所左右，因此大部分的研究侧重政策部门和产业部门的技术性操作，而对基础性和理论性的探索较少。他们提出的研究问题引起了学界广泛的热议，促使更多的学者开始反思和探讨科学计量学发展中出现的问题和存在的缺陷。

随着科学计量学的不断发展，来自不同领域的学者加入了这一研究领域。

学者埃格（Egghe）在其著作《信息计量学导论：图书馆、文献和信息科学中的定量方法》中提出了科学计量学研究中的两种路径：数学研究路径和社会科学路径。数学研究路径的优势在于可以通过数学建模了解一个学科领域的发展情况，这一路径被大多数学家所认可；社会科学路径没有统一的标准和模板，但是社会科学的路径可以弥补计量学单纯的数据呈现的问题，学者们根据数据结合其表征的社会意义对其进行分析。这两个路径的本质问题是探讨定量的研究是否可以进行质性的分析。有学者提出科学计量不能排除实证分析中的重要的访谈方法，因为在对创作者进行访谈时往往能够获得他们创作文献的思想和社会背景。

科学计量学发展到今天，新型的科学知识图谱出现，在新闻与传播学领域得到了应用。应该如何了解我国社交媒体研究的全貌，如何去评价社交媒体研究领域的影响力，是本书关注的重点问题也是难点问题。文献计量学为本研究提供了切实可行的解决方案。文献计量学是一种客观的、定量的实证研究方法。利用这种方法可以探究一个学科领域文献的分布结构、数量关系和演化趋势，而且也可以确定该领域的核心作者和权威机构，甚至挖掘这个领域的研究热点和研究前沿。基于此，本研究采用科学知识图谱的方法对我国社交媒体领域的文献进行客观的定量的分析，旨在揭示该领域的重要作者、核心科研机构、研究热点、热点演化和研究趋势等。那么，什么是科学知识图谱？它有什么样的优势和不足？它在新闻传播领域的应用情况如何？这将是接下来要详细谈论的问题。

1.3 科学知识图谱在新闻传播学领域的应用

目前有关科学知识图谱的界定尚没有统一的标准。但是学者刘则渊提出的有关科学知识图谱的定义受到了学界的广泛肯定。科学知识图谱是"以科学学为研究范式，以引文分析方法和信息可视化技术为基础，涉及数学、信息科学、认知科学和计算机科学等诸多学科交叉的领域，是科学计量学和信息计量学的新发展"。科学知识图谱具有"图"和"谱"的双重性质：既是可视化的知识图形，又是序列化的知识谱系，显示了知识元与知识群之间网络、结构、互动、交叉、演化或衍生等诸多复杂关系。目前科学知识图谱在我国新闻传播学领域的应用主要体现在以下几个方面：

一是利用科学知识图谱方法对媒介使用和媒体融合的研究。随着互联网的发展，媒介使用潜移默化地影响着受众的心理和行为。近几年随着人工智能技术的发展，我国媒介使用的形态正在朝着智能化方向发展。学者张秀丽

（2018）运用知识图谱分析方法对 1998—2018 年在中国知网发表的有关媒介使用的文章分析，研究发现我国媒介使用的范式正在从媒介形态理论转移到媒介融合理论。随着移动端媒体的发展，越来越多的儿童开始使用移动媒体。学者 Subrahmanyam 和 Greenfield（2001）的研究表明媒介主要通过使用时间、媒介形式特征和媒介内容这三种路径对儿童产生影响。从社会认知理论的维度理解，当儿童的内在需求和媒介所呈现的内容保持一致时，媒介将会对儿童的行为产生更加深刻的影响。张雪琳和杨梅（2022）运用科学知识图谱的方法分析了 1990—2021 年间在中国知网发表的有关媒介与儿童的文献，研究表明浙江师范大学是研究我国媒介使用与儿童认知的重要机构，并且儿童新兴媒体使用成瘾成为当下传播学、医学、心理学关注的热点话题。随着信息化时代的发展，受众对媒介的依赖程度逐渐加强，媒介建构出来的形象是受众感知和认识外部世界中人、事、物的桥梁与纽带。学者们从不同角度研究了媒介构建的城市形象、女性形象、农民工形象、少数民族形象等。但是这些研究都是侧重于媒介形象某一具体维度的研究。针对这一问题，学者朱玲玲（2022）对 2002—2021 年间在中国知网发表的有关媒介形象的文献进行了知识图谱分析，研究发现我国媒介形象研究的热点话题主要集中于媒介构建的女性形象和性别文化、城市形象和文化、社交媒体和主流媒体构建的中国国家形象、新媒介的形象变迁四个方面。在过去的 20 多年中，国内有关媒介形象研究的方法主要有两种：一是内容分析法；二是框架理论方法。这表明定性分析法仍旧是研究媒体使用的主要方法。

媒体融合受到学者广泛关注的主要原因在于信息传播技术的发展和我国媒介融合政策的引导。2014 年 8 月，我国颁布了《关于推动传统媒体和新兴媒体融合发展的指导意见》。该《意见》重点强调了推动传播媒体和新兴媒体融合发展，是落实中央全面深化改革部署、推进宣传文化领域改革创新的一项重要任务。自此以后，国家新闻广电总局、中共中央办公厅、国务院国家广播电视总局等部门陆续颁布了有关促进、深化、加快媒体融合的相关文件。最新的有关媒体融合的文件是中共中央办公厅和国务院于 2020 年颁布的《关于加快推进媒体深度融合发展的意见》。该《意见》指出全媒体时代应该加快和深化媒体融合的深度和广度。在这期间媒介融合一直是业界和学界频繁关注的热点话题，研究成果丰硕。学界对媒体融合的研究侧重于内容与服务融合方面的研究，业界对媒介融合的研究大多侧重于行业实践的研究。此外，多元技术的发展支持媒介融合实践，"两微一端"是媒介融合的主要形式和趋势。为了更好地理解学界有关内容融合的研究情况，何雨蔚（2018）利用知识图谱的方法分析了2015—2017年发表在中国知网有关媒体融合的文献，研究发现学界对于媒介融合研究整体仍然处于初级阶段，研究者和研究机构之间存在较弱的合作关系，各个研究之间相对独立且缺乏系统的、整体的研究。随后，陈帅彤和殷琦（2018）利用CiteSpace软件对WoS数据库中1995—2017年间有关媒体融合的文献进行可视化知识图谱分析，研究发现国际学界对媒介融合的研究主要侧重于媒体融合与健康传播和技术发展之间的关系，且中国在国际媒体融合研究中的潜力较大。学者张萌（2021）把媒介融合研究的时间线放长（2000—2020年），对在中国知网所收集的媒介融合的文献进行了关键词聚类等分析，研究发现我国媒介融合的研究一共分为三个阶段：前期的理论概念探索阶段（2000—2014年），中期以政策为导向的研究阶段（2015—2017年）和后期朝着多元化发展的研究阶段（2018年）。整体来看，随着我国政策导向的指引和信息技术的进步，媒介融合研究的实践案例和理论研究也随之发展，相关研究议题也更加多元和丰富。

二是利用科学知识图谱对新闻与传播学领域新兴或热门学科的研究。近几年来，随着人工智能、算法推荐、大数据等技术的发展，计算传播学、算法新闻、科学传播、智能传播、数据新闻、社交机器人等成为新闻与传播学研究领域的热门话题。计算传播学是计算社会科学的重要研究部分，主要关注人们传播行为的可计算性，以传播网络分析、传播文本挖掘、数据科学等为主要分析工具，利用人工智能技术大规模地收集并分析人类传播行为数据，挖掘人类传播行为背后的模式和法则，分析模式背后的生成机制与基本原理，可以被广泛地应用于数据新闻和计算广告等场景。计算传播多用来研究社交媒体平台网民发表的海量的信息，运用自然语言等技术提取用户的主题意愿和情感倾向。学者佘世红和杨锦玲（2022）收集了2006—2020年间在Web of Science数据库中发表的有关计算传播的SSCI论文，运用知识图谱分析软件CiteSpace对所收集的文献进行了可视化分析。研究表明国际上越来越多的学者和机构关注计算传播学的研究，但是计算传播的学术研究严重滞后于其产业的发展与应用。值得注意的是计算传播学的研究是建立在跨学科的基础上，传播学也已经成为计算传播研究的重要领域之一。在国际学术圈，中国传播学者在计算传播学中所占的比重越来越大。数据新闻是大数据时代新闻业不断适应媒介环境变化而探索出的新闻生产的新方式，开放的数据、严谨的叙述逻辑、恰当的可视化呈现方式共同构成数据新闻的基础。有关数据新闻的宏观全面的研究方面，傅居正和喻国明（2018）对 1992—2018 年间发表在 WoS 数据库的有关数据新闻的外文文献进行了可视化知识图谱分析，研究发现美国的学者和科研机构是数据新闻的主要研究者和领航者，而亚洲和中国的学者和研究机构在数据新闻的研究领域存感较弱，机构和学者之间的合作关系较少，尚未形成稳定的学术共同体，这表明国家有关数据新闻的研究在地理空间分布上存在很大的差异。此外，国际学界对数据新闻的研究主要集中在两个方面：一是对数据新闻社会性链接的研究；二是对数据新闻伦理与场域的研究。

当前，推荐算法已经深入信息生产、传播、分发的各个环节，伴随而来的是它带来的伦理、社会和技术问题。这些问题成为学界关注的焦点。学者丁睿豪和夏德元（2022）对 2010—2019 年间在中国知网发表的关于个性化算法推荐的文章进行知识图谱分析，研究发现我国传播学领域有关算法推荐的研究主要侧重于以下几个方面：一是算法推荐的应用研究，比如个性化推荐平台和个性化推荐技术研究；二是算法推荐产生的传播效果研究，比如算法推荐下产生的信息茧房、回音室、过滤气泡、群体极化等传播效果的研究与治理；三是算法推荐的伦理道德问题，比如算法推荐中工具理性与价值理性两者之间的平衡问题研究以及对算法推荐产生的伦理问题的治理研究；四是推荐算法的扩张研究。最近几年随着人工智能和大数据等技术的飞速发展，社交机器人频繁在网络空间出现，已经成为网络环境中一个特殊存在。许多学者已经研究了社交机器人在美国大选、中美贸易、俄乌冲突和重大突发事件等中的作用和运行机制。最近两年社交机器人受到各界的关注，主要原因在于一方面社交机器人能够促使网络信息生态向"人机共生"的态势转变，另一方面它能够传播虚假信息、扰乱政治环境、危及公众的认识和判断等。

截至目前，许多有关社交机器人的文章出现，郑越和周予晴（2021）对发布在 WoS 数据库中的有关社交机器人的文献进行了可视化知识图谱分析。他们的研究发现当下国际对社交机器人的研究主要集中在四个方面：一是从技术层面研究社交机器人的检测功能；二是社交机器人的网络行为研究；三是有关社交机器人负面影响的预防和治理研究；四是如何建立社交机器人信任机制研究。但是这些研究大多是定性的或技术层面的研究，实证研究相对较少。目前，学界还在探索社交机器人对公众情绪和舆论影响的机制，在未来的研究中应该更加注重对社交机器人在网络空间的治理。

社交机器人的出现推动了智能传播的发展，智能传播受到了各界广泛的关注。为了理清当下我国智能传播的研究状况，彭聪（2020）对 2013—2019 年间在中国知网发表的有关智能传播的学术论文进行了知识图谱分析。他的研究表明我国有关智能传播的研究大多采用定性的研究方法，但是技术获取新闻数据的研究方法越来越受到重视；大多数关于智能传播的研究侧重于案例分析、传播治理与管理等的研究，这些研究虽然呈现出跨学科的特性，但是学科融合的理论基础较为薄弱。另外，智能媒体的研究现在也引起学者郑博临和栗珊（2021）的关注。他们分析了近 20 年在中国知网公开发表的有关智能媒体的文献，研究发现智能媒体的研究侧重于研究如何提升中小学生和大学生的媒介素养、网络平台视角下媒介素养问题和伦理治理问题等。

三是新闻传播学领域网络舆情和个人隐私的知识图谱研究。网络舆情很大程度上是现实社会的矛盾在网络空间的投射和延伸，是网民对重大社会事件产生的各种理性和非理性的意见、观点、情绪的总和，是衡量网民反馈的晴雨表。智能媒体时代，人人都是麦克风，导致网络舆情一经出发就能瞬间引爆全网，因此网络舆情的治理与管理是研究的重中之重。学者张心蕊（2021）利用知识图谱的方法探究了我国新媒体时代网络舆情研究的整体概况，研究发现学者们对官方舆论场表现出了极大的兴趣，相关的研究主要围绕突发网络舆情的情况下，主流媒体和权威媒体的公信力在引导和监督方面的正向作用。另外，随着网民意识的觉醒和提高，民间舆论场也受到了学界的重视，侧重于研究社交媒体平台网民的情绪表达和主题分析。较早运用知识图谱分析方法对网络舆情进行综述的是学者林玲和陈福集。他们的研究表明华中科技大学公共管理学院是网络舆情研究的重要机构，但是整体来看国内网络舆情研究机构之间、学者之间合作较少，尚未形成稳定的合作组织。随后，常甜甜（2021）利用文本挖掘可视化图谱方法对 2000—2020 年有关网络舆情的研究进行了综述，研究发现近两年有关网络舆情的研究侧重于利用大数据挖掘、自然语言处理、机器学习等方法分析网民的情感和意见。网民意见挖掘和情感分析将成为推动跨学科研究的重要因素之一。有关网络舆情的具体研究，胡振华和舒行钢（2021）运用知识图谱的方法分析了有关社区团购网络舆情的数据，研究表明社区团购的消极情绪主要体现在不公平的竞争、缺乏售后、价格混乱和供应链不通畅等方面。

自党的十八大以来网络舆情的治理受到了党和国家的高度重视。近几年，国家提倡建立清朗网络环境。在这一大背景下越来越多的学者关注如何提高网络舆情治理能力和效能。网络舆情的治理事关国家信息安全和经济平稳发展。网络舆论治理是国家治理能力现代化的重要体现之一。截至目前，我国有关网络舆情治理的文献有很多。为了更好地梳理我国网络舆情研究的现状和重点，学者杨启飞和陈虹在 2019 年利用 CiteSpace 可视化软件对过去 20 多年间在中国知网发表的相关论文进行了分析。研究发现国内舆情治理研究机构之间合作较少，且存在相近地区研究机构"抱团取暖"的现象；国内有关舆情治理的研究多数针对社会舆情层面。有关当下网络舆情治理的研究，学者何万莉（2022）对 2009—2020 年间发表在中国知网的文献进行了作者关系分析、高频关键词分析、聚类分析等。研究表明学界侧重于对网络舆情治理策略的研究。

四是传播学领域健康议题和体育传播的知识图谱研究。新冠肺炎疫情在全球范围的暴发和传播，促使健康传播再次成为社会关注的热点话题。传播学者罗杰斯将健康传播定义为："健康传播是一种将医学研究成果转化为大众的健康知识，并通过态度和行为的转变，以降低疾病的患病率和死亡率、有效提高一个社区或国家生活质量和健康水准为目的的行为。"早在 2016 年，中共中央和国务院就颁布了《"健康中国 2030"规划纲要》，是新中国成立以来首次在国家层面提出健康领域中长期战略规划且提出了大健康的发展理念。《纲要》表明健康是促进人的全面发展的必然要求，是经济社会发展的基础条件。《纲要》的发表引起了各界对健康传播的高度重视。健康传播是构建公共卫生体系的重要一环，在应对突发公共事件中，健康信息的传播、健康观念的培育有助于社会快速动员快速参与其中，并积极响应国家号召。健康问题是关于人类生存和发展的本质问题，健康信息的传播离不开传播工具和传播渠道的不断拓展。在当下的媒介环境中，社交媒体，比如丁香医生，越来越多地参与到健康传播中，给健康传播的研究带来了新的研究议题。为了更好地了解国际健康传播与社交媒体的研究情况，学者程飒（2017）对2009—2017年在WoS数据库发表的相关论文进行了可视化分析。研究发现越来越多的学者从社交媒体的视角研究健康传播，且社交媒体与健康传播的研究呈现出了明显的跨学科的特性，融合了卫生保健、计算机学、传播学、医学公共健康学、心理学等多门学科；从全球范围来看，来自美国加州大学圣地亚哥分校的学者是研究媒介与健康传播的主要力量，而悉尼大学是发文量最多的机构；学者王艺洋（2022）利用科学知识图谱的方法对我国健康传播进行了系统综述。研究发现我国健康传播的发文数量呈逐年增长的趋势，在学科领域里，新闻与传播学在健康传播研究中的地位越来越重要；有关健康传播的议题较为广泛，涉及新闻学、临床医学、心理学等，但是大学的研究都是理论性的探讨，实证性的研究相对较少；另外，与欧美等发达国家的健康传播相比，我国健康传播研究的起步较晚、内容相对分散、人才匮乏、相关研究机构较少，这些都不利于学科的有效发展。但是，整体来看，我国健康传播的研究未来的发展空间很大，且大部分高等院校把健康传播划分为新闻与传播学的研究分支，凸显了信息时代新媒体在健康传播中的重要作用，也体现了健康传播的研究打破传播研究范畴，融合多学科、多机构、多力量的发展趋势。孙亚宁等（2020）对2000—2019年在中国知网和WoS数据库发表的有关健康传播的文献进行了对比分析。研究发现我国健康传播研究大多集中在个案研究、定性分析，缺乏系统的和定量的分析研判。

近几年来，体育传播也受到了学界的广泛关注。体育是社会发展和人类进步的重要标志，在建立国家形象、取得世界话语权、构建人类命运共同体等方面具有独特功能。我国体育新闻传播学研究起步于20世纪80年代末，并随着北京奥运会的筹备和举办取得重大进展。在全民健身上升为国家战略的时代背景下，体育新闻传播学在建设"体育强国、健康中国"新征程中发挥着重要作用。同时，在体育国际传播、体育健康传播、体育赛事传播、媒介服务等实践需要的推动下，体育新闻传播学不断发展，研究视野和研究领域不断拓展。为了更好地了解我国体育传播的整体概况，学者们运用知识图谱的方法对我国的体育新闻传播、体育文化传播、民族传统体育传播等进行了可视化分析（李芳等，2022；冯广和冉建，2021；冯慧宁和李洁，2020）。有关体育新闻传播的研究表明 2009—2019 年我国体育新闻发文数量整体呈现 S 形曲线波动的现象；体育新闻传播尚不是新闻传播研究的核心领域，体育类的高校成为体育新闻传播研究的中坚力量，我国有关体育新闻传播的研究较为分散，尚未形成学术共同体。媒介是体育新闻传播多元发展的重要推动力量，推动我国体育传播与新闻传播实践相结合是未来重要的研究课题之一。有关体育文化传播的知识图谱分析表明，学者们主要侧重于研究"一带一路"沿线国家与我国的体育文化传播、民族传统体育文化、媒介环境与体育文化传播三个方面；有关民族体育文化研究的可视化研究表明，我国民族体育文化传播研究的领军人物大多为民族学领域的专家和学者。

此外，学者们对体育传播领域的武术传播和太极拳传播等进行了可视化知识图谱研究。比如，学者徐在贵和郭玉成（2020）对中国知网 2009—2019 年间发表的有关武术传播的研究进行了图谱分析和解读。研究发现我国武术传播的研究热点集中于三个方面：传统武术的海外传播、武术教育的创新性发展及武术影视在海外市场的拓展。有关武术在海外的传播情况，学者陈凤玲（2020）对 2008—2018 年间发表在中国知网的文献进行了知识图谱分析。研究发现有关武术文化海外传播研究的学者之间合作松散，上海体育学院是我国研究武术文化国际传播的重要机构；全球化、"一带一路"、跨文化传播是武术文化海外传播的热点关注领域。学者姜雅楠等（2021）分析了 WoS 数据库有关太极拳海外传播和国际认同的文献，研究发现国际学者对太极拳的研究展现出了极大的热情；美国及其高等院校和研究机构是太极拳研究的重要机构，与国际上其他的科研机构合作较为密切，形成了相对稳定的合作群体；国际上有关太极拳的国际认同融合了多个学科，比如，护理学、心理学、社会性、运动康复学、教育学等。整体来看，我国太极拳在国际上受到了广泛的关注和认同。

总体来看，我国体育传播的研究与国家体育政策导向、媒介技术变迁、国际重大体育赛事、社会实践需求紧密相关；社会实践导向、媒介技术演变和国家大型体育赛事周期性是制约我国体育传播研究热点议题更迭的核心要素。

五是利用科学知识图谱对国际传播的可视化分析。我国学界一直重视国家传播的研究。早在 2000 年就提出了国际传播力的概念。党的十八大以来，我国大力提倡国际传播守正、创新研究，旨在打造具有国际影响力的媒体群，积极推动我国文化走出去。2021 年中共中央政治局第三十次会议强调："讲好中国故事，传播好中国声音，展示真实、立体、全面的中国的形象，是加强我国国际传播能力建设的重要任务。"到目前为止，我国国家传播的研究涉及很多方面，比如国家形象塑造、国际社交媒体平台涉华舆论研究、我国对外报道研究、跨文化传播和公共外交与国家传播能力提升研究。为了全面、系统、清晰地理解国家传播的研究状况，学者们从不同视角利用知识图谱的方法对国家传播的具体内容进行了可视化分析。比如，岳慧（2020）分析了近10 年 SSCI 数据中收录的信息传播话语研究的数据库。张义明等（2021）分析了 21 世纪以来 SSCI 收录的有关女性主义的文献，探索了女性主义在国际新闻与传播研究中的作用。研究发现国际有关女性主义的研究主要集中在女性形象建构与解读、性别权利的对抗与博弈及赛博叙事等方面。伴随着信息技术的发展，中国与世界的关系越来越密切，胡佩（2020）利用知识图谱的方法研究了我国 CNKI 收录的有关国际传播的文献，研究发现我国北京的高校尤其是中国传媒大学、清华大学、中国人民大学等是研究国家传播的中坚力量。研究主要侧重于探讨新闻传播学领域的国际传播基础理论、探究中国文化国家传播策略以及分析媒介技术革新带来的新的传播现象。近年来，人类所居住的环境遭到了不同程度的现代风险，环境传播作为人类回应风险的思考而诞生，已经受到国内外学者的广泛关注。相关研究表明国际环境传播的研究主要集中在公众理解（public understanding）、双重话语模式（dual discursive pattern）、中国 ENGO 网站（Chinese ENGOs website）、说服叙事（narrative discourse）、媒介话语（media discourse）等几个方面。整体来看，位于北京、上海、广州、深圳等的高等院校和科研机构是研究国际传播的主

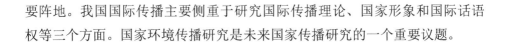

要阵地。我国国际传播主要侧重于研究国际传播理论、国家形象和国际话语权等三个方面。国家环境传播研究是未来国家传播研究的一个重要议题。

1.4 研究问题与研究框架

综上所述，我国新闻与传播学领域利用知识图谱方法对中国知网（CNKI）和 WoS 数据库有关文献的研究主要集中在五个方面，即媒介使用和媒体融合的研究、新闻与传播学领域新兴或热门学科的研究、网络舆情和个人隐私的知识图谱研究、健康议题和体育传播的研究、国际传播研究。这些研究表明我国新闻传播学领域学者和机构之间的合作已经初具规模，但是大多研究机构和学者集中在沿海发达地区和城市；相关的研究热点和研究前沿主要是由政策导向、新媒体技术革新和社会重大事件引起的；目前，利用知识图谱对社交媒体进行的综述研究甚少。基于此，本研究旨在利用文献计量学的方法对我国社交媒体的研究进行整体的分析和综述，旨在探究我国社交媒体的研究热点、研究前沿、研究趋势和重要的研究机构等。基于以上论断，本书拟解决五个重要问题：（1）识别我国社交媒体研究的核心作家和科研机构；（2）揭示我国社交媒体研究领域的热点议题；（3）探究我国社交媒体研究领域的热点知识的演进；（4）确定我国社交媒体研究领域的研究前沿；（5）预测我国社交媒体研究领域的未来发展趋势。

基于以上问题，本书共分为八个章节：

第1章是绪论部分。首先介绍了本书的研究背景，即我国社交媒体在信息传递、舆情治理、政务服务、助农直播等方面起着重要的作用。学界从不同的视角运用不同的理论对社交媒体进行了深入的分析，取得了丰硕的研究成果。但是，就研究方法而言，大部分的学者运用叙事、扎根理论、采访、观察、调研等方法对社交媒体进行了研究。近两年，随着人工智能技术和机器学习方法的广泛应用，越来越多的学者运用新的技术方法研究和分析微博、微信、抖音等平台的数据。但无论是对社交媒体定性的分析还是定量的分析都只侧重于对某一具体方面的分析。整体来看，目前的研究缺乏从整体维度对社交媒体进行定量的分析。基于此，本研究运用科学知识图谱的方法，从整体上对社交媒体进行分析研究。

　　其次，本章介绍了科学计量与知识图谱之间的关系。科学知识图谱是一门新型的知识组织和管理的方法，能够从海量的文献中揭示某一学科领域潜藏的结构关系、社会关系、知识结构，成为当前科学知识计量学中的重要研究方法，受到国内外不同学科领域的重视并且被广泛应用，比如，情报学、新闻学、心理学、医学、管理学、经济学等。随后，本章梳理了科学知识图谱方法在新闻与传播学领域的应用情况。目前科学知识图谱在我国新闻与传播学领域的应用主要体现在以下几个方面：利用科学知识图谱方法对媒介使用和媒体融合的研究、利用科学知识图谱对新闻与传播学领域新兴或热门学科的研究、新闻传播学领域网络舆情和个人隐私的知识图谱研究、传播学领域健康议题和体育传播的知识图谱研究、利用科学知识图谱对国际传播的可视化分析。

　　第2章介绍了科学知识图谱的原理与方法。科学知识图谱最早起源于英国科学学奠基人贝尔纳（Bernal）于1939年发表的《科学的社会功能》一文以及手工制作的科学技术史图（historiographs）。同期，英国人类学研究提出了"社会网络分析图谱（social network analysis map）"。到了20世纪50年代，尤金·加菲尔德（Eugene Garfield）等人提出引文分析概念，创建科学引文数据库（SCI），并用SCI手工绘制了DNA研究领域的历史发展图谱。之后，普赖斯（Price）进行了科学知识图谱绘制的开创性工作：知识领域可视化、信息可视化和传统的科学计量学知识图谱。到目前为止，科学知识图谱已经在国内外得到了广泛的应用。科学知识图谱是一种先进的集文献计量学、数学、统计学、计算机科学以及现代数据挖掘、复杂网络和可视化技术于一体的科学发展及其研究前沿知识发现和分析方法与技术。它利用引文分析和图谱技术把抽象数据映射到2D或3D图形中，从宏观、中观、微观等层面揭示学科领域及其结构、研究主题及其热点、学科进展及其发展趋势、研究团队及其合作关系等。本章介绍了科学知识图谱常用的同种方法，即引文分析理论与方法、共被引分析理论与方法、词频分析方法、社会网络分析方法和共词分析方法。引文分析原是由信息咨询科学家所发展出来的评论期刊影响力的方法。引文分析最初的研究动机是评估研究者的学术表现。共被引分析是研究科学认知结构的独特方法。词频分析法是文献计量学传统分析方法，依据齐普夫定律对文献中主题词或关键词出现的频率及其规律进行统计分析。社会网络分析法主要研究社会中行为者间的关系、个体属性和网络结构如何影响行为者行为，现在已成功地用于研究科学合作网和互联网中的可视化网络，展示科学计量学的合作网络结构与发展。

此外，本章介绍了知识图谱分析软件 CiteSpace。CiteSpace 是著名学者陈美超教授团队开发的一款基于 Java 环境运行的可视化知识图谱软件，主要以 WoS、CNKI 等数据库导出的纯文本为数据来源，主要用来探究某一特定学科领域的知识结构、社会结构和知识领域等情况。随后介绍了知识图谱的绘制流程，主要包括：获取数据样本、清洗数据样本、选择知识单元、构建单元关系、标准化样本数据、简化样本数据、可视化知识、知识图谱解读等八个步骤。与其他的定性研究方法相比，科学知识图谱具有三个独特优势，即可以最大效度地避免定性文献综述带来的主观性、可以预测科学研究的前沿和有利于知识结构创新、可以直观生动地展示某一科学领域的知识结构。此后，本章介绍了本研究的数据来源。本研究以中国知网数据库中的北大核心和 CSSCI 数据库作为检索对象，以"社交媒体""社交网络""微博""微信""抖音"等作为主题，对发布在中国知网这两大核心数据库的论文进行精准检索，共计获得论文 13530 篇。时间跨度为 2008 年 1 月到 2022 年 1 月。选择 2008 年作为起始年份是因为在这一年社交媒体（social media）成为我国互联网发展的一大亮点和趋势，开始步入学者的研究视野。为了确保数据的有效性，作者对收集到的所有论文进行了人工审阅，共计删除无效文本 1493 篇，最后获取 12037 篇有效文本。每条文本主要包括作者（Author）、摘要（Abstract）、关键词（Keywords）、机构（Institution）、来源（Source）等。

第 3 章是对我国社交媒体研究合作网络知识图谱的分析。研究表明社交媒体研究的作者合作网络十分松散，显示出目前在社交媒体研究领域内学者之间的合作程度较低，缺乏较为系统的、紧密的合作交流。我国社交媒体研的研究团队的规模较小。在以吉林大学学者王晰巍为核心的合作研究团队中，师生合作为主要合作关系，他们所关注的研究方向为信息行为、大数据分析以及舆情分析。以南京大学学者袁勤俭为核心的合作研究团队，以师生合作关系为主，又包含同事合作，其主要研究方向为信息分析、用户信息行为研究以及虚拟社区的知识交流生态和用户行为。以南京师范大学靖鸣为核心的合作研究团队，以师生合作关系为主，社会关系合作为辅，主要侧重于网络舆论监督等的研究。以武汉大学李纲为核心的合作研究团队以师生合作关系为主，也有同事合作，主要研究方向为平台化传播研究、信息交流及突发事件预警机制等。以武汉大学王丹为核心的研究团队以师生合作关系为主，也有一定的同门合作，主要研究方向为网络分析及情感分析。以内蒙古师范大学白晓丽为核心的研究团队主要关注社交媒体对于青少年的影响，团队内以跨机构的作者合作为主要特点，团队主要合作成员包括内蒙古民族大学的姜永志、佳木斯大学的刘勇，都具有心理学教育背景，主要研究领域包括手机互联网依赖及其社会心理机制。整体来看，当前国内有一定数量的学者涉及社交媒体研究，但本领域高影响力作者之间的合作尚不密切，合作范围局限于机构和地域，这也意味着社交媒体领域研究具有极大的发展潜力，需要各位学者加强双向交流，扩大合作范围。另外，社交媒体研究领域主要研究团队中多跨学科研究人员，说明该领域研究学科交叉性强，研究范围较广泛，且涉的专业集中于信息、传媒及管理领域，未来应继续加强跨专业的交流合作，以推动社交媒体研究领域的学术创新。

基于作者合作网络图谱发现，社交媒体研究领域发文数量前十的作者分别是：吉林大学的王晰巍（63 篇），浙江工业大学的顾秋阳（55 篇），武汉大学的严炜炜（40 篇），南京师范大学的靖鸣（37 篇），浙江工商大学的琚春华（33 篇），武汉大学的李纲（30 篇），中国人民大学的周文泓（28 篇），中国人民大学的王丹（24 篇），武汉大学的张敏（23 篇），四川大学的何跃（21 篇）。他们的研究领域主要包括网络空间的档案化管理和社交媒体文件与档案管理、网络政治传播、网络传播、社交媒体和文本数据挖掘、计算传播、媒介转型与创新及社区传播、社交网络分析、大数据建模、人工智能与变革管理、移动互联网知识管理和移动社交网络用户行为管理、个性化信息检索、话题识别与追踪、社会网络建模等。整体来看，社交媒体研究领域存在相当一部分的独立作者，他们在近年的社交媒体研究中有着较稳定的成果产出频率和成果产出质量。多数学者具有跨学科的教育背景，集中于情报学、计算机和软件工程、信息技术以及新闻传播学这类专业,且青年学者占有一定比例,在社交媒体领域属于潜力型作者。

国内在社交媒体领域产出研究成果的机构主要是高校和科研院所,社交媒体研究领域发文数量排名前十的机构是:武汉大学信息管理学院(269篇),中国人民大学新闻学院(148篇),吉林大学管理学院(146篇),武汉大学信息资源研究中心(129篇),南京大学信息管理学院(129篇),清华大学新闻与传播学院(92篇),南京师范大学新闻与传播学院(92篇),武汉大学新闻与传播学院(81篇),暨南大学新闻与传播学院(66篇),北京邮电大学经济管理学院(65篇)。总体来看,国内社交媒体研究领域的重要力量包括院校建立的研究中心以及独立科研院所。首先,就合作的地域分布来看,机构合作的地域性较强,部分地区如武汉、北京、南京等高等教育资源汇集地区形成了附近地区高校之间的合作关系,但整体合作强度不高。其次,就影响力和合作强度而言,武汉大学信息管理学院和武汉大学信息资源研究中心占据整体合作网络的中心地位,以武汉大学信息资源研究中心为纽带形成了跨机构学者的合作关系。其他机构也存在零星的跨机构合作,但合作强度和频率不高,难以像武汉大学信息资源研究中心那样吸纳全国各个高校的高影响力学者为委员从而形成密切交流。最后,就各个机构的学科背景而言,主要包括以图书情报学为渊源的信息管理,以及学科综合性较强的人文社科专业如新闻传播学和管理学,侧面说明了社交媒体研究领域具有广阔的研究空间,需要多学科的视野。

第4章为我国社交媒体研究热点知识图谱分析。研究发现微博(2035)、社交媒体(1471)、微信(1098)、政务微博(828)、信息传播(249)、新浪微博(236)、大学生(214)、微信平台(208)、图书馆(207)和情感分析(203)是排名前十的高频关键词,这在一定程度上表明我国社交媒体研究的热点是围绕这些话题展开的。本研究结合当下我国媒体发展语境和相关参考文献,可知我国社交媒体研究热点主要集中在四个方面:社交媒体语境研究、政务微博传播机理与治理研究、社交媒体中信息传播作用与效果和新时代背景下媒介融合研究。其中,有关社交媒体语境的研究主要包含以下几个方面。一是语境崩溃的理论溯源。情境对于人际交往活动至关重要,它将人的自我意识与外在行为活动相勾连，起着基础性的影响作用。语境崩溃与情境密不可分，相关的理论研究最早可以溯源到欧文·戈夫曼的拟剧论以及梅罗维茨的媒介情境论。因此，本章从拟剧理论和媒介情景理论出发追溯了社交媒体语境崩溃的由来。随后，本章探讨了语境崩溃的概念和分类，进一步发现网络公众化、隐形的观众与想象的观众、公共与私人的界限模糊是社交媒体语境崩溃的主要原因。此外，时间崩溃是社交媒体语境崩溃的一个重要延伸。二是社交媒体中语境崩溃面临问题研究。随着用户隐私担忧的增加，社交媒体平台在不断改进其平台架构和设置，提供了应对语境崩溃的隔离功能和隐私保护措施，用户得以获得对信息传播和自我呈现管理更多的控制权。在实际操作过程中，用户往往通过内容审查管理以及受众审查管理来实现信息传播边界渗透性的调整，构建属于自己的数字"安全空间"。三是探讨了社交媒体中语境崩溃的研究潜力与相关争议。就政务微博传播机理与治理研究而言，本章首先探讨了政务微博的基本概念和功能，然后探究了政务微博治理的策略等问题。目前，学界从不同的切入点对政务微博的概念进行了界定。总体来看，政务微博主要是政府机构及公务人员为实施某种政务活动而在新浪微博平台上以官方的性质申请开通的，为更高效地传播政务信息、更及时地引导舆论，真正做到政务公开、问计于民的微博账号。就社交媒体信息传播研究而言，主要侧重于社交网络空间强弱关系的探讨、数字时代老年人的信息传播效果研究等。就新时代媒介发展研究而言，近些年来，从中央到省级、市级再到区县都在发展融媒体中心全媒体平台，随着媒介融合进入深水区，新的时代形势下，各级媒体从内容生产呈现形式到人才培养、话语体系建设、健全四级媒体格局、新闻职能功能转变等各个方面也要进行新的升级转型。

第5章是我国社交媒体研究热点演化知识图谱分析。根据每个聚类中的关键词在时间线2008—2022年的展开情况，可以把我国社交媒体研究划分为四个阶段：第一阶段（2008—2011年）是我国社交媒体研究起步阶段，高频关键词包括网络传播与政务微博兴起；第二阶段（2012—2016年）是我国社交媒体研究平稳发展阶段，主要关键词包括微博和用户等；第三阶段（2016—2019年）是我国社交媒体快速发展阶段，高频关键词包括个人隐私与网络舆情等；第四个阶段（2020—2022年）是我国社交媒体研究持续快速发

展阶段，核心关键词包括微信传播、新冠肺炎疫情、突发事件等。

第一阶段探究了网络传播的概念和特征。网络传播以计算机通信网络为基础，进行信息传递、交流和利用，从而达到其社会文化传播的目的，具有较强的时效性、传授面更宽、去中心化和个性化等特征。此外，本章还探讨了政务微博的发展情况。整体来看，学者对政务微博从功能、缺点与改进策略、传播机制等多个方面进行了深入研究，研究成果颇丰。本节通过梳理和分析既有的研究文献发现现有的文献，成果主要还有以下几个缺点亟待改进：一是研究方法运用不足。目前已有研究大多采用案例分析法、内容分析法等，很多研究更是从个别案例切入进行研究，难以体现案例的典型性和代表性，所得结论也未必具有普适性。二是缺乏理论基础支撑。目前已有研究涉及政治学、公共管理学、危机管理学等学科领域，而从新闻传播学学科视角所作的研究普遍存在理论支撑不足、缺乏有理论支撑的指标体系及模型等问题。三是研究议题细化不足。现有研究议题存在细化不足的问题，未能对政务微博舆情应对效果的影响因素作深入系统的探究，对突发公共事件背景下的政务微博舆情应对效果影响因素的整体有待进行探究。第二阶段探讨了技术赋权下的微博用户研究，重点研究了普通网民、新浪微博的用户、用户个人价值的实现愿望、主流媒体微博用户等情况。总体来看，我们进入了一个"众声喧哗"的时代，从隐含传播过程单向被动特征的受众概念向凸显交流过程双向主动特征的用户概念转移。第三阶段主要侧重于用户隐私与谣言治理研究。在数字时代，大数据的使用在给予了绝大多数受众便利的同时，也造成人们隐私泄露的风险。开放式的社交媒体为用户提供了自我呈现和与他人互动的场域，而在场景模糊和圈层泛化的赛博空间，用户却不能完全掌握自己分享的范围，维护隐私和公开的边界对于用户自身来说也同样难以平衡，在这种粗放式的管理下，产生了受到自我暴露影响的隐私泄露风险。随着互联网络的深入发展，社交媒体的用户群体不断扩大，用户的基数增加了事件被关注并且传播的可能，也助长了谣言的扩散。第四阶段主要侧重于研究微博平台健康传播与新冠肺炎疫情网络舆情治理等问题。新冠肺炎疫情背景下网络谣言的治理对策主要包括三个方面：一是预防，提高公共信息传播透明度，完善舆情监测预警机制；二是应对，政府、媒体联合辟谣，依法严惩谣言制造者；三是修复，注重公众心理疏导，着力提高公众媒介素养。

第6章是我国社交媒体研究前沿知识图谱分析。研究表明我国社交媒体研究一共包括13个聚类，分别是社交网络、抖音、微博、政务微博、社交媒体、微信、影响力、传统媒体、意见领袖、新浪微博、信息传播、传播效果、用户。根据关键词聚类以及我国有关社交媒体研究背景可知，我国社交媒体研究热点主要侧重于社交媒体呈现研究、政务抖音研究、传统媒体反思、意见领域及网络舆情研究。首先，就社交媒体的自我呈现而言，互联网的社交赋权，从本质上改变了人与人连接的场景与方式，重新制定了一套社交规则，形塑着新的社会关系网络与权力分布格局。自我呈现在互联网空间中的延续性，为我们理解数字时代的人际关系提供了思路。人们在线上进行角色选择和扮演的机会是无穷无尽的，它不受时间和空间的限制。人们可以选择不同类型的平台，构建出现实生活中难以呈现的身份。其次，就政务抖音而言，一改曾经严肃刻板的政府形象，生动鲜活地将政府部门及社会热点话题呈现给用户，极大地迎合了用户的品位，在无形之中拉近了政府与民众之间的距离，同时也为后期各种官方信息的传播提供了较好的用户基础。但是，政务抖音的传播也存在一定问题，比如内容缺乏特色、侧重算法推送且覆盖面窄以及传播矩阵呈现各自为战且缺乏合作的特点。再次，就社交媒体时代的意见领袖再思考而言，本章重点探究了新时代意见领袖"去中心化"的问题。意见领袖随着其作为"意见典范"程度的增强，表现出内容个性和独特性的消磨、向"芸芸众生"贴近的趋向；意见领袖的程度越高则相互之间就越是趋似，呈现越来越强的用户异质性消解与"社会窄化"；意见领袖的阶层越高则层内用户相似性结构越集聚化和中心化，而非去中心化。新时代应当对意见领袖这一理论进行再思考。最后，就微博平台网络舆情研究而言，网络舆情包括五个部分，即舆情主体、舆情对象、舆情本体、媒介、过程。本章重点探讨了网络舆情突发事件过程原理、网络舆情的预警和处理、网络突发事件的舆情管控与治理及网络舆情治理的困境等。

第7章是我国社交媒体研究发展趋势知识图谱分析。结合这些关键词凸显以及我国社交媒体研究的情况，可以推断我国社交媒体未来研究趋势主要包括以下几个方面：社交媒体平台的情绪传播研究、政务微博传播机理与治理研究和社交媒体可供性研究。 社交媒体平台上的情绪传播研究主要围绕情绪传播的社会功能、情绪传播的理论基础、情绪传播的维度、微博平台的情感分析研究等方面展开。其中重点探讨了基于社交媒体平台情感分析方法应用的研究。比如，情感分析的具体步骤：第一步确定一个词是积极还是消极，是主观还是客观；第二步就是识别一个句子是积极还是消极，是主观还是客观；第三步情感挖掘即升级到意见挖掘。就政务微信的研究而言，本章主要围绕政务微信的特点与价值功能和政务微信传播的治理措施两个方面展开。就社交媒体可供性研究而言，可供性（affordance），最初是心理学领域的概念。2017年教授潘忠党首次将"媒介可供性"概念引入中国，他将媒介可供性分为三个要素：生产可供性、社交可供性和移动可供性，其中生产可供性包括可编辑、可审阅、可复制、可伸缩、可关联，社交可供性包括可致意、可传情、可协调、可连接，移动可供性包括可携带、可获取、可定位和可兼容。这是目前我国学者频繁使用的分析框架。本章围绕媒介生产可供性视角、社交可供性视角研究和移动可供性视角等方面展开。

第8章是结语，概括了本研究主要成果：一是就核心作者和高产机构而言，以吉林大学王晰巍代表的30多名研究者为推动我国社交媒体研究的发展作出了巨大的贡献。社交媒体研究领域存在相当一部分的独立作者在近年的社交媒体研究中有着较稳定成果产出频率和成果产出质量。多数学者具有跨学科的教育背景，集中于情报学、计算机和软件工程、信息技术以及新闻传播学等专业，且青年学者占有一定比例，在社交媒体领域属于潜力型作者。但多数独立作者缺乏较为稳定的、专门从事社交媒体研究的团队合作，未来应主动扩大其合作圈子，促进社交媒体领域高影响力独立作者之间的合作交流。以武汉大学信息管理学院为代表的30家机构是研究社交媒体的主要机构，为推动我国社交媒体的发展作了很大的贡献。但是大部分机构仍然处于独立研究阶段，对外的合作交流程度尚有较大的提升潜力。二是我国社交媒体的研究热点主要集中在社交媒体语境、政务微博、信息传播、媒介融合等四个方面。自2008年以来，我国社交媒体研究经历了四个发展阶段：第一阶段（2008—2011年）我国社交媒体研究起步阶段、第二阶段（2012—2016年）我国社交媒体研究平稳发展阶段、第三阶段（2016—2019年）是我国社交媒体快速发展阶段和第四个阶段（2020—2022 年）是我国社交媒体研究持续快速发展阶段。三是当下我国社交媒体研究的前沿议题主要包括社交媒体呈现研究、政务抖音研究、传统媒体反思、意见领域及网络舆情研究；我国社交媒体研究趋势主要包括：社交媒体平台的情绪传播研究、政务微信传播与治理研究和社交媒体可供性研究。此外，本研究推测社交元宇宙将是社交媒体未来研究的重要议题之一。云宇宙被视为社交媒体的延伸，它将提供更好的沉浸感，虚拟世界中的互动将比社交媒体上的互动更加人性化。

第 2 章　科学知识图谱的原理与方法

2.1 科学知识图谱发展概述

　　知识图谱最初是在图书馆领域得以广泛应用的，是显示某一领域知识发展进程与知识结构的一系列图形，用可视化技术描述知识资源及其载体，挖掘、分析、构建、绘制和显示知识及它们之间的相互联系。它是通过将应用数学、图形学、信息可视化技术、信息科学等学科的理论与方法和计量学引文分析、共现分析等方法结合，并利用可视化的图谱形象地展示学科的核心结构、发展历史、前沿领域以及整体知识架构，达到多学科融合目的的现代理论。科学知识图谱最早起源于英国科学学奠基人贝尔纳（Bernal）1939 年发表的《科学的社会功能》一文以及手工制作的科学技术史图（historiographs）。同期，英国人类学研究提出了"社会网络分析图谱（social network analysis map）"。到了 20 世纪 50 年代，尤金·加菲尔德（Eugene Garfield）等人提出引文分析概念，创建科学引文数据库（SCI），并用 SCI 手工绘制了 DNA 研究领域的历史发展图谱。之后，普赖斯（Price）进行了科学知识图谱绘制的开创性工作：知识领域可视化、信息可视化和传统的科学计量学知识图谱（简单的二、三维图，如：线性、柱形、扇形、散点图）。但这个时期的知识图谱，用科学计量学图谱（二、三维图）表征的物理现象科学可视化图像交互性不强，而通过非物理空间的抽象信息，如文献数据集、网络通道模式等数据计算形成的可视化图谱直观易解。因而，进入 20 世纪 80 年代后，美国科学基金会（NSF）发表了研究报告《科学计算中的可视化》，并开始长期资助科学可视化（scientific visualization）领域的研究工作；德国科学计量学赫尔德若·克里奇默（Hildrun Kretschmer）提出了科学合作的三维空间模型；卡尔提出"自组织映射图谱（self-organizing map）"；费里曼（Freeman）研究出用以表示潜在的科学演变关键点的中间中性测度等，从而进一步推进了科学知识图谱研究。随着网络和可视化技术的迅猛发展，20 世纪 90 年代，一些著名的学者研究提出了很多网络环境下的文献计量学、知识图谱方法与技术系统，如：美国心理学家斯克沃兹恩巴克提出的"寻径网络图谱 PFNET"；格林伯格（J. Kleinberg）设计出的识别新兴研究前沿的突变检测算法；陈超美教授研制出的基于三维虚拟技术的多元、分时、动态复杂网络可视化知识分析工具；Thelwall 开展的网络环境下文献计量学方法的拓展工作；波朗克（X. Polnco）等提出的基于多层映射扩展 Multi-SOM 法的自动划分图像逻辑区域串命名法的图像概括机制等。

进入大数据时代，印第安纳大学 Ketan K. Mane 和伯尔纳用格林伯格跳变算法、共生词分析法和图示技术研制出主要主题和复杂趋势的发现地图——PNAS 主题爆炸图谱；尤维斯用地理信息系统的可视化信息、地理地图的自然组织框架，构建成隐含大量信息的可视化主题地图等。计量学和信息技术的发展进一步推进了科学知识图谱理论与方法的创建和更新，如：诺恩斯（E. C. Nonons）等提出的特殊文献计量图谱数学方法和科学领域的自组织结构方法论；贝尔纳（Borner）提出的 mapping knowledge domain 定量研究、理论模式、政策与管理研究三大科学分析模式；莫顿（R. K. Merton）开拓的可视化计量分析等。近年来，科学知识图谱从数据、信息可视化进一步向知识可视化研究发展，并已迅速成为最为先进的用于揭示科学技术能力、科学前沿发展趋势、科学活动的机构、人才和成果评估的分析研究理论、方法与技术。

在我国，科学知识图谱已经被广泛应用到管理学、传播学、心理学、高等教育、旅游学、体育学等领域。本章首先介绍了科学知识图谱的概念与功能，在此基础上探讨了科学知识图谱的五大原理与方法，即引文分析原理与方法、共被引分析理论与方法、多元统计分析与方法、词频分析与方法和社会网络分析方法。其次，本研究基于知识图谱的原理与方法，采用 CiteSpace 软件对收集到的数据进行分析。

2.2 科学知识图谱的概念与功能

2.2.1 科学知识图谱的概念

刘泽渊教授首次将科学知识图谱概念引入中国科学界。知识图谱是追踪科技前沿、促进知识管理和协助科技决策的有用工具。科学叠加图谱作为一种知识领域图谱，可以从任何时间段以动态的角度可视化某一特定领域的研究状态。当前大多数科学叠加图谱仅显示特定时期研究领域的基本情况，而未能跟踪不同研究领域之间的时间变化和相互作用。科学知识图谱的研究和应用已经存在了几十年（Boyack，2004）。由于更广泛的信息可访问性与分析、检索和可视化的新技术，信息可视化领域的发展取得了显著进展并引起了广泛关注。科学知识图谱是文献计量学中的一个重要应用，它是一种利用数据挖掘、信息分析、科学测量和图形渲染等手段，直观地呈现和解释新发展的跨学科科学领域的方法。

科学知识图谱（mapping knowledge domains）的本质是以科学知识为对象，借助数学、信息科学及计算机科学等方法与原理，对某一特定领域的知识进行文献计量分析，以可视化的形式呈现这一领域的科学知识发展进程与知识结构关系的一种图形（邱均平，2000；张旭等，2022）。陈悦和刘则渊（2005）强调知识图谱是以引文分析法和信息可视化技术为基础、涉及不同学科领域的一种文献计量方法，是科学计量学（Scientometrics）和信息计量学（Informetrics）的新的发展方向。值得注意的是科学知识图谱具有"图"与"谱"的双重性质和特征，它既是可视化的图形同时也是序列化的知识图谱，显示了知识元或知识群之间网络、结构、互动、交叉、演化或衍生等诸多复杂的关系（刘则渊等，2008）。最初，知识图谱是以数学方程的方法绘制的二维曲线图，用来展示某一特定学科领域发展的规律和知识结构。从这个意义上来讲，普莱斯（Price）是科学知识图谱早期研究的开拓者和奠基人，因为他用定量统计的方法揭示了某一特定领域科学知识指数增长的规律。随着先进的科学计量技术的发展与创新，用来绘制某一特定领域科学活动规律知识图谱的数字模型有了突破性的发展，即从二维空间的平面模型发展成为三维空间的立体模型。其中，德国著名的科学计量学家克雷奇默（Kretschmer）1994 年研发的科学合作三维空间模型极大地推动了科学知识图谱的发展，创新了科学知识图谱绘制的方法与原理，奠定了知识图谱在文献计量学研究中的地位。

学者们认为从绘图学和地图学视角理解科学知识图谱的绘制对图谱学习有一定的助益。它们之间既有一定的关联也有一定的区别。刘则渊等（2008）强调知识图谱与知识地图是两个并不等同的概念。地图是一个地理概念，侧重于用二维或者三维图形显示人类活动与地形地貌之间的相互关系；知识地图从狭义上来理解就是一个用来呈现知识的地理分布情况与科学技术活动的地图；魏尔（E. Vail）将知识地图定义为"可视化地显示获得的信息及其相互关系"，它促使不同背景的使用者在各个具体层面上进行知识的有效交流和学习。在这样的地图中包括的知识项目有文本、图表、模型和数字。而为企业提供知识地图解决方案的 Salamander 组织将知识地图定义为"对企业的积极的可视化的描述"，都强调了知识地图的功能。知识地图的发展最初可以追溯到 19 世纪 70 年代的美国。美国科学基金会（National Science Foundation）出版了一份关于科学基金的地理分布报告，阐释了科技分布对区域经济的影响情况。自此以后，作为经济地理学分支的科学地理学和高科技地理学在美国得到了快速的发展。图谱是一个抽象系统的概念，用来表示一定空间形式在一定时间范围中的展现与变化。陈悦（2014）指出虽然在一定程度上可以把知识地图看作知识图谱的一种形式，但是知识图谱比知识地图更能揭示知识之间的关联及知识的进化规律。张旭等（2022）认为知识图谱是指可视化地描述人类随时间拥有的知识资源及其载体，绘制、挖掘、分析和显示科学技术知识以及它们之间的相互联系，在组织内创造知识共享的环境以促进科学技术研究的合作和深入。绘制知识图谱的软件主要包括 Pajek（处理大数据集的网络信息分析软件）、Ucinet（社会网络分析软件）、Bibexcel（文献计量分析软件）、HistCite（引文分析软件）、CiteSpace（信息可视化软件）、SPSS（多元分析软件）和 Prefuse（知识图谱软件）等。其中，CiteSpace II 可视化分析系统采用共引、三维图景、进化时间模式，用科学文献的引文和共被引轨迹标识研究前沿及其知识基础，用突变探测算法（burst detection）判断新兴研究前沿，用中间中心性测度表示科技发展演变过程中的关键或转折点，用聚类视图（cluster views）和时区视图（timezone views）标识科学前沿和发展演进及其关键、转折节点，以色带表征引文年代、以时间线显现聚类的动态科学知识的发展演变，实现了"一图展春秋"的最高意境。

用不同技术、方法可绘制出不同的科学知识图谱，目前主要有：（1）传统的科学计量图谱（Two Dimensional Scientometric Map，2DSM），以简单的二维、三维图形直观表达科学统计结果，如：二维柱形图、线性图、点布图、扇形图、平面图等；（2）三维构型图谱（Three Dimension Configuration Map，3DCM），利用新的数学方法和梅莱格（W. Metezger）心理学"构型（configuration）"理论以及非线性函数形象地描述科学家合著网络构型以及人际关系结构的三维图形；（3）社会网络分析图谱（Social Network Analysis Map, SNAM），利用社会行为者与其他行为者关系的模型，描述群体关系结构及其对群体功能或群体内部个体影响的社会网络分析图谱；（4）自组织映射图谱（Self-Organizing Map，SOM），一种用自学分类方法将任意维输入信号变换到一维或二维离散网络上，并保持拓扑有序性结构的人造神经中枢网络对信息可视化自组织映射模型；（5）寻径网络图谱（Pathfinder Network Scaling Map，PFNET），根据经验数据评估不同概念或实体间关联相似或差异性，应用图论生成特殊的网状模型，以表达不同概念或实体间的语义网络。

2.2.2 科学知识图谱的功能

科学知识图谱是一种先进的集文献计量学、数学、统计学、计算机科学以及现代数据挖掘、复杂网络和可视化技术于一体的科学发展及其研究前沿知识发现与分析的方法与技术。它利用引文分析和图谱技术把抽象数据映射到 2D 或 3D 图形中，从宏观、中观、微观等层面揭示学科领域及其结构、研究主题及其热点、学科进展及其发展趋势、研究团队及其合作关系等。使研究者能概貌与深入了解和发现科技发展概况，研究前沿及其新兴、热点领域，重大转变关键节点，科技合作与竞争，学术水平和核心资源等重要信息。由于知识图谱图形直观、绚丽等特点更符合人的认知习惯、更利于人脑处理，因此科学知识图谱分析方法越来越为各领域研究者关注和使用。借助科学知识图谱，人们可以透视庞大的人类各个领域中的知识体系结构、关联与演变，理顺当代知识大爆炸形成的复杂知识网络，探测科学技术知识前沿与发展、活动分布与竞争的最新态势与趋势。科学知识图谱的基本原理是对研究分析单位（科技文献、科学家、关键词等）的相似性进行分析与测度。当前，科学知识图谱方法的功能主要包括五个方面：识别某一特定学科领域的知识演进与发展规律；追踪某一特定学科领域的研究前沿与研究热点；识别某一特定领域的代表人物及合作网络；构建某一特定领域理论研究的新框架；为科技管理与发展决策提供参考。

（1）识别某一特定学科领域的知识演进与发展规律。基于新的可视化工具，如 CiteSpace 和 Gephi，可以将期刊文献之间的引用关系通过图谱的形式直观、清晰地呈现出来，通过对知识图谱的分析可以从时空角度解读特定领域的知识演进与发展规律，挖掘特定领域知识的研究背景。比如，学者王仕民和严哲（2022）利用 CiteSpace 和 VOSviewer 知识图谱可视化工具，明确了该领域的核心研究者（黄承伟、袁利平和韩广福等）和研究机构（陕西师范大学教育学院、吉林大学马克思主义学院和西北大学经济管理学院等），研究结合我国扶贫思想来源、政策导向和目标指向等，指出共同富裕是我国扶贫领域研究的本质所在。

（2）追踪某一特定学科领域的研究前沿与研究热点。陈悦等（2012）表明文献的关键词和主题词是文献研究内容与研究主题的集中体现，基于关键词或者主题词共现网络的知识可视化为探测科学知识研究热点提供了重要的分析工具。借助知识图谱工具对某一特定领域的文献样本进行分析，可以检测和识别到这一领域的关键节点、合作情况、研究热点和研究前沿。当前，学者们利用知识图谱的原理和方法探究了我国自然保护地旅游的研究热点和前沿（张香菊等，2022）、战略性新兴产业技术创新的研究规律（李莹莹等，2022）、农村精准扶贫的演化趋势（王仕民和严哲，2022）、高等教育的现状与前沿（林宝灯，2022）、知识传播的发展前沿与趋势（李卓育，2022）、区块链与人工智能的应用情况（李晓武等，2022）等。李晓武等（2022）利用 CiteSpace 软件对 WoS 数据库中的 5362 篇文献进行了可视化分析，研究发现智能合约、比特币和安全性是国际区块链研究的热点议题，而供应链、伪造药品、加密货币和隐私等是国际区块链领域的研究前沿。

（3）识别某一特定领域的代表人物及合作关系网络。运用知识图谱方法可以识别某一特定领域的核心作者及其之间的合作关系。在作者共现网络图谱中可以分析关键节点上的高产作者及其代作作品，进而识别某一特定领域的研究方向和代表人物。此外，根据作者聚类知识图谱可以探测某一特定领域的学术合作团体，形象地展示文献之间是否存在合作关系，进而揭示该领域作者合作的原因等深层次的问题。林宝灯（2022）的研究表明我国高等教育评价领域的领军人物有邱均平、陆亭、汤建民、王战军、钟秉林、刘振天等，该领域的作者之间存在着一定的合作关系。

（4）构建某一特定领域理论研究的新框架。当前国家信息科学和科学计量学家研究的新一代知识图谱工具与基于结构洞理论的网络分析，构建了科学发现理论研究的新框架。基于知识图谱提供的网络结构和计量指标可以探测网络中的结构洞，通过计算网络中的节点指标，找出最易产生科学发现的网络节点，结合文献分析，探寻科学知识发现理论框架。

（5）为科技管理与发展决策提供参考。科学知识图谱方法可为科技管理决策和战略规划提供量化、直观、有效的参考依据。目前，国内外管理界较成熟地采用科学知识图谱对学科结构布局、科研成果、科学家及科研团队、合作关系、学术水平等科技竞争力方面进行分析研究。知识图谱是当前学界用来识别某一特定领域科学领军人物、科研合作团体、研究热点、研究前沿及未来研究趋势的重要方法和手段，更是当下知识管理和决策分析的重要工具。学者们利用知识图谱这一技术手段可以认识该领域的知识结构、社会结构、知识领域演化，为制定某一特定领域的科学知识管理、战略规划和政策等提供了重要的决策参考。

2.3 知识图谱的基本方法与原理

科学知识图谱的基本研究方法主要包括：引文分析理论与方法、共被引分析理论与方法、词频分析方法、社会网络分析方法、共词分析方法等。

2.3.1 引文分析理论与方法

引文分析原是由信息咨询科学家发展出来的评论期刊影响力的方法。我国著名科学计量专家邱均平在其著作《文献计量学》一书中详细介绍了引文分析的概念、理论和方法。引文分析法是一种运用统计学方法，数学方法，比较、归纳、概括和抽象等逻辑方法，对科学期刊、作者、论文等不同分析对象的引用和被引用现状进行分析，旨在揭示它们的数量特征和内在知识结构与规律的文献计量方法。引文分析研究的方法包括定性、定量和计算方法。此类科学计量研究的主要焦点包括生产力比较、机构研究排名、期刊排名（Lowry et al.，2013）、建立教师生产力和任期标准（Dean et al.，2011）、评估顶级学术文章的影响（Karuga et al.，2007）、追踪科学的发展轨迹或技术领域（Liu et al.，2021）。

引文分析是一种通过计算作者、文章或出版物被其他作品引用的次数来衡量作者、文章或出版物的相对重要性或影响的方法。引文分析是对文档中引文的频率、模式和图表的检查。它使用引用的有向图，即从一个文档到另一个文档的链接来揭示文档的属性。引文分析是文献计量学的一个重要部分。邱均平（2000）指出引文率、影响因子、自引证率、自被引率和当年指标这五项指标是用来衡量和分析科学期刊的重用计量指标，其中引文率是各种引用分析中最常用和基本的测量指标。理论上期刊引用率越高说明其影响力越大，且影响力高的期刊理应吸引更多的读者前来阅读和利用，因此引用率越高的期刊其使用率也就越高。学者 Derek J.（1965）在他的文章《科学论文网络分析》（*Networks of Scientific Papers*）中提到，文献集合中的引用也可以用引用知识图形等来表示，这表明引文分析研究借鉴了网络科学即社会网络分析（Social Network Analysis）方法。比如，图书目录耦合分析和共同引用分析都是基于引用分析的关联度量。引文分析的作用主要包括四个方面：一是通过确定某一作者论文的被引用情况来确定作品的影响力；二是通过识别该领域的开创性作品和高被引作品来了解更多关于某个领域或主题的信息；三是通过查看学科和国家划分的引用总数，确定特定作者在其学科内和学科外产生的影响；四是通过查看学者作品发表和引用的来源的质量，以达到满足

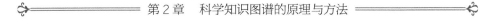

绩效要求和晋升的目的。自动引文索引的一个早期例子是 CiteSeer，它用于学术论文之间的引用，而 Web of Science 是一个现代系统的例子，它包括反映更广泛信息来源的学术书籍和文章。自动引文索引改变了引文分析研究的性质，允许对数百万篇引文进行分析，以进行大规模模式和知识发现（Giles et al.，1998）。

引文分析工具可根据引文索引中的数据计算学者的各种影响测量值（Kaur et al.，2012；Hoang et al.，2010）。这些工具具有不同的功能，从鉴定专家、审稿人到审查论文和资助提案，再到提供透明的数据，以支持学术成绩审查、任期和晋升决定。这种对有限资源的竞争可能会导致实施道德上有问题的行为以增加引用。虽然引文索引最初是为信息检索而设计的，但它们越来越多地用于文献计量学和其他涉及研究评估的研究。引文数据也是热门期刊影响因子的基础。以 ISI（The Institute for Scientific Information）出版的《期刊引用年度报告 JCR》为例，该刊物报道数千种被 WoS 收录的期刊的引用数据资料，每年提供每一种期刊的四种主要引文数据：（1）引文总数，即该期刊被引用的总数据；（2）影响系数，即该期刊刊登的论文被引用的比率，也就是平均每篇论文被引用的次数；（3）引用半衰期，即该期刊所引用论文的平均年数；（4）即时性索引，即该期刊被引用的速度。JCR 提供的引文数据已经成为评估期刊的主要工具。

Egghe 和 Rousseau（1990）指出一篇文章并不是孤立存在的，而是存在于与之相关的领域的文献之中，并通过参考文献目录指明。一篇文献在某一论文的参考文献目录中被提及，这说明在该论文的写作过程中该作者认为被引文献的部分或者全体与该论文的部分或者全体之间存在一定的关系。引文分析的本质就是研究这种关系的一种信息计量学方法。研究者认为论文中所引用的参考文献能够揭示作者在构思论文的过程中学习、吸收和利用了哪些以前的研究者的概念、理论、方法和设备。一篇文献在参考文献目录中被提及这一事实说明，在著者的思想中，被引文献的部分或全体与引用文献的部分或全体之间存在一种关系。引文分析就是研究这些关系的信息计量学的一个领域，所用主要工具是引文索引，它是被引文献的一种有序化目录，每一篇被引文献都附有一个引用文献目录。事实上如果引文索引在商业开发上未被证明获得成功的话，那么引文分析就不可想象会成为一个严肃的学术问题。Egghe（1990）指出至少从 19 世纪以来，科学传统要求科学家在撰写论文时，必须参照前人所写的与之有关的论文。人们认为这些参考文献能查明作者在构思自己的论文时吸收或利用哪些早期研究者的概念、方法、设备。引文标引原理常用来揭示引文分析的本质。

为了更好地理解引文标引原理，首先应该区分两个概念，即"参考文献"与"引文"。如果论文 A 含有使用并描述论文 C 的书目注释，那么论文 A 就含有参照论文 C 的参考文献，而论文 C 具有来自论文 A 的引文。简单地说，参考文献是一篇文献对另一篇文献的答谢，引文是一篇文献从另一篇文献处所得到的答谢。因此，"参考文献"是一个后视概念，"引文"则是一个前视概念。引文标引的核心思想是：作者对于原先记录的信息的参照表明，前人的很多著作与当前这篇文献的主题是密切相关的。引文标引的原理则基于四种假设：一是文献的引文表明引用者阅读和使用了那篇文献；二是引文表明了文献的价值；三是被引用的文献可能是最优秀的著作；四是被引用文献在内容上与引用文献有关。这四种假设形成了以引文分析为基础的全部研究的基础。

引文分析最初的研究动机是评估研究者的学术表现。作者引用文献的动机主要有以下几个方面：尊重以前研究者的成就；肯定相关研究者的成果；参考标准的方法或设计，但不详细描述；提供宽泛的背景资料；修正或评价前人著作；引用早期作品以佐证自己的观点；找出原始作者概念的来源作品；概念、名词或技术的原始来源；引用重要人物或作品，使自己的研究容易被人接受和尊敬；引用某些论文，因为作者认为可能适合期刊读者群或符合该期刊读者的期望。

（1）从引文数量上进行分析。透过期刊、作者、论文、文献类型等分析对象的被引次数的排列及规律评定文献的质量。即主要用于对期刊或作者研究单位进行质量评价，以研究文献咨询流动的规律，例如文献老化规律，集中与分散规律，核心期刊、引文类型分布规律。

（2）引文的网状关系分析。引文系统是一种以文献的引用和被引用所特有的相互关系构成的文献咨询体，引用与被引用的关系形成了链、树、网形结构。时序网络：在一组重要且有代表性的引文中，每篇文献都作为节点，按照时间先后顺序，链接这些节点并以引用次数或其被引用为权值，即构成引文时序网络图。同引网络：当两篇以上的文献共同被后来的一篇或多篇文献引用，则称这两篇文献为同引，若具有同引关系的文献分别与其他文献有同引关系，即形成同引网络。耦合网络：若两篇文献共同引用了一篇或多篇论文，则称这两篇论文有耦合关系。如果多篇文献之间具有耦合关系，则称为一个耦合网络。

引文网络图不仅可以反映文献之间的引证关系，而且可以定量地揭示引文网络中的重要节点，也就是可以分析学科的核心文献。

引文分析法从文献被利用和使用的角度来评价和选择核心期刊，因此比较公正和客观。加菲尔德通过引文分析，研究了文献的聚类规律。他将期刊按照其被引用率的次序排列，发现每门学科的文献都包含有其他学科的核心文献。

2.3.2 共被引分析理论与方法

Small（1973）指出作为主题相似性指标的共引分析在信息检索中有两个应用：一是提供基于引文索引的高度共引文章的新条目列表；二是提供特定领域早期材料的"核心"或更重要的论文列表，可能是该领域的概况，因此是选择性信息传播系统的基础。共被引分析是识别科学工作中思想之间关系的定量指标，它可以用作绘制科学结构图的工具。Cawkell（1976）指出高被引文章比低被引文章更重要，高被引文章具有更重要的意义，并且相互关联。这提供了一种绘制科学结构或绘制科学图的方法。Small 和 Crane（1979）提出在科学专业领域应用共引技术，因为该技术可以用于识别科学学科中的活跃领域值，进而深入分析该科学领域的知识结构。然而，值得注意的是在引用数量较低的情况下，共被引分析并不是一种有效的工具（Mombers，1985）。

共被引分析是研究科学认知结构的独特方法。共被引分析涉及跟踪源文献中一起引用的成对文献。当同一对文献被许多作者共同引用时，研究集群开始形成。这些集群中的共同被引论文倾向于共享一些共同的主题。结合单链接聚类和多维缩放技术，共被引分析可以从字面上映射专业研究领域以及整个科学的结构。共被引分析创建范式 / 集群，以揭示机构内的跨学科研究趋势。基于共被引分析的应用程序鼓励研究人员探索科学的知识结构并指导他们了解未来的发展。知识联系是通过引用和引用的过程建立的。它是检查科学学科的知识发展和结构的研究工具。文献共被引是共被引中最早被提出的概念，而共被引是由 Small 及 Marshakova 分别提出的概念，其指 A、B 两篇文献如共同被后来出版的 C 文献引用，则 A 与 B 之间有共被引关系，隐含其具有主题相似性关系。共被引强调两篇文献共同被一篇文献引用，假设共被引关系的建立可能是受到信息提供者（A、B 两篇文献）的主题相近性影响，才会让引用者（C 文献）同时引用不同的相关文献。当 A、B 两篇文献同时被更多其他文献引用，表示二者之间之主题相似性愈强。一般而言，共被引文献的被引用次数可能随时间增加产生变动，因此共被引关系形成的网络是动态结构，当有新的文献加入共被引网络中，文献之间的共被引关系需要重新建构。此外，共被引同书目耦合一样，除以文献作为共被引关系建立的单位外，亦可以文献作者、期刊来源、主题、类别等建立共被引网络，其中文献共被引（literature co-citation）、作者共被引（author co-citation）及期刊共被引（journal co-citation）、学科共被引（discipline co-citation）、国家共被引（country co-citation）等较为常见。文献共被引用于对相似文献进行检索；期刊共同被引用于评估核心期刊列表等；作者共被引分析已被用于分析科学学科的知识结构。

2.3.3 词频分析方法

在文献中，不同词汇的使用和出现频率是有一定规律的。词频分析（word frequency analysis）是对文献正文中重要词汇出现的次数进行统计与分析，是文本挖掘的重要手段。它是文献计量学中传统的和具有代表性的一种内容分析方法，基本原理是通过词出现频次多少的变化，来确定热点及其变化趋势。词的频率分布一直是统计语言学的一个重要研究对象。词频分析法是文献计量学传统分析方法，依据齐普夫定律对文献中主题词或关键词出现的频率及其规律进行统计分析；词频在文献中的分布大致遵循一种称为齐普夫定律的简单数学形式，即最频繁的单词的频率 $f(r)$ 根据下式中的 α 进行缩放（$\alpha \approx 1$）：

$$f(r) \propto \frac{1}{r^{\alpha}}$$

在这个等式中，r 称为单词的频率等级，$f(r)$ 是它在自然语料库中的频率。由于实际观察到的频率取决于检查的语料库的大小，因此该定律按比例规定频率：最常见的词（$r = 1$）的频率与 1 成正比，第二频繁的词（$r = 2$）的频率与 $1/2^{\alpha}$ 成正比，第三个最常见的词的频率与 $1/3^{\alpha}$ 成正比，依此类推。

2.3.4 社会网络分析方法

社会网络分析（social network analysis）的概念最早由 Mitchell 于 1969 年提出，主要用于研究社会中行为者之间的关系、个体属性和网络结构如何影响行为者行为。这些行为者可以是人，也可以是机构或国家。迄今为止，社交网络分析已被用于研究不同种族群体与企业之间的关系，以及研究其他网络圈子所涉及的动态、情感和活动等。社会网络分析在社会学、人类学、社会心理学、传播学和经济学等学科领域被广泛应用。学者们运用社交网络分析方法可以检查社区的结构，并且通过可视化社区之间的关系来描述网络结构和结构中现有的连接。社会网络分析法最早起源于社会计量学，是一门交叉学科，主要思想来源于计算机和数学领域。

最近几年，社会网络分析成为文献计量学中常用的一种方法，备受关注。用来衡量社交网络分析方法的指标主要有节中心性（degree centrality）、中介中心性（betweenness nentrality）、特征向量中心性（eigenvector centrality）、聚类系数（clustering coefficient）等。其中，节点中心性是用来衡量社会网络图谱中节点的中心性，即一个节点的节点度越大表明这个节点的度中心性越高，该节点在社会网络中就越重要。节点的中介中心性越大，表明该节点在社交网络中位于核心位置、起着桥梁作用，拥有较强的资源掌控能力。文献计量学基于社会网络分析方法对相关文献数据进行了作者合作关系研究、机构合作关系研究、作者引用关系研究、期刊引用关系研究和知识结果关系研究。社会网络分析方法能够帮助研究者识别某一研究领域内作者之间的合作关系、学术派系及不同群体之间的合作关系。在作者合作社会网络图中，具有密切合作关系的作者或发文数量最多的作者会被重点研究。此外，在社会网络结构图中，网络中的节点可以是作者也可以是机构或者国家。因此，很多学者用社会网络图来探究科研机构的绩效和影响力。此外，引用关系的研究在文献计量学中一直是一个备受重视的研究方向。作者引用关系研究较早应用了社交网络分析方法，用来揭示相关主题和概念之间的关联性，进而追踪学科发展的脉络和把握知识研究的前沿。期刊引用的社会网络图谱分析可以用来识别某一期刊的研究前沿、发展轨迹、知识变迁等内容。社会网络分析在文献计量学中的应用除了合作分析和引用分析之外，正在被用来揭示文献背后的知识结构关系、社会关系和知识领域变迁。

2.4 科学知识图谱在本研究中的应用

2.4.1 数据来源

中国知网是我国最具权威的中文论文检索数据库，拥有最为丰富和最为核心的中文数据。为了确保数据的权威性和全面性，本研究以中国知网数据库中的北大核心和 CSSCI 作为检索对象，以"社交媒体""社交网络""微博""微信""抖音"等作为主题对发布在中国知网的论文进行精准检索，共计获得论文 13530 篇。时间跨度为 2008 年 1 月到 2022 年 1 月。选择 2008 年作为起始年份是因为在这一年社交媒体（social media）成为我国互联网发展的一大亮点和趋势，开始步入学者的研究视野。为了确保数据的有效性，作者对所收集到的所有论文进行了人工审阅，共计删除无效文本 1493 篇，最后获取 12037 篇有效文本。每条文本主要包括作者（Author）、摘要（Abstract）、关键词（Keywords）、机构（Institution）、来源（Source）等。

2.4.2 CiteSpace 知识图谱绘制工具

本研究借助 CiteSpace 知识管理工具对我国社交媒体研究的文献进行可视化分析。CiteSpace 是由著名学者陈美超教授的团队开发的在 Java 环境运行的一款可视化分析软件。它主要以中国知网、Web of Science 数据库的导出纯文本为分析对象，目的是识别某一特定领域的研究前沿、核心作者、有影响力的机构、研究趋势和研究热点等问题。我国学者李杰等在其代表作《CiteSpace 科技文化挖掘和可视化》一书中对 CiteSpace 的使用、下载、功能、模块等作了详细介绍。截至目前，CiteSpace 软件已经在美国、英国、西班牙、法国等欧美国家、中国和其他地区得到广泛的应用。我国许多学者利用 CiteSpace 软件对 CNKI、CSSCI、WoS 数据库中的文献进行了计量分析。总的来看，CiteSpace 这一文献计量软件从理论和方法上极大地推进了知识领域的可视化分析与研究。

本研究提出五个问题：（1）识别我国社交媒体研究的核心作家和科研机构；（2）揭示我国社交媒体研究领域的热点议题；（3）探究我国社交媒体研究领域的热点知识的演进；（4）确定我国社交媒体研究领域的研究前沿；（5）预测我国社交媒体研究领域的未来发展趋势。为了解决以上问题，本研究利用 CiteSpace 软件进行了作者合作分析、关键词共现分析、关键词聚类分析和关键词凸显分析，来获取我国社交媒体研究领域的科研合作网络知识图谱、关键词共现知识图谱、关键词聚类知识图谱和关键词突现知识图谱。

共同作者分析（co-authorship analysis）允许评估研究项目的生产力、评估科技发展之间的关系、绘制优先主题领域、评估区域对知识产生的贡献、评估组织间网络以及评估国际合作。运用 CiteSpace 进行作者/机构合作关系分析可以用来识别我国社交媒体研究领域的核心作者、作者之间的合作关系、最具影响力的结构、机构之间的合作关系等。共词分析（co-word analysis）旨在提取科学主题，并直接从文本的主题内容中检测这些主题之间的联系。共现分析（co-occurrence analysis）是一种用于文献计量分析的可视化方法，指示在与特定研究领域相关的出版物中发现的常用且高度相关的术语或单词。运用 CiteSpace 进行关键词共现分析旨在确定我国社交媒体研究领域的热点议题和热点演化。聚类分析是将数据集划分为子集（称为聚类）的技术之一，使同一聚类中的数据点尽可能相似，而不同聚类中的数据点尽可能不同。运用 CiteSpace 进行关键词聚类是为了识别我国社交媒体研究领域的研究前沿问题。研究前沿指临时形成的某个课题及其基础研究问题的概念组合，也是正在兴起或突然涌现的理论趋势和新主题，代表一个研究领域的思想现状。关键词突现检测（burst detection）基本原理就是统计相关领域论文的标题和摘要中的词汇出现频率，根据这些词汇的增长率来确定哪些是研究前沿的热点词汇。运用 CiteSpace 突发词检测分析主要是来确定我国社交研究的前沿和未来发展趋势。

2.4.3 知识图谱的绘制流程

本研究根据杨思洛等（2021）提出的绘制知识图谱的八个步骤（如图 2.1 所示），进行本研究知识图谱的绘制。

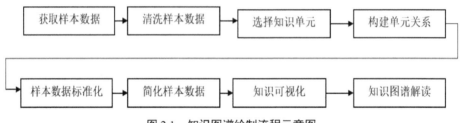

图 2.1　知识图谱绘制流程示意图

一是获取样本数据。样本数据是进行 CiteSpace 分析的基础和前提。本研究以中国知网中的北大核心和 CSSCI 两大数据库作为检索对象，以"社交媒体""社交网络""微博""微信""抖音"等作为主题对发布在中国知网的论文进行精准检索，共计获得论文 13530 篇。时间跨度为 2008 年 1 月到 2022 年 1 月。

二是清洗样本数据。清洗样本数据主要包括样本数据的去重、勘误、分段以及选择等内容。为了确保数据的信度和效度，本研究删除了报道文章、采访文章、会议通知、期刊介绍、重复等无效文本共计 1493 篇，最后获取 12037 篇有效文本。

三是选择知识单元。知识单元是指知识处理的基本单位，主要包括题名、摘要、关键词、作者、国家、机构、刊名、分类号、学科、摘要、参考文献、全文。本研究选择作者、关键词、机构等作为分析的知识单元。

四是建构单元关系。知识单元关系主要有两种：①文献（单元）之间的直接关系，用前缀 inter 表示；②知识单元在一个文献（单元）内共现，用前缀 co 表示，如共现、共被引、共分类号、共标引词等。本研究选择了知识单元在一个文献内的共现关系。

五是样本数据标准化。为了更好地对数据进行可视化分析，通常需要对数据进行标准化操作。数据标准化的方法主要有两种：集合论方法（set-theoretic measures）和概率论方法（probabilistic measure）。本研究采用了概率论方法对获得的 13530 篇论文进行了标准化操作。

六是简化样本数据。对样本数据进行简单化操作的主要目的是更好地发展特定领域的知识关系和更好地展示各个知识单元之间的关系。样本数据的简单化分析主要包括因子分析、寻径网络图谱和最小生成树法等。本研究采用了寻径网络图谱和最小生成树法对样本进行简化。

七是知识可视化。在对数据进行以上操作以后，在 CiteSpace 软件组点击可视化，根据需求进行调整就可以获取到有关的知识图谱。本研究运用 CiteSpace 软件一共获取 6 幅可视化图谱，即我国社交媒体研究作者合作知识图谱、我国社交媒体研究机构合作知识图谱、我国社交媒体研究关键词共现知识图谱、我国社交媒体研究时间线图谱、我国社交媒体研究关键词聚类知识图谱和我国社交媒体研究关键词突现图谱。

八是对获取的知识图谱结果进行解读。本研究根据研究问题且结合研究背景和相关文献对所获取的 6 幅有关我国社交媒体研究的知识图谱进行了详细的解读。

第3章 我国社交媒体研究合作
网络知识图谱分析

3.1 作者合作网络图谱特征分析

3.1.1 作者合作网络整体特征

社交媒体研究领域作者合作网络图谱如图 3.1 所示，该图谱是 CiteSpace 以"作者"这一知识单元为计量对象生成的可视化图形。通过作者合作网络知识图谱，可以分析社交媒体研究领域内主要研究人员成果的共同署名情况。社交媒体研究作者合作图谱选取的时间区间为 2008—2022 年，时间切片设置为 1 年，即该合作图谱实际上分析的是 2008—2022 年间 14 个时间段的高影响数据。

作者合作网络的可视化通过知识节点之间的连线实现，由图 3.1 可以看到，该合作网络由 654 个节点以及 242 条连线构成，每个节点都对应着社交媒体研究领域的一位作者，节点之间的连线显示出诸位作者之间在该领域研究成果的合作署名关系，连线的粗细程度表明了合作关系的强弱程度，节点的颜色对应作者之间首次合作共现的年份（陈悦等，2014），网络密度（density）表示实际关系数与理论上的最大关系数的比值，能够体现出共现网络整体连接性，奥特和鲁索将其定义为网络连线数除以完整网络所有可能的矢量点数（李杰，2018）。

图 3.1　我国社交媒体研究作者合作网络图谱

由图 3.1 可知社交媒体作者合作图谱的连线数为 242 条，对应的网络密度为 0.0011，表明社交媒体研究的作者合作网络十分松散，显示出目前在社交媒体研究领域内学者之间的合作程度较低，缺乏较为系统的、紧密的合作交流。

3.1.2 作者合作子网络分析

作者合作共现图谱通过发现该研究领域学者之间的社会关系，进一步来评价科研人员 r 学术影响力。节点的大小反映了相关数据出现的频率：节点越大，相关数据的出现频率就越高（李杰，2018）。年轮状的节点样式反映出该节点所对应的作者在不同年份的发文情况，年轮的宽度与相应年份的发文频次相关，年轮的填充颜色对应了时间切片的颜色标记，连线的颜色代表两位作者首次合作的成果产出年份。颜色从冷色调到暖色调的变化反映出时间从早期到晚期的变化关系，即节点的年轮直径越大、颜色越深、周数越多，则该节点所代表的作者在社交媒体领域的研究时间越长，学术贡献度和影响力也越高。

（1）合作子团队分析。合作子网络显示出社交媒体研究领域主要团体内部的作者合作交流情况。从图3.1中可以看到，社交媒体研究领域中表示连接数量的度较大的节点，显示为王晰巍、袁勤俭、靖鸣以及李纲这四位作者，这些作者在2008年至2022年间度大于4，反映出他们与其他学者有着较强的合作联系，也显示出其在社交媒体研究领域的成果具有一定影响力。从知识图谱中可以看出，整体网络中已经明显形成了几个分别以某位作者为核心的研究团队，子网络分布具体特点为：以该作者为核心，呈中心发散或枝条状。

以吉林大学学者王晰巍为核心的合作研究团队中，师生合作为主要合作关系。王晰巍学者博士毕业于吉林大学情报学专业，她所关注的研究方向为信息行为、大数据分析以及舆情分析。在社交媒体相关研究方面，与她合作较多的为其博士研究生贾若男以及其硕士研究生张柳，张柳在社交媒体领域的发文量为18篇，贾若男为12篇。其中，王晰巍与张柳的主要合作方向为社交媒体网络舆情分析，两人于2017年第一次合作发表了论文《新媒体环境下社会公益网络舆情传播研究——以新浪微博"画出生命线"话题为例》。此文基于社会网络分析法，以新浪微博"画出生命线"话题数据为样本，从三个社会网络指标出发，对新媒体环境下社会公益舆情网络结构特征和信息传播展开研究（王晰巍等，2017）。这之后，张柳和王晰巍一直保持合作至今，研究以微博、微信为主的社交媒体的舆情生态。2021年，张柳在吉林财经大学管理工程与信息科学学院担任讲师，次年两人又共同发表《信息生态视角下微博舆情生态性评价指标及实证研究》一文，尝试构建微博舆情生态性评价指标并进行实证分析（张柳等，2022）。贾若男和王晰巍的师生合作始于2017年发表的文章《信息生态视角下新媒体信息素养评价指标及评价方法研究》，后续贾若男从社交媒体用户行为的视角展开社交媒体网络舆情研究。两位学者同属吉林大学大数据管理研究中心和国家发展与安全研究院网络空间治理研究中心，合作交流较频繁。

以南京大学学者袁勤俭为核心的合作研究团队，以师生合作关系为主，又包含同事合作。如贵州财经大学信息学院副教授张宁在于南京大学攻读博士学位期间与袁勤俭有着较为密切的师生合作，其主要研究方向为信息分析、用户信息行为研究。二位学者在社交媒体研究上首次合作研究的成果《用户视角下的学术社交网络信息质量影响因素研究——基于扎根理论方法》于2018 年 5 月发表在《图书情报知识》一刊。该文立足用户视角，研究学术社交网络信息质量的前置影响因素，尝试构建学术社交网络用户感知的信息质量影响因素 CPUC 模型，说明了内容和用户因素的重要性。这之后张宁与袁勤俭也保持着密切合作，着力于研究社交媒体上的用户行为。与袁勤俭同为师生合作关系的作者还有宗乾进，两位学者关于社交媒体的相关研究始于2012 年发表的《我国社交网络隐私控制功能的可用性研究》。该文针对社交媒体上的信息发布涉及的隐私泄露问题，对比了主流社交媒体隐私控制功能，并提出改进方式（沈洪洲等，2012）。朱庆华与袁勤俭属于同事合作关系，两位学者在攻读硕士研究生期间便有合作，后续二人同属南京大学信息管理学院，为共同完成国家社科基金重点项目，开始了社交媒体研究领域的合作。王瑞在近两年的研究中与袁勤俭合作频繁，两位作者于 2020 年 4 月合作发表《学术社交网络用户特征对知识交流效果的影响——以南京大学 ResearchGate 用户为例》。文章中以 ResearchGate 平台上的南京大学用户为例，通过对用户特征数据的采集分析，从用户身份、学术影响力、互动行为等不同维度阐释了用户特征对知识交流效果的影响，对学术社交网络研究进行了实证分析（王瑞等，2020）。王瑞在后续的研究中持续关注学术虚拟社区的知识交流生态和用户行为，之后二位学者在学术类社交媒体相关研究的文章中仍有合作。

以南京师范大学靖鸣为核心的合作研究团队，以师生合作关系为主，社会关系合作为辅。学者靖鸣一直从事新闻学研究工作，目前任职南京师范大学媒介发展与危机管理研究所所长。在任职广西师范学院新闻传播专业导师期间，其硕士研究生王瑞与其合作研究社交媒体领域较多，且集中于舆论学研究领域。两人展开合作始于 2010 年，有关社交媒体的研究成果集中发表于2011 至 2012 年，两位学者以社交媒体平台微博为主要研究对象，首篇关于社交媒体的研究是《微博已成公众舆论助推器和制造者——由"随手拍照解救乞讨儿童"说起》，以具体案例论述了微博在舆论传播中的功能。两位学者之后合作的文章也较多集中于微博的舆论研究，尤其是对以微博为主的社交媒体平台的舆论监督作用展开了多角度的研究，在该领域内共同合作产出了 7篇论文。另外，靖鸣所在的南京师范大学媒介发展与危机管理研究所与人民网舆情监测室亦有交流，2014年靖鸣与人民网舆情监测室主任分析师潘宇峰合作发表了《"魏则西事件"主流媒体与社交媒体舆论监督的共振与互动》聚焦于社交媒体与主流媒体的舆论互动（靖鸣等，2016）。靖鸣在2016年与其硕士研究生周燕、马丹晨合作发表的《微信传播方式、特征及其反思》探究了微信作为社交媒体的特点，并对其传播中存在的问题提出了规避策略，这也成为靖鸣在社交媒体领域研究中被引用次数最高的文献，文献被引用量达140次。

以武汉大学李纲为核心的合作研究团队以师生合作关系为主，也有同事合作。例如与李纲同机构的毛进在于武汉大学攻读博士研究生期间同李纲有着密切的师生合作，之后继续留在武汉大学担任副研究员，两人共同任职于武汉大学信息资源研究中心，从师生合作逐渐变为同事合作。两位学者同为信息管理科学出身，涉及的主要研究方向为情报学和数据挖掘，共同发表的《微信群内部信息交流的网络结构、行为及其演化分析——基于会话分析视角》基于网络社群理论和会话分析理论，分析了不同交流需求的微信群内部信息交流网络的拓扑结构特征，是其合作发表的关于社交媒体研究的首篇成果（巴志超等，2018）。武汉大学的安璐与李纲也是由师生合作关系逐步转向同事合作关系，两人首次合作于2007年，研究逐渐从图书馆情报聚焦到社交媒体情报研究，共同参与了教育部哲学社会科学研究重大课题攻关项目"提高反恐怖主义情报信息工作能力对策研究"，并相继于2019年和2021年合作发表《恐怖事件情境下微博信息组织与关联可视化》《社交媒体环境下突发事件严重性评估和预警机制研究》，为社交媒体平台信息的科学预警和评估价值以及社交媒体危机事件防范机制的建立提供了实证数据支持，这也是二位学者当前在社交媒体研究领域的主要合作成果。

除上述四位学者外，还有部分学者在社交媒体研究领域也形成了一定的合作关系：浙江工业大学的顾秋阳在图中节点也较为突出，其在社交媒体研究领域的合作关系形式主要是同事关系，也有较多师生关系合作。顾秋阳的主要研究方向为舆情传播控制、中小企业智能信息处理与高质量发展、商务智能大数据挖掘，与其合作较为紧密的学者还有浙江工商大学的琚春华、鲍福光和浙江工业大学的吴宝。顾秋阳与琚春华是同事合作关系，在顾秋阳任职于浙江工商大学期间，二位学者进行了密切的合作。琚春华主要以电子商务与物流技术、企业信息化为研究方向，在二位作者社交媒体领域相关的合作研究中，以顾秋阳为核心发表的合作成果的研究内容基本集中于社交网络动态模型的建构与改进方面，主要合作成果例如《融入用户群体行为的移动社交网络舆情传播动态演化模型研究》《基于意见领袖的社交网络舆情传播控制模型》《融入用户关系强度的社交网络舆情信源发现方法》都是基于建模仿真的研究手段对社交媒体网络的信息流进行动态分析并建构模型，进一步探寻舆情信息传播这一动态过程及其控制方法。其间，浙江工商大学现代商贸研究中心的学者鲍福光也参与了合作，三人共同参与形成以同事合作为主的研究团队，团队研究方向为网络治理与舆情研究。另外，顾春阳在于浙江工业大学攻读博士研究生期间与吴宝进行了师生合作，团队主要合作方向为社交媒体舆情传播，其中，二位学者共同发表的《融入组合追踪策略的社交网络舆情传播控制方法》通过社交网络中的舆情传播控制方法的设计，实现负面舆情的抵御和控制目的，学者顾秋阳的后续研究也分别涉及社交网络舆情信息传播的各个环节。而在《融入词汇共现的社交网络用户情感 Biterm 主题模型》一文中，吴宝和琚春华以顾秋阳为连接枢纽实现了跨机构合作关系，这为后续的合作奠定了基础。总体看来，目前以顾秋阳为核心的两个合作团队在社交媒体研究领域中将社交媒体网络舆情信息控制作为研究方向，合作成员较为稳定。

以武汉大学王丹为核心的研究团队以师生合作关系为主，也有一定的同门合作，主要研究方向为网络分析及情感分析。张海涛于 2015 年开始同王丹进行合作产出，一直保持合作联系至今，两位学者来自吉林大学，曾是师生关系，都具有图书情报相关学科专业背景，现在共同任职于吉林大学管理学院，因此合作关系较为紧密。张海涛和王丹于 2018 年发表的《基于概念格的在线健康社区用户画像研究》是其在社交媒体研究领域被引用次数最高的文献，为 70 次，文章基于概念格构建了在线健康社区群体用户画像，通过用户分类探究其在网络健康社区中的多维度特征及行为规律，为社交媒体平台内部准确建构用户画像相关研究提供了理论支撑。

以内蒙古师范大学白晓丽为核心的研究团队主要关注社交媒体对于青少

年的影响，团队内以跨机构的作者合作为主要特点，团队主要合作成员包括内蒙古民族大学的姜永志、佳木斯大学的刘勇，都具有心理学教育背景，主要研究领域包括手机互联网依赖及其社会心理机制。刘勇和白晓丽合作的《大学生手机互联网依赖与孤独感的关系：网络社会支持的中介作用》被引用次数最高，为145次，最新的合作成果《青少年线上积极自我呈现与幸福感的关系：线上积极反馈与自尊的作用》发表于2022年，文章直接研究了社交媒体网站上的青少年自我呈现行为影响因素之间的作用机制，对于社交媒体领域在心理发展与青少年教育领域的交叉研究具有一定贡献。

华中科技大学王国华和钟声扬所组成的合作关系属于师生合作模式，团队主要研究方向为网络舆情与社会动员。两位学者于2014年起开始合作发表社交媒体领域研究成果，成果产出时间集中于2014—2016年，以微博这一社交媒体平台上的热门舆情事件为主要研究对象，相继展开微博舆论危机相关案例研究，其中《突发事件中政务微博的网络舆论危机应对研究——以上海踩踏事件中的@上海发布为例》是引用最高的期刊文献，次数达到104次，在社交媒体网络舆情领域具有一定的影响力。

以中国人民大学黄霄羽为核心的合作团队也属于师生合作模式，其在社交媒体研究领域的文章主要与其硕士研究生郭煜晗、王丹和冯磊进行合作，该团队共同的研究方向是档案学，在社交媒体研究领域的代表成果集中发表于2016年，其中《国外典型档案馆应用社交媒体创新档案服务的实践特点》是其合作成果中引用次数最高的文献，共被引用63次；《以"鞍"配"马"何相宜？——论档案服务与社交媒体的匹配》一文将学术研究服务与社交媒体的创作发表、资源共享、协同编辑以及社交服务等功能特点相联系，推动了社交媒体在信息资源服务上的实际应用研究。

武汉大学严炜炜和刘倩在社交媒体研究领域所形成的合作关系属于师生合作关系，共同研究方向为用户信息行为。该合作关系基于师生合作扩展至跨机构间学者合作，如与华中师范大学的林鑫共同合作发表了《学术型健康社区科研协同交互行为绩效分析——以丁香园为例》，共同探讨了科研信息协同交互行为，这之后有关社交媒体领域的研究也主要以学术社区的协同信息行为为主要方向来展开，一个重要原因在于同国家社会科学基金项目契合，因此团队的主要成果在内容和主题选择上也呈现出此特点。

中国科学院大学的张艳和武汉大学的张敏在社交媒体研究领域所形成的合作关系属于跨机构学者合作关系，二人主要与张艳的硕士研究生孟蝶进行合作，张敏的主要研究方向为信息资源管理，张艳的主要研究领域为公共危机与公共政策，其关注社交媒体领域也是由于该师生合作关系的存在。三人在社交媒体领域的研究成果集中于 2019 年，共同合作的《S-O-R 分析框架下的强关系社交媒体用户中辍行为的形成机理——一项基于扎根理论的探索性研究》被引用次数最高，为 24 次，同样研究用户行为并试图建构概念模型的成果还有《"使用－满足"分析框架下社交媒体用户持续使用行为的概念模型研究》，该合作团队的研究成果综合了信息管理和公共关系的专业知识，在社交媒体领域的相关成果集中于不同类型社交媒体用户的行为模式研究。

北京师范大学的喻国明和中国人民大学的李彪属于跨机构学者间的合作关系，两位学者一直关注新闻业界的动态，关于社交媒体领域的合作成果源于对互联网平台发展和治理的思考，主要的成果包括《互联网平台的特性、本质、价值与"越界"的社会治理》，文章基于移动互联网时代对于平台当下存在的垄断性情况和治理道路提出了政策建议，但总体来看，喻国明和李彪的研究方向较广泛，该合作关系关于社交媒体领域的直接成果较少，两位学者各自在师生合作中成果产出较多。

四川大学的何跃和余伟萍属于机构内同事合作，但总体合作强度不高。两位学者的主要研究方向为品牌营销，在社交媒体研究领域主要关注以微博为主的社交媒体平台的品牌营销策略。主要合作成果为 2014 年发表的《新浪微博加 V 用户特征分析》，文中从微博用户特征切入对于微博品牌形象营销进行研究，帮助确定微博核心品牌营销群体。

中国科学院的程学旗和刘悦属于机构内同事合作，以两位学者为核心形成的合作团队，主要研究方向为社交网络数据挖掘及舆情处理，从频率上看，该合作团队成果产出较稳定，团队成员都有计算机专业基础，成果产出包括谣言识别、用户行为控制、舆论引导仿真模型及舆情传播动力学建模等内容，其中《基于用户行为特征的微博转发预测研究》被引用次数最高，为 107 次，为社交媒体领域研究微观层面的用户行为模式作出了一定贡献。

钦州学院的梁芷铭和周玫同样属于典型的同事合作关系，两位学者共同关注的方向为高校学生思想政治教育，在社交媒体领域产出的研究成果如《微博话语权平衡策略研究》论述了社会话语权结构在微博平台上的特点及平衡策略，在之后的研究中也主要集中于以微博为代表的社交媒体平台，并结合大学生群体及其思政教育展开，对扩展社交媒体领域与教育管理的交叉研究有一定启示作用。

社交媒体研究的作者合作网络整体的网络图谱结构呈现出的特点有：第一，合作网络密度较低，整体结构松散，但结构内部有较多的独立研究的作者，子网络之间也存在一定的合作关系。第二，存在相当数量的学者长期关注社交媒体领域的研究，并起到了核心的带头作用，形成了以高影响力作者为核心展开合作的研究团体，例如以吉林大学王晰巍为代表的团队及以浙江工业大学顾秋阳为代表的研究团队发文量较高；部分子团体内部交流合作较为紧密，但各个团体内部合作的稳定性高低不一。第三，各个学术团体之间的交流联系较少，高影响力学者之间的合作强度不高。结合子网络的作者合作分析来看，当前国内存在一定数量的学者涉及社交媒体研究，但本领域高影响力作者之间的合作尚不密切，合作范围局限于机构和地域，这也意味着社交媒体领域研究具有极大的发展潜力，需要各位学者加强双向交流，扩大合作范围。同时，社交媒体研究领域主要研究团队多跨学科研究人员，说明该领域研究学科交叉性强，研究范围较广泛，且涉及的专业集中于信息、传媒及管理领域，未来应继续加强跨专业的交流合作，以推动社交媒体研究领域的学术创新。

（2）典型作者分析。在作者合作图谱中，除主要形成的子网络合作研究团队之外，还存在着部分独立发文的作者，该类作者对于社交媒体研究领域也作出了相当的贡献，在整体网络图谱中以单点形式显示，属于作者合作网络图谱中的典型子网络模式之一。

表 3.1 摘录了社交媒体研究领域发文数量排名前三十的作者，发文量前 10 的作者分别是：吉林大学的王晰巍（63 篇），浙江工业大学的顾秋阳（55 篇），武汉大学的严炜炜（40 篇），南京师范大学的靖鸣（37 篇），浙江工商

大学的琚春华（33 篇），武汉大学的李纲（30 篇），中国人民大学的周文泓
（28 篇），中国人民大学的王丹（24 篇），武汉大学的张敏（23 篇），四川大学
的何跃（21 篇）。

表 3.1　我国社交媒体研究领域作者发文量排名前三十

排名	作者姓名	发表文章数量 / 篇	初始发表年份	占比
1	王晰巍	63	2008	2.23%
2	顾秋阳	55	2008	1.95%
3	严炜炜	40	2008	1.42%
4	靖鸣	37	2011	1.31%
5	琚春华	33	2008	1.17%
6	李纲	30	2016	1.06%
7	周文泓	28	2014	0.99%
8	王丹	24	2016	0.85%
9	张敏	23	2014	0.81%
10	何跃	21	2012	0.74%
11	张静	20	2012	0.71%
12	唐晓波	20	2013	0.71%
13	吴宝	20	2008	0.71%
14	梁芷铭	19	2014	0.67%
15	姜永志	18	2017	0.64%
16	张柳	18	2017	0.64%
17	张志安	17	2011	0.60%
18	王国华	17	2013	0.60%
19	张爱军	17	2013	0.60%
20	安璐	17	2017	0.60%
21	徐翔	17	2013	0.60%
22	刘倩	15	2008	0.53%
23	林鸿飞	15	2012	0.53%
24	朱庆华	15	2012	0.53%
25	王斌	14	2014	0.50%
26	袁勤俭	14	2012	0.50%
27	齐佳音	13	2014	0.46%
28	张继东	13	2016	0.46%
29	徐建民	13	2015	0.46%
30	程学旗	13	2016	0.46%

除了在合作网络中存在较为显著的合作关系的作者之外，还有节点较大、影响较为突出的作者：四川大学的周文泓（28 篇）、武汉大学的唐晓波（20 篇）、西北政法大学的张爱军（17 篇）、同济大学的徐翔（17 篇）、中国人民大学的王斌（14 篇）、上海对外经贸大学的齐佳音（13 篇）、湖北工业大学的张继东（13 篇）和河北大学的徐建民（13 篇），这些作者从不同专业视角对社交媒体领域展开了一定研究。

例如四川大学的周文泓，主要研究方向为网络空间的档案化管理和社交媒体文件与档案管理，基于档案学和图书情报专业知识对社交媒体展开了研究；武汉大学的唐晓波是国家社会科学基金重大项目首席专家，在计算机和信息管理领域已经具有一定影响力，主要的研究领域包括信息系统、知识组织和情报分析，其在社交媒体领域的研究兴趣也有关信息挖掘，以及对于知识问答社区和政务社交媒体用户行为的关注；西北政法大学的张爱军自从事新闻传播学研究以来，专注于网络政治传播领域的研究，是西北政法大学"长安学者"特聘教授，在政治传播领域具有一定学术影响力，其在社交媒体研究领域产出的成果也与政治传播密切相关，近年成果产出频率较稳定，最新成果为《聚合与割裂：社交媒体时代的政治认同》，该文认为聚合与割裂成为社交媒体时代政治认同建构与解构的两种分化特征，其技术特征造成了内部用户政治认同心理的分化割裂。

同济大学艺术与传媒学院副院长徐翔，主要研究方向为网络传播、社交媒体和文本数据挖掘、计算传播学。其于 2019 年出版的专著《中国文化国际社交媒体传播研究——基于社交媒体挖掘与数据分析》，选取分析了部分具有代表性的媒体，在传者机制、内容生成、传受结构、效果机理方面，对于中国文化在全球社交媒体中的传播进行了调研和分析；中国人民大学的王斌的研究兴趣主要为传播社会学、媒介转型与创新及社区传播，著有《社区传播论：新媒体赋权下的居民社区沟通机制》一书。该书聚焦于现实情境中的社区传播，研究社交媒体语境下的社区互动。王斌在社交媒体领域的研究成果也集中于社区传播方向。

上海对外经贸大学的齐佳音具有数学、机械化和管理学的专业背景，其主要研究方向为社交网络分析以及大数据建模与人工智能和变革管理，近期代表成果有《公共危机背景下的道德判断与谣言对抗行为生成路径研究——基于不同社交媒体平台的定性比较分析》，该成果也表明齐佳音对于社交媒体信息治理和用户群体信息行为分析的关注；湖北工业大学的张继东，研究方向为移动互联网知识管理和移动社交网络用户行为管理，近年来在社交媒体研究领域成果产出频率稳定，近期代表性成果如《基于用户行为感知的移动社交网络信息服务持续使用意愿研究》，引用次数最高，为28次，集中体现了张继东在用户行为研究与社交媒体领域的交叉研究成果；河北大学的徐建民多年来一直从事软件工程、信息系统以及舆情监测等方向的科研工作，主要研究兴趣为个性化信息检索、话题识别与追踪和社会网络建模，自2015年发表有关社交媒体研究论文后，对于社交媒体领域的研究集中于信息识别和监测，如关注微博平台谣言监测方法的成果《传播路径树核学习的微博谣言检测方法》，具有计算机和传播学跨学科交叉的研究特点。

综上分析，社交媒体研究领域存在相当一部分的独立作者在近年的社交媒体研究中有着较稳定成果产出频率和成果产出质量。多数学者具有跨学科的教育背景，集中于情报学、计算机和软件工程、信息技术以及新闻传播学这类专业，且青年学者占有一定比例，在社交媒体领域属于潜力型作者。但多数独立作者缺乏较为稳定的、专门从事社交媒体研究的团队合作，未来应主动扩大其合作圈子，促进社交媒体领域高影响力独立作者之间的合作交流。

3.2 机构合作网络图谱特征分析

3.2.1 机构合作网络整体特征

社交媒体研究领域机构合作网络图谱如图3.2所示，该图谱是在Citespace中选择机构（Institution）这一节点类型进行可视化分析得到的。类似地，在机构合作网络图谱中机构名字的字号越大，表明该机构整体数据中出现的频率越高，连线和节点数量汇报了知识网络内部的连接情况，节点之间的连线越粗，说明节点对应的机构在同一篇文献中出现的频率越高，机构间的合作越紧密。

CiteSpace, v. 5.8.R3 (64-bit)
January 24, 2022 8:31:44 PM CST
CSSCI: C:\Users\admin\Desktop\社交媒体知识图谱\data
Timespan: 2008-2022 (Slice Length=1)
Selection Criteria: g-index (k=25), LRF=3.0, L/N=10, LBY=5, e=1.0
Network: N=577, E=327 (Density=0.002)
Largest CC: 189 (32%)
Nodes Labeled: 1.0%
Pruning: MST

华中师范大学信息管理学院
郑州大学新闻与传播学院
中山大学传播与设计学院 湘潭大学公共管理学院
中国传媒大学电视与新闻学院　吉林大学大数据管理研究中心
南京大学新闻传播学院　北京邮电大学经济管理学院　中国人民大学信息资源管理学院
武汉大学新闻与传播学院
华中科技大学新闻与信息传播学院吉林大学管理学院　重庆邮电大学计算机科学与技术学院
湖南大学新闻传播与影视艺术学院 中国人民大学新闻学院　河北大学新闻传播学院
河北大学管理学院　　　　　　　　　　　　　　　　武汉大学计算机学院
四川大学文学与新闻学院武汉大学信息管理学院　　　　四川大学商学院
中国传媒大学　北京大学新闻与传播学院　中国人民大学新闻与社会发展研究中心
武汉大学信息资源研究中心
中国传媒大学新闻学院南京大学信息管理学院
南京师范大学新闻与传播学院复旦大学新闻学院
国家计算机网络应急技术处理协调中心清华大学新闻与传播学院 南昌大学新闻与传播学院
暨南大学新闻与传播学院四川大学公共管理学院
中国科学院大学 安徽大学管理学院
华中科技大学公共管理学院
南京理工大学经济管理学院

图 3.2　我国社交媒体研究机构合作网络图谱

整体上来看，目前在社交媒体领域的各类研究机构中，贡献最大的是大学和科研院所，但在整体网络图谱结果中，各个机构间的合作尚不紧密。在社交媒体研究领域机构合作网络图谱中，共有 577 个节点，327 条连线，网络密度（Density）为 0.002，虽然少数机构之间存在合作关系，但是大部分机构仍然处于独立研究阶段。从研究机构的地域分布上来看，高产机构大多位于华中地区及华北地区，少部分位于华南地区及西南地区，并且集中在北京和武汉这样的高校聚集区，武汉大学、中国人民大学以及吉林大学都在社交媒体研究领域具有一定的研究影响力。造成这一地域分布特点的原因之一也是各地信息资源和媒体资源的差异，使得各高校和科研机构在社交媒体领域相关的研究中的投入不同，中部和北方的高校对与社交媒体研究密切相关的计算机和大数据等领域研究的重视程度，也直接影响相关机构进一步展开对于社交媒体领域的科研投入。

3.2.2 典型机构分析

在机构合作网络图谱中，在社交媒体研究领域发文量越多的机构节点字号越大。图中可以看到武汉大学信息管理学院、中国人民大学新闻学院、吉林大学管理学院、武汉大学信息资源研究中心以及南京大学信息管理学院在图谱中显示较为突出。国内在社交媒体领域产出研究成果的机构主要是高校和科研院所，表 3.2 摘录了社交媒体研究领域发文数量排名前三十的机构，发文数量排名前十的机构是：武汉大学信息管理学院（269 篇），中国人民大学新闻学院（148 篇），吉林大学管理学院（146 篇），武汉大学信息资源研究中心（129篇），南京大学信息管理学院（129 篇），清华大学新闻与传播学院（92 篇），南京师范大学新闻与传播学院（92 篇），武汉大学新闻与传播学院（81 篇），暨南大学新闻与传播学院（66 篇），北京邮电大学经济管理学院（65 篇）。

表 3.2　社交媒体研究领域发文量排名前三十的科研机构

排名	机构名称	发文量 / 篇	初始年份	占比
1	武汉大学信息管理学院	269	2008	5.15%
2	中国人民大学新闻学院	148	2010	2.83%
3	吉林大学管理学院	146	2008	2.79%
4	武汉大学信息资源研究中心	129	2008	2.47%
5	南京大学信息管理学院	129	2008	2.47%
6	清华大学新闻与传播学院	92	2011	1.76%
7	南京师范大学新闻与传播学院	92	2008	1.76%
8	武汉大学新闻与传播学院	81	2011	1.55%
9	暨南大学新闻与传播学院	66	2010	1.26%
10	北京邮电大学经济管理学院	65	2011	1.24%
11	复旦大学新闻学院	54	2011	1.03%
12	吉林大学大数据管理研究中心	53	2008	1.01%
13	华中科技大学新闻与信息传播学院	51	2011	0.98%
14	中国科学院大学	50	2013	0.96%
15	河北大学管理学院	49	2008	0.94%
16	华中科技大学公共管理学院	48	2012	0.92%
17	四川大学公共管理学院	48	2011	0.92%
18	中国人民大学信息资源管理学院	48	2012	0.92%
19	中山大学传播与设计学院	46	2012	0.88%
20	安徽大学管理学院	44	2012	0.84%
21	四川大学文学与新闻学院	44	2011	0.84%
22	中国人民大学新闻与社会发展研究中心	43	2010	0.82%
23	郑州大学新闻与传播学院	41	2010	0.78%

（续表）

排名	机构名称	发文量/篇	初始年份	占比
24	中国传媒大学	41	2010	0.78%
25	四川大学商学院	40	2013	0.77%
26	华中师范大学信息管理学院	38	2014	0.73%
27	中国传媒大学新闻学院	38	2014	0.73%
28	武汉大学计算机学院	37	2014	0.71%
29	湖南大学新闻传播与影视艺术学院	36	2011	0.69%
30	南京理工大学经济管理学院	36	2016	0.69%

其中武汉大学发文量排名第一，主要包括三个部门，即信息管理学院、信息资源研究中心和新闻与传播学院。武汉大学信息管理学院具有文华大学文华图书科的学科源流，因此在社交媒体研究方面有着图书情报学与档案管理的学科特色。学院还建有信息采集与交互、数据智能、虚拟仿真与信息可视化三个专业实验室，在社交媒体研究领域的成果产出也充分利用了大数据资源。同时武汉大学信息管理学院下设新闻传播学一级学科，社交媒体相关学术成果有着新闻传播学和图书情报学的学科交叉特点。学院还牵头创建了武汉大学大数据研究院以及"数字空间与社会治理"智库联盟，武汉大学大数据研究院致力于应用学院科研成果并围绕国家重大战略提出咨政建议，关注社交媒体的相关政策及其治理，对于社交媒体用户的研究也偏向于用户信息行为和信息资源利用等议题。

武汉大学信息资源研究中心是基于武汉大学原图书馆学情报学研究所成立的信息资源研究基地，以信息资源的组织、管理、开发和利用为核心，瞄准社会经济信息化中的重大理论问题和实际问题开展研究、咨询、培训工作，与武汉大学信息管理学院有着稳定的机构合作关系。该研究中心下设的信息经济与信息资源规划研究室、信息资源管理与服务研究室、信息组织与数据挖掘研究室和信息系统研究室承担了社交媒体研究相关项目的主要信息处理职责，并定期通过成果简报的方式，将研究成果和咨询报告向相关政府部门、产业界发送，因此相关研究成果聚焦于社交媒体用户的信息行为以及信息政策等方面，与武汉大学信息管理学院的密切合作也让其成果产出有较强的应用属性。

　　武汉大学新闻与传播学院在社交媒体领域的研究成果国际特色较浓厚，在 20 世纪 80 年代就开展了同美国、日本、澳大利亚等国的学术交流与合作。社交媒体领域相关研究成果除了关注国内社交媒体舆论及用户行为外，对西方社交媒体研究以及国际关于中国议题的舆情也有研究。内部所设武汉大学媒体发展研究中心主要承担了与中国人民大学、华中师范大学等机构的学术交流合作活动，社交媒体相关研究成果中多运用数据分析和比较研究的方法开展关于社交媒体议题的学术研究，兼具实证研究与人文社科研究特点。研究中心在传媒经济学方向较为突出，因此不乏媒介产业和社交媒体发展相关成果，相较于同机构的武汉大学信息管理学院对于社交媒体方面偏重大数据和信息技术的研究特点，武汉大学新闻与传播学院更侧重于媒介内容和产业经济，在传播学领域内整体关于社交媒体的研究方向较为丰富。

　　具体而言，发文量排名第一的武汉大学信息管理学院和发文量排名第四的武汉大学信息资源研究中心的合作关系属于内部合作，后者以武汉大学原图书馆学情报学研究所为组建基础，主要合作单位包括武汉大学信息管理学院、国家信息资源管理武汉研究基地和软件工程国家重点实验室等。中心主要研究人员中，在社交媒体研究领域有一定影响力的代表学者包括：李纲，现任中心主任，主要研究方向为情报学和数据挖掘；安璐，数据管理与知识服务研究室主任，主要研究领域包括可视化知识发现、网络数据分析和竞争情报；邓胜利，信息政策与大数据治理研究室主任，主要研究方向为社会网络用户信息行为、数字信息资源管理及数字化信息服务，独著有《新一代互联网环境下网络用户信息交互行为》一书，是其早年在社交媒体平台的用户信息行为相关研究成果的汇总；中心委员如南京大学信息管理学院教授孙建军、中国人民大学信息资源管理学院教授张斌都是社交媒体研究领域的高产作者。

　　除了武汉大学信息资源研究中心、武汉大学信息管理学院和武汉大学新闻与传播学院这样的合作关系外，类似的，发文量排名第二的中国人民大学新闻学院与发文量排名第二十二的中国人民大学新闻与社会发展研究中心也有密切联系，后者是中国人民大学原舆论研究所演化组建成立的，以郑保卫教授为研究中心主任，依托中国人民大学新闻学院的学术资源，专注于在新闻传播学领域展开学术研究，在社交媒体研究领域主要合作机构为北京师范大学。机构内学者以新闻学和传播学专业背景为起点，在社交媒体研究领域的代表学者有：陈力丹，主要研究领域为新闻理论、中外新闻史、传播学、舆论学；彭兰，研究方向为网络传播、新媒体和媒介融合，在网络传播研究领域具有一定的影响力，著有《网络传播概论》，对梳理社交媒体相关概念及其系统构成具有重要贡献；李彪，研究方向为网络舆情、新媒体与社会，在社交媒体领域与学者喻国明有较密切的合作关系，合作团队以舆论研究为主，著有《社交网络时代的舆情管理》，用实际案例对社交媒体时代科学地进行舆情管理进行了系统回答；王斌，主要研究领域为新闻传播理论、媒介社会学、新媒体传播、传媒业转型与创新，曾合著有《微博：一种新传播形态的考察影响力模型和社会性应用》，对微博这一社交媒体平台的发展逻辑及价值本质进行了探讨，近年关注到社交媒体对于传统媒介产业的变革，成果如《社交媒体对新闻编辑职业角色的重构》，文中肯定了社交媒体对新闻生产全流程的渗透作用，对于社交媒体研究在媒介产业方向上的研究有一定贡献。同属于中国人民大学的还有中国人民大学信息资源管理学院，在社交媒体研究领域共产出 48 篇成果排名第十八，代表学者包括黄霄羽、郭煜晗、冯磊和王丹，几位学者以社交媒体结合档案管理为主要研究方向，在社交媒体研究领域形成了较为稳定的合作团队。

具体而言，中国人民大学新闻学院新闻教育基础深厚，对新媒体研究较为重视。因此机构内部学者对于社交媒体领域关注较多，彭兰、李彪、喻国明等在社交媒体领域有一定的产出成果，在新闻传播领域也有相当的影响力。中国人民大学新闻学院的研究领域广泛，融媒体与数据新闻、公共传播与国家治理、视觉文化与创意传播、互联网内容生态规治等重点领域都融合了社交媒体研究，中国人民大学新闻与社会发展研究中心依托于中国人民大学新闻学院资源成立，研究领域包括新闻学、传播学和媒介经济学等，其下设的 11 个机构中，新闻与传播研究所、舆论研究所、公共传播研究所、新媒体研究所、网络舆情研究所承担了关于社交媒体议题的主要研究成果产出。

发文量排名第三的吉林大学管理学院，通过组建以"大数据管理与应用"为定位的吉林大学大数据管理研究中心（53 篇，排名第十二），集中管理学院相关方向的学者资源，开展大数据相关研究。吉林大学大数据管理研究中心依托吉林大学管理学院，在社交媒体研究上两者具有较为稳定的机构合作关系。该中心成立于 2016 年，基于大数据时代的企业发展要求，主要从事"大数据管理以及应用"方面的研究，其主要涉及的 5 个研究方向包括大数据与商业模式创新、大数据驱动的管理决策模型与方法、大数据资源管理与治理机制、大数据环境下的服务创新、大数据环境下企业生态系统及企业战略，关注社交媒体内容的数据挖掘及社交媒体信息资源管理，工商管理学科内的企业经济和管理研究背景，也让该中心在社交媒体相关成果产出方面更加注重企业及用户，成果应用性较强。部分学者的研究成果涉及社交媒体领域，代表的有以王晰巍学者为中心作者的合作团队，包括同机构学者张柳、韦雅楠和贾若男，主要研究成果集中于社交媒体用户行为及舆情分析。吉林大学管理学院综合了管理科学与工程、工商管理、图书情报与档案管理等学科基础，下设的"信息化与信息管理研究中心"以及"大数据管理研究中心"主要的研究领域包括社交媒体与人机交互，以及社交媒体的数据挖掘等方面的内容，成果产出具有信息管理和工商管理的学科交叉特点，关于社交媒体的研究成果偏向于企业营销和数字社区信息服务，应用性较强，大数据的研究背景较为明显。

发文量排名第五的南京大学信息管理学院前身背景为金陵大学图书馆学专业。南京大学信息管理学院滥觞于金陵大学的图书馆学专业，在中国图书馆教育史上具有开创性的地位。2011 年南京大学信息管理学院加入国际 iSchools 组织，该组织由十几个国家 60 多所学校的信息学院组成，在研究成果上以用户为中心，倡导跨学科的视角，研究领域包括从社交媒体等数字和虚拟空间到物理空间上的信息资源管理问题。同时，南京大学信息管理学院组建了南京大学信息管理学院健康信息学研究所，借助图书情报交叉学科知识，研究健康信息化问题，主要研究方向涉及社交媒体等平台的健康大数据和健康信息行为，在社交媒体领域的相关研究成果集中指向用户，具备数据研究及人文社科研究的多维视角，成果应用性特点较为突出。机构内关注社交媒体研究领域的学者有：朱庆华，南京大学信息管理学院副院长，主要研究方向为社会化媒体、用户信息行为和健康信息学，在社交媒体领域也有一定成果，例如《用户生成内容（UGC）概念解析及研究进展》，文章对于社交网络用户的信息内容创作模式进行了研究脉络的梳理，被引用次数为最高，566次，有一定学术影响力；袁勤俭，以社交网络和知识图谱为研究方向的，目前在社交媒体研究领域已有较稳定的合作关系。

除了上述发文量较多的机构外，排名前十五的机构还有清华大学新闻与传播学院，学院较早重视新媒体方面的研究，其院级研究机构新媒体研究中心和智媒研究中心主要承担了社交媒体相关研究工作。2012年清华大学与人人公司共建首家社会化媒体研究中心，中心的研究方向包括以用户行为分析和媒体内容挖掘为主的社会化媒体研究，以及社会化计算这两方面，因此社交媒体领域相关研究成果在媒体内容和技术上都有所侧重。在学术成果交流方面，学院主要参与了2013年召开的"对'社交媒体的伦理与规制：比较的视角'国际学术论坛"，此外，学院主要科研项目"社交媒体中的欧盟与中欧关系建构"获批欧盟委员会"让·莫内"研究项目（Jean Monnet Project），这也显示出清华大学新闻学院在社交媒体研究领域与国际接轨的研究优势。清华大学新闻与传播学院，在社交媒体研究领域的高影响的学者有：史安斌和王沛楠，以新闻传播学理论研究为主要方向，主要成果如《议程设置理论与研究50年：溯源·演进·前景》，系统梳理了传播学领域在社交媒体研究中的重要的议程设置理论并指出其理论现实价值和未来方向；陈昌凤，主要研究方向为新闻传播史、大众传播与社会变迁、新闻与传播教育以及媒介素养，近年关注到计算传播和对外传播，代表成果如《分布与互动模式：社交机器人操纵Twitter上的中国议题研究》，探讨了社交媒体中社交机器人的信息行为与用户交互的关系。

发文量排名第七的南京师范大学新闻与传播学院，主要合作机构为同机构内部合作，在社交媒体研究领域的高影响的学者研究方向以舆论研究为主，目前已经形成以学者靖鸣为中心的较为典型的合作关系，学者骆正林也关注了社交媒体时代的舆论引导，之后的成果中也将社交媒体作为主要背景，来论述新闻传播学界的热点问题（骆正林，2022）。

发文量排名第八的武汉大学新闻与传播学院，在社交媒体研究领域主要与湖北大学、华中师范大学和中国人民大学等机构有合作关系，具有一定成

果的作者包括：学者廖秉宜主要研究方向为贸易经济与传媒产业，其将用户
广告分享行为结合社交媒体属性进行实证研究（廖秉宜等，2021），探究了影
响微信用户朋友圈广告分享行为的主要因素；学者刘丽群主要关注风险传播
和人际传播，近年关于社交媒体用户对新冠肺炎疫情媒体报道转发机制的研
究是其将社交媒体研究与风险传播结合的代表成果（刘丽群等，2020）；学
者石义彬一直关注社交媒体研究，从早年的社交媒体"Feed 广告"解读（吴
鼎铭等，2015）到近年关于留守妇女社交媒体赋权实践研究（石义彬等，
2021），研究成果富有政治经济学色彩。

　　发文量排名第九的暨南大学新闻与传播学院以机构内部合作为主，在社
交媒体研究领域有一定成果的作者包括：谭天，主要关注领域为社交媒体与
媒体融合，代表成果包括《我国社交媒体的现状、发展与趋势》，简要论述了
社交媒体的四种主要模式，之后继续关注社交媒体中的社会热点问题，如对
社交媒体时代积极老龄化的探析（赵娜等，2021），在社交媒体领域研究成果
较为丰富，具有以社交媒体为主要背景结合传播学热点问题切入研究的特点；
晏青，主要研究方向为媒介文化和传媒艺术，近年的研究成果偏重人际传播
方向，主要包含虚拟社区、声音社交和数字交往，代表成果例如与广东工业
大学的付森会学者合作发表的《社交媒体中关系融入的认知机制研究——基
于相似性视角的分析》，用社会认同和自我扩展认知理论探究社交媒体背景下
的用户交往内在的心理机制。暨南大学新闻与传播学院关于社交媒体相关的
研究成果主要以暨南大学传播与国家治理研究院为依托，同时成立了政治传
播、品牌传播、国际传播、环境传播、健康传播等研究中心，在社交媒体研
究方面的传播学理论色彩较浓，对于社交媒体内部的媒介内容和媒介行为较
为关注，研究成果指向用户行为和社交媒体的治理。

　　发文量排名第十的北京邮电大学经济管理学院主要以管理科学与工程学
科在通信领域中的理论和应用研究为学科特色，北京邮电大学经济管理学院
信息通信背景浓郁，主要关注社交媒体数据分析。学院下设的 2 个研究机构，
新兴信息技术应用研究中心和数字化转型创新管理研究中心分别聚焦于信息
技术的应用和企业数字化转型问题，面向企业开展关于社交媒体的相关研
究。同时，设有大数据管理与智能决策研究中心和用户行为研究中心，利用

其大数据研究的学科优势，关注社交媒体用户行为对于企业管理的作用和影响，相关研究成果具有较高的应用价值。在社交媒体领域也有部分管理学学者开展了社交媒体相关研究，发文量较多的代表学者有：曾雪云，主要关注企业经济和会计理论，近年注意到社交媒体对于企业资源的重要意义，代表成果如《小微企业如何提升信息沟通绩效——基于社会化客户关系管理能力与社交媒体可见度的研究》，文章认为社交媒体能够帮助小微企业改善客户感知，进一步研究小微企业的社交媒体行为对其企业绩效的影响机制，推动企业管理理论与社交媒体的综合研究；张生太，主要研究兴趣在于企业管理及社会网络分析，近年产出了专门针对社交媒体的研究，如探究微信社交网络用户五人格特质与其社会资本之间的关系，以及社交媒体使用强度与其之间的内在机制（韩金等，2021），将早期对于社会资本和组织人员的研究成果与社交媒体相结合，与曾雪云都是将社交媒体作为主要变量纳入研究问题之中；齐佳音，上海对外经贸大学工商管理学院院长，同时也是北京邮电大学可信分布式计算与服务教育部重点实验室成员，主要研究方向为社交网络分析以及大数据建模和人工智能与变革管理，在社交媒体领域属于发文量较高的独立作者。

发文量排名第十一的复旦大学新闻学院具有悠久的新闻学科专业历史，在社交媒体领域主要合作机构是武汉大学，具体为武汉大学媒体发展研究中心。复旦大学新闻学院在中国传播学理论研究上较为突出，较早成立了传播学研究基地"复旦大学信息与传播研究中心"，也是中国早期开展传播学研究的高校之一，对于社交媒体领域的研究始于对新媒体带来的社会变革的关注。此外，复旦大学成立的传播与国家治理研究中心也汇集了新闻学院研究资源，新闻传播学、经济学、计算机科学、社会学等学科，围绕传播与国家治理等课题开展研究。同时复旦大学传媒与舆情调查中心也承担了关于社交媒体舆情监测和治理等研究工作，研究成果强调中国经验场域，注重成果在社交媒体社会治理方面的应用性以及对中国传播学发展的理论意义。在社交媒体研究领域代表研究学者有：周葆华，复旦大学新闻学院副院长，同时也是武汉大学媒体发展研究中心委员会委员，该中心是中国传媒发展研究的重要平台和智库，吸纳了国内重点高校权威学者组建委员会，与多所高校新闻学院有合作关系。周葆华，主要研究方向为新媒体传播、传播效果和舆论研究，近年关于社交媒体的代表性成果为《"春天的花开秋天的风"：社交媒体、集体悼念与延展性情感空间——以李文亮微博评论（2020—2021）为例的计算传播分析》，文章分析并具体阐释了社交媒体时代对公众人物的网络集体悼念，发展了社交媒体对于集体记忆的理论研究；孙少晶，近年以计算传播和健康传播为主要研究方向，对社交媒体平台上的突发事件传播和话语表达表现出了一定的研究兴趣，代表成果如《新冠肺炎疫情语境中多元媒介的微博话语表达》一定程度上为传统媒体和社交媒体之间的复杂关系的研究提供了参考。

发文量排名第十三的华中科技大学新闻与信息传播学院具有人文社科与电信、计算机等工科交叉的学院特色，主要合作机构为武汉大学和武汉传媒学院。华中科技大学新闻与信息传播学院源于华中理工大学新闻系，是全国第一个以理工科为主的高等学校创办的新闻系，因此在学科研究方面具有文理渗透的特点，在新媒体传播、战略传播、智能传播、科学与健康传播等研究领域居于国内领先水平。依托学院建立的"大数据与国家传播战略实验室"和"媒介技术与传播发展研究中心"承担了主要的社交媒体相关研究工作。大数据与国家传播战略实验室偏向大数据技术的应用，为社交媒体研究提供了数据支持。媒介技术与传播发展研究中心更多承担了成果产出的工作，中心成员主要关注社交媒体与政治传播、社交媒体营销和战略传播与社交媒体治理等方面，关于社交媒体研究的学科交叉特点明显。在社交媒体研究领域的高产作者主要有：牛静，主要研究方向为新闻传播学理论和法史研究，《社交媒体使用中的社会交往压力源与不持续使用意向研究》是其最高被引用文献，被引用次数为 54 次，文章以当下存在的社交媒体倦怠情绪为背景，试图建立社交媒体与社会交往压力产生的内在机制模型，在之后的成果中，也试图通过建构结构模型探究社交媒体信任对隐私风险感知和自我表露的影响，呈现出以实证研究为主要内容产出的特点；王昀，主要研究方向为社交媒体与政治传播，主要研究成果如《"日常的我们"：自媒体生产的社群化动力及其可持续性反思》，以网络田野调查的个案展开关于自媒体生产社群化动力来源的论述，对社交媒体治理研究具有一定的启发意义。与其同属华中科技大学的机构还有华中科技大学公共管理学院，在社交媒体领域总发文量 48，排名第十六。

发文量排名第十四的中国科学院大学主要是机构内部合作，中国科学院大学是科教融合的创新型大学，在社交媒体领域的跨学科研究较多，下设的公共政策与管理学院、经济与管理学院、文献情报中心等内部一级机构都对社交媒体有所研究，主要关注社交媒体数据分析与挖掘方面的研究，对于用户行为和网络政策也展示出较强的理工学科基础。社交媒体研究领域高产作者包括：张艳，中国科学院大学公共政策与管理学院，其与武汉大学张敏已经具有较为稳定的作者合作关系，主要研究方向为社交媒体用户行为模式；朱廷劭，中国科学院大学心理学系，主要研究方向为心理学计算机软件及计算机应用，代表成果如《基于社交媒体数据的心理指标识别建模：机器学习的方法》将社交媒体数据与心理建模及机器学习结合，扩展了社交媒体研究与心理学研究领域交叉的探索和应用；张志强，中国科学院成都文献情报中心，以图书馆情报和文献计量为主要研究方向，主要研究成果为《国际知名智库社交媒体传播特征及其启示》，为我国智库利用社交媒体进一步发展提供了理论启示。

发文量排名第十五的河北大学管理学院主要优势学科在于管理科学与工程以及图书情报与档案管理专业建设。河北大学管理学院具有经济学和图书馆学科背景，由原图书馆系及旅游专业合并而来，下设的信息管理工程系是社交媒体研究相关成果的主要产出机构，主要关注信息检索、信息行为、数据管理等领域的研究，因此研究成果以社交媒体内容为主要对象，研究成果指向用户行为和企业战略，经济学和图书情报及档案学学科交叉特点较为突出。在社交媒体研究领域有一定成果产出的作者具有档案学和经济学专业背景，如学者李颖的代表性成果《论社交媒体在我国档案馆中的应用——基于美国国家档案馆相关实践的启示》，借鉴西方经验提出将社交媒体应用在我国档案馆的发展中，对于社交媒体的实际应用研究有启发价值；郭海玲，主要关注电子商务和消费者行为，代表成果如《社会化媒体用户信息披露意愿影响模型构建与实证——以微信用户为例》，以社会化媒体信息隐私泄露事件为现实背景，探究了社交媒体用户隐私披露意愿的具体机制，丰富了社交媒体领域在用户心理微观层面的研究成果。

　　总体来看，国内在社交媒体研究领域的重要力量包括院校建立的研究中心以及独立科研院所。首先，就合作的地域分布来看，机构合作的地域性较强，部分地区如武汉、北京、南京等高等教育资源汇集地区形成了附近地区高校之间的合作关系，但整体合作强度不高。其次，就影响力和合作强度而言，武汉大学信息管理学院和武汉大学信息资源研究中心占据整体合作网络的中心地位，以武汉大学信息资源研究中心为纽带形成了跨机构学者的合作关系。其他机构也存在零星的跨机构合作，但合作强度和频率不高，难以像武汉大学信息资源研究中心那样吸纳全国各个高校的高影响力学者为委员从而形成密切交流。最后，就各个机构的学科背景而言，主要包括以图书情报学为渊源的信息管理，以及学科综合性较强的人文社科专业如新闻传播学和管理学，从侧面说明了社交媒体研究领域具有广阔的研究空间，需要多学科的视野。

　　因此，结合整体的机构合作网络和典型机构的分析，信息资源和学科资源丰富的小部分机构之间存在合作关系，成果产出的频率和影响力表现为机构合作网络节点上较为突出，但是大部分机构仍然处于独立研究阶段，对外的合作交流程度尚有较大的提升潜力。未来应该鼓励不同地域、不同学科、不同层次学者之间的跨机构合作，以更加多元开放的跨学科视角展开对社交媒体的研究，极大地开发社交媒体领域的学术研究潜力，推动社交媒体研究领域作出更多成果。

　　总体而言，在社交媒体研究的机构研究和合作方面，第一，目前社交媒体研究机构主要分布在华中地区，且以武汉大学为主要一级机构，南方的新闻院系在社交媒体研究领域有较高的学术关注度；第二，以信息科学、工商管理和新闻传播学科交叉为主的社交媒体研究成为当下高校和科研机构的主要合作与成果产出趋势，其次新闻传播学领域关于新媒体时代传播学理论的研究也较多关注数字媒体及社交媒体；第三，院校建立的研究中心以及独立科研院所在社交媒体研究领域发挥了重要的资源整合和学术交流的作用，是社交媒体研究成果产出的主要机构组成部分。

第4章 我国社交媒体研究热点知识图谱分析

　　"共词分析法"通过文献关键词的词频、聚类、关联、突现词统计分析，以研究文献内在联系、科学结构、研究热点和新兴领域等（李杰，2014）。根据 CiteSpace 运算结果可得我国社交媒体关键词共现知识图谱（见图4.1）。在中，圆圈代表关键词在所有数据集中的频次，圆圈越大表示关键词的频次越高。高频关键词是一篇论文的核心概括，对论文关键词的分析可以窥探论文的研究主题。

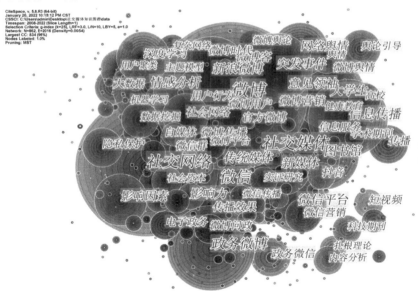

图 4.1　我国社交媒体研究关键词共现知识图谱

　　为了更好地理解高频关键词的具体情况，本研究把排名前三十的高频关键词罗列到表4.1。结合图4.1和表4.1可知，微博（2035）、社交媒体（1471）、社交网络（1098）、微信（828）、政务微博（410）、信息传播（249）、新浪微博（236）、大学生（214）、微信平台（208）和图书馆（207）是排名前十的高频关键词，这在一定程度上表明我国社交媒体研究的热点是围绕这些话题展开的。为了进一步明确我国社交媒体研究的热点，本研究结合当下我国媒体发展语境和相关参考文献可知，我国社交媒体研究热点主要集中在四个方面：社交媒体语境研究、政务微博传播机理与治理研究、社交媒体中信息传播作用与效果、新时代背景下媒介融合研究。

表 4.1　我国社交媒体研究高频关键词

序号	频次	凸显	中介中心性	关键词
1	2035	106.88	0.16	微博
2	1471	116.66	0.19	社交媒体
3	1098	11.2	0.15	社交网络
4	828	44.25	0.1	微信
5	410	23.84	0.04	政务微博
6	249		0.09	信息传播
7	236	8.25	0.07	新浪微博
8	214		0.06	大学生
9	208	12.59	0.05	微信平台
10	207	3	0.07	图书馆
11	203	11.15	0.06	情感分析
12	192		0.04	意见领袖
13	186	27.74	0.06	传统媒体
14	185		0.08	影响力
15	174	6.68	0.04	突发事件
16	170		0.09	新媒体
17	158		0.04	网络舆情
18	149	58.95	0.04	微博客
19	145	10.68	0.06	影响因素
20	129	19.4	0.06	微博营销
21	111	23.65	0.03	微博传播
22	108	6.98	0.02	政务微信
23	105		0.07	传播效果
24	102	42.16	0.01	短视频
25	100	11.59	0.03	官方微博
26	98	44.36	0.02	抖音
27	97	37.83	0.02	微博时代
28	95	16.93	0.02	微博用户
29	94		0.06	传播
30	94	9.31	0.03	深度学习

4.1 社交媒体语境研究

社交媒体已经成为互联网时代重要的社会工具，勾连了个体间、个体与社会的交流和互动，为个体搭建了获取信息资讯以及参与公共生活的便捷渠道，提供自我展现与分享互动的平台。得益于互联网的发展与数字技术的进步，人们可以在不同的社交媒体平台上，通过图片、文字、音频、视频等各式各样的形式以及滤镜、AR 等丰富多元的特性来全方位展现自我。尽管社交媒体为个体创造了自我呈现与表演的新舞台，但同时也带来了新的紧张和冲突。互联网、社交媒体平台打破了原本现实生活中分离的稳定的情境边界，使得多种情境交织重叠，模糊了公共与私人的界限，使个体陷入"语境崩溃"的困境。

4.1.1 语境崩溃的理论溯源与成因

（1）语境崩溃理论的溯源。在人类社会发展过程中，个体需要完成自然人到社会人的转变，即实现社会化。在这一过程中，自我也在不断形成和完善。自我是个体对自身的存在状态的理解和认识。符号互动论奠基人乔治·米德提出"主我"和"客我"的概念，"主我"代表的是生理属性的自我，"客我"代指的是社会属性的自我，"主我"和"客我"之间借助符号进行内部对话，相互作用下塑造成一个动态变化的自我，与此同时，社会的一系列准则和规范不断内化于自我（Mead，2003），这一演化过程只能在社会的各种情境中实现。在某一情境中，"客我"代表着某共同体相对稳定的社会秩序和规则，"主我"则可以对情境做出能动反应（吕冬青，2016）。情境对于人际交往活动至关重要，它将人的自我意识与外在行为活动相勾连，起着基础性的影响作用。语境崩溃与情境密不可分，相关的理论研究最早可以溯源到欧文·戈夫曼的拟剧论以及梅罗维茨的媒介情境论。

①戈夫曼的拟剧理论。美国著名社会学家欧文·戈夫曼将米德的"主客我"理论应用到了现实生活的人际交往当中，提出"拟剧理论"。戈夫曼（1959）认为，人们在社会现实中时刻不停地、不自觉地进行不同的角色表演。在社会生活中，以空间的物理分隔所划分的情境为前提，人们基于不同

的场景扮演不同的角色身份，再选择性地调整自己的行为以适应当下的场景。戈夫曼将场景分为"前台"（前区）和"后台"（后区）。"前台"则相当于是表演的主场，在这一场景下，人们遵循这一场景中的社会规则，扮演相应的社会角色，通常表现出来的是具有一定程度的理想化和社会化的自我。"后台"则没有社会身份和角色的限制，更多的是自发性的流露，个体呈现出自然放松的状态。人们在各种"前台"和"后台"之中穿梭移动，进行着自我与角色的社会舞台建构。戈夫曼指出，为了建立和维持符合他人期望的理想形象，人们在与他人的互动过程中会注意区别自己在每一个情境中的角色与其他情境中的角色，灵活地进行角色身份的转换和定位，来保证对不同的观众展示出不同的自我，以此防止表演的崩溃。在现实生活中，由于物理空间的天然分割，"观众隔离"得以实现，因此这种"因人而异"的印象管理策略通常是有效的。戈夫曼的"拟剧理论"的设定为人与人的交流是一种面对面的身体在场行为，而电子媒介时代的到来，使得人们的交流从线下转移到线上，是一种肉身缺席的状态，媒介成为人们交往的中介因素，重塑了人们原有的交往形态。缺乏媒介视角的拟剧理论则不再适用于这一情况，无法完全解释人们的数字交往行为。

②梅罗维茨的媒介情境论。美国传播学家梅罗维茨在承袭戈夫曼的"拟剧理论"的基础上，结合了麦克卢汉和英尼斯的媒介技术视角，引入媒介这一超越物理地域的变量，提出媒介情境理论。相比于戈夫曼所提的现实环境中的"情境"概念，梅罗维茨（1985）将电子信息环境以及"受众"元素融入"情境"当中，人、空间和媒介构成了"情境"的关键要素。除此之外，梅罗维茨还关注到，电子媒介打破了原本分离的社会场景的稳定，"后台"与"前台"场景的界限发生游离，多个社会汇聚在新的单一情境，梅罗维茨将这一新情境定义为"中台"，原有社会场景中的行为规则和社会角色也发生相应的调整和改变，在"中台"融合统一成为一种新的"中台行为"。相较于戈夫曼的线下物理场景的"前台"和"后台"，梅罗维茨强调了这一新变化是由电子媒介这一重要变量所带来的。而随着情境的融合，人们的社会行为也相应发生变化，形成新的交往模式。

（2）语境崩溃的概念和分类。在有情境边界的线下互动中，由于天然的物理隔离，人们得以借助特定的社会语境、社会期待来调整自己的行为表现。尽管有时也会出现语境崩溃的情况，但这时的自我呈现管理是相对可控的，个体能够快速调适自己的行为表现以解决语境崩溃所带来的尴尬局面。随着社交媒体的发展，语境崩溃现象的发生则更为常见。现实生活中多个情境中的受众汇集到单一社交平台，进而引发情境的并置和重叠。用户被迫同时应对植根于不同规范、需要不同社会反应的社会情境，而这些社会情境原本是互不关联的。在这一情形中，自我呈现变得十分复杂和困难，进而导致用户产生紧张和焦虑的心理冲突（Boyd，2014）。在虚拟与现实难以区分的网络化时代（networked era），面对这种社交平台引发的多重情境的并置与重叠现象，博伊德在对社交媒体网站 Twitter 用户的研究中正式提出了"语境崩溃"（context collapse）的概念，又被译为"情境坍塌"或"语境消解"，指的是社交媒体技术将现实生活中不同情境中的受众汇集糅合到了同一个情境中，导致人们在线上交往中的自我呈现管理变得异常复杂而难以处理（Boyd，2010）。Davis 和 Jurgenson（2014）认为，依据有无目的性，语境崩溃可以分为两类，语境勾连（context collusions）和语境冲突（context collisions）。语境勾连更多指的是用户有意识地将各种不同的社会情境相结合，是一种用户主动促成的行为，通常能够带来正面的、积极的效益。例如，在现实生活中，一些用户在寻求工作机会或者需要筹资时，会有意地向多个不同情境的受众发布这一信息，以此寻求来自不同社会情境的支持和帮助。Rainie 和 Wellman（2012）认为，跨越网络情境有助于获得社会、信息和物质资源。同样的，Ellison 和他的同事的研究证明，语境勾连是建立和维系弱关系的重要方式以及获得和维持更多社会资本的关键（Ellison，2011）。语境勾连是平台设计和用户实践结合的产物，是用户有意而为之的情境聚合。

语境冲突强调的则是不同的社会情境之间自发形成相互碰撞的情况，是一种在用户不知情的情况下发生的被动局面，往往会带来出乎意料的混乱结果。例如，发布吐槽公司的朋友圈在没有分组屏蔽的状态下被老板看到了，又或是外出蹦迪的照片被父母发现等情况的发生，使用户陷入尴尬的境地。除了个人失误的原因之外，语境崩溃有时也是社交媒体平台所带来的。例如，尽管一些微博用户并不愿意分享自己关注了哪些人，但微博平台上的架构则

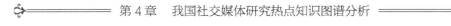

决定了关注与被关注列表是公开透明的，所有人都可以查看某一用户关注了哪些人以及被哪些人关注。从符号互动论的角度来看，语境崩溃的核心在于原本不同的多个情境发生重叠，从而产生新的情境，进而影响到个体的自我表达、身份认同以及与多样观众的互动。Davis 和 Jurgenson（2014）认为，在这个意义上，语境勾连和语境冲突是同义的。两种形式的语境崩溃都不会产生特定的正面或负面的后果，而是在特定的环境中，具有与规范人们期望以及平台可供性（Affordance）相关的意义。

（3）社交媒体中语境崩溃的形成原因。社交媒体中语境崩溃的成因主要包括三个方面：

一是网络化的公众。博伊德（2010）在其研究中提出"网络化公众"的概念，即由网络技术重构的公众，它们是由网络技术构建的空间、人、技术和实践交汇而形成的想象中的集体。网络公众与其他类型的公众有许多相似之处，如允许人们出于社会、文化等各种目的聚集在一起，促进人与所在环境以外的人产生更多新的联系。虽然网络公众与其他类型的公众有许多共同点，但不同于传统的公众概念，网络公众的技术架构正是网络公众与前者的本质区别。网络公众强调网络技术重新组织了信息流动的方式以及公众与信息、公众与公众之间的互动方式，网络公众不仅仅是通过网络联系在一起的公众，而且是已经被网络媒体、其特性和潜力所改变的公众。博伊德（2010）认为，平台可供性（affordance）形塑了网络化公众，由此带来语境崩溃的结果。平台可供性指的是，个体对平台的感知以及平台为个体行动提供的可能性。可供性既不属于环境，也不属于行动者，是用户和平台交互的结果（Markus & Silver，2008；Parchoma，2014）。博伊德指出，社交媒体具有持久性（persistence）、可复制性（replicability）、可伸缩性（scalability）和可搜索性（searchability）四种技术特性。持久性是指内容能够被记录和存档；可重复性，即内容可以被复制；可伸缩性，即内容的潜在可见性很大；可搜索性，即内容可以通过搜索访问。平台的可供性尽管无法决定人们的行动，却塑造了人们参与网络环境的方式。从平台的可供性来看，不同于戈夫曼意义上的自我呈现是一种日常表演，在社交媒体中的自我呈现更接近于一种"陈列"（董晨宇和丁依然，2018），从一种舞台表演

（performance）变成了一种"自我"的展览会（exhibition）（Hogan，2010）。也就是说，不同于线下实时的自我表演，个体在社交媒体上的自我呈现是一种数字痕迹的"陈列"，在未经删除和隐藏的情况下，随时都有可能都被其他访客参观。

二是隐形的观众与想象的观众。当试图确定在社交场合说什么是合适的，或者什么能被观众理解时，了解自己的观众是很重要的。换句话说，受众对语境至关重要，缺乏观众的明确信息，通常很难决定如何表现，更不用说根据评估反应作出合适的调整。社交网络传播技术"使我们对空间和地点的隐喻复杂化，包括受众相互分离的信念"（Marwick & Boyd，2010），并将我们从一个相对透明的受众世界带到一个不透明的"网络公众"世界（Boyd，2011）。不同于现实生活中面对明确可见的观众，社交媒体中的受众往往是不可见的、潜在的"隐形的观众"。网络公众中的参与者通过想象的观众（imagined audience）来评估他们是否认为自己的行为在社会上是恰当的。在确定想象的观众时，网络公众并不认为每个可能的受众都是观众。相反，他们所想象的观众通常是他们意向的公众，包括他们希望被看见的以及他们所认为受到约束的对象。这个想象的群体是意向公众，并不代表就是实际公众。然而，想象观众往往是用户调整自我呈现以符合社会期望规范的依据。博伊德认为，尽管人们多少会有一些有观众在场感（sense of audience），通过抓取媒介化交流中贫乏的线索，"想象"出一些受众，但很多情况下，实际的受众与想象完全不同（Boyd，2007），甚至往往就是作者本身的镜像而已（Peterson，2003）。韦施指出无限连接的网络迫使用户对受众的想象宽泛到几乎无限可能的其他人，这些人中的每一个对个体的自我都有不同的观点和判断，由此产生众多的"概化他人"，进一步产生众多的"自我"，而这些自我将不可避免地陷入冲突，想象的潜在受众将瓦解依据受众不同而进行不同自我呈现的能力。

三是公共与私人的界限模糊。社交媒体广泛地改变了人们的交往方式，同时也使得人们之间的互动变得更加复杂，使原本较为私密的互动变得可见甚至公开化。不同于过去以纸质实物为主较为私密的记录方式，个体对于信息的处置具有相当充分的决定权。而社交媒体作为现代人数字生活的"载体"，持久性、可搜索性的媒介可供性使其不仅保存了个体自主发布的数字内容，也生成了可见的与他人互动的数字足迹。随着越来越多的用户涌入社交媒体，社交媒体中存在着关系距离不一的受众时，用户就必须对自己发布的内容或参与可见的互动的后果加以考量，否则可能会给自己带来麻烦。社交媒体的可供性使得用户所生成的可见内容都有可能被阅读、转发、评论，甚至从圈内向圈外扩散（蒋建国，2016）。例如在社交媒体上所发布的某一私人内容被他人围观之后则面临着话题公共化的风险，甚至可能牵连到其他参与者。当个体把信息传播出去之后，信息的接收者便是这条信息的"共同拥有者"，因此任何一条信息都有可能被查看甚至扩散到更大范围。又或者当别人所发布的动态涉及自己的时候，不论是内容层面的展示还是互动上牵涉，例如好友在微博上公开 @ 自己的时候，相关内容或互动痕迹则将对所有共同好友甚至更大范围的观众可见。由此看来，社交媒体的记录实践具有公开或半公开的性质，使得个体对于自身数字痕迹的管理权是有限的。这意味着用户在进行数字活动的同时，将被迫让渡部分的个人信息隐私权，即将自己的一些信息管理权限开放给他人，由此使得公共和私人的界限模糊，形成混沌而复杂的隐私风险地带。

4.1.2 社交媒体中语境崩溃的延伸即时间崩溃

社会语境的概念指的是特定的时空坐标，包括了时间和空间的维度（Meyrowitz，1986），而现有研究主要将语境崩溃定义为空间意义层面的现象，对此，彼得和玛丽卡从时间维度对语境崩溃的概念进行了一个相关补充或延伸，提出了时间崩溃这一概念，即在社交媒体的背景下，用户在不同时间内生成的数字内容能够被回溯可见，进而造成用户自我紧张和受众理解混乱的一种现象（Petter & Marika，2018）。从哲学角度来看，时间的一维性，意味着时间是按单向线性、不可逆转的顺序发展，而社交媒体则瓦解了时间的线性叙事，混淆了过去与当下的界限。持久性、可搜索性使得社交媒体成为用户的数字档案库，形成一个过去与现在相联结的空间，过去的数字痕迹有可能不经意地侵入个体当下的生活，使个体在社交媒体中陷入一种可能的冲突语境，即自己过去的数字痕迹在未经许可的情况下被当下的他人查阅和审视，进而产生自我的紧张和压力。

自我处在不断发展的动态过程中，个体在社会媒体上记录和分享生活点滴的同时，也记录了不同时间点的自我痕迹。从这个意义上说，在社交媒体中自我的记录实践是一种捕捉和固定短暂瞬间的技术，类似于写日记、写信和拍照等记录方式，形成了对过往的不可避免的参照（Barthes，1980/1982；Sontag，1977），提供了叙述和纪念生活的方式（Foucault，1997；McKemmish，1996），即社交媒体提供了回到过去并重温过去自我表现的数字痕迹的手段，将人与过去相连接，借以获得怀旧体验。但与此同时，时间崩溃也赋予了他人查看自己旧有信息的权限，即一些旧有的内容不合时宜地被他人所查阅和审视，出现"社死"的尴尬情况，进而产生羞耻感。"羞耻"的本质是自我意识中的价值冲突，是被"想象中的想象性他者的眼光"审视的结果（吴世文和何羽潇，2021）。随着时间的推移，个体自身以及社会语境有很大的不同，记忆中的自我与当下的自我在发生偏移，不论是自身以当下的眼光反思过去的自我，还是他人以过去的"自我叙事"来审视当下的自我，将分离的自我加以统一重叠，都不符合"想象性他者"的目光，进而给当下的自我表现带来破坏与冲击。人们希望生命的发展"不会因为过去的特定行为而永久或周期性地受到指责"（Mantelero，2013），而社交媒体所带来的时间崩溃则违背了人类这一基本需求。

4.1.3 社交媒体中语境崩溃的应对策略和应对问题

传播隐私管理理论的提出者桑德拉·佩特罗尼奥（Stephen Petronio）认为，关系中的各方会随时间、情境、亲密程度等的变化不断调整公共领域与私人领域的边界管理，这一边界的渗透性是动态的。也就是说，由于关系处在不断变化当中，个体所采取的隐私边界管理也是动态变化的。对传播边界的管理常常是透露与隐藏之间的辩证过程，即对于何时透露自己的信息、何时不透露、应该透露哪些信息、向谁透露等问题的分析与思索（Stephen，2014）。随着用户隐私担忧的增加，社交媒体平台在不断改进其平台架构和设置，提供了应对语境崩溃的隔离功能和隐私保护措施，用户得以获得对信息传播和自我呈现管理更多的控制权。在实际操作过程中，用户往往通过内容审查管理以及受众审查管理来实现信息传播边界渗透性的调整，构建属于自己的数字"安全空间"。

一是平台内容审查管理。内容审查管理指的是人们对即将发布的内容动态进行自我审查，采取最小公约数原则（lowest common denominator），即尽量规避涉及私人生活或是有争议的敏感的相关议题，例如政治、新闻、宗教、情感等，以及尽量避免真实情绪和观点的表露，而是倾向于选择展示安全的、所有人都能够接受的内容动态和互动方式，试图建构起一个"无害的"个人形象，防止引发他人的误解和不必要的冲突（Hogan，2010）。例如，微信朋友圈，为了降低他人产生负面印象的可能性，用户发布日常的吃喝玩乐等无意义的信息动态。除此之外，人们会不时对过往展示的内容进行再次审查，采取仅自己可见或者删除内容的方式来规避不合适的内容被他人所观看。通过高度过滤和自我修饰自己的生活痕迹，他们构建和维护了一个看似安全又不真实的自我叙事，与此同时，"我们生活在一个信息越来越多，而意义越来越少的世界里"（Baudrillard，1981）。

二是观众隔离管理。观众隔离管理主要包括"转移"阵地、制造"分身"、屏蔽和删除等手段。"转移"阵地主要指的是停止原有社交平台的使用，转移到另一个社交媒体。例如，随着微信成为工作、生活的主要社交工具，微信朋友圈的"眼睛"越来越多，不少用户选择关闭微信朋友圈，转而逃回到微博上发布自己较为私人化的动态内容，呈现一种"微博活跃、朋友圈沉默"的现象。制造"分身"则指的是同时使用多个社交媒体平台或在同一社交媒体平台上注册多个账号，例如一些用户在使用微博的过程中，同时使用微博大号和微博小号，大号用于日常社交，小号则用以追星，以此实现观众隔离。屏蔽和删除则是大多社交媒体所提供的观众区隔功能，以微信为例，一是物理空间上的区隔，包括分组可见功能以及屏蔽和删除功能，分组可见功能指的是用户可在不同的情境下对指定范围的观众呈现不同的内容。屏蔽功能是指用户能够自主选择屏蔽特定观众观看自己的动态权限，删除则指的是将观众从自己的好友列表中移除。二是时间层面上的区隔，即设置观众可查看自己内容动态的时间范围。

社交媒体中语境崩溃的应对缺陷。通过"安全数字空间"的限定和开辟，规避了由于语境崩溃造成的时空冲突感，将原本需要面对的来自不同时空的"想象的受众"成功转化为"可控的受众"，这在一定程度上恢复了原有的"表演秩序"（吕行和金忻淳，2021）。然而，即便我们已经有意识地去选择、编辑和修饰传达的信息以更好地呈现自我，却仍然无法避免不同身份角色在社交媒体上并发所产生的尴尬情况。

社交媒体平台上公共与私人的边界控制受制于已有的社交媒体可供性，也就是说，个体只能在社交媒体所规定的平台架构上进行调整，个体的自我呈现与信息隐私管理并不能完全得到满足。尽管平台方出于帮助用户解决语境崩溃的问题而提供相应的隔离技术，用户能够控制所发布的内容、信息可见的受众以及内容的展示时间，但仍然无法避免语境崩溃的可能。由于数字传播技术具有一定的机械性，用户无法灵活精确地管理信息传播的边界，隐私的界限无法随着关系而变化和渗透。例如，微信朋友圈的"分组"功能机械地将同一分组内的好友一视同仁，忽略了人们在不同阶段、不同情境当中多维度角色扮演的需求。这种忽视既是横向共时的矛盾，也是纵向历时的冲突。从横向的空间维度上，在同一个分组的好友与用户的关系并不完全等同，用户对于与不同好友的社交语境的需求是不同的、灵活的，用户不会总想希望以一样的自我身份和角色在社交网络中所有的好友面前进行自我呈现。除此之外，不同的他者对于同一信息内容的理解往往不在同一语境中，很容易产生信息误解，这也是用户所不希望发生的。在纵向时间维度上，在社会化进程中自我在不断发生着重构和更新，与此同时，个体与他人的每一组关系也存在着动态的演变，交流的情境也应随之而改变。而出于时间和精力成本过高的考量，分组后用户几乎不会再进行改动，隐私的边界则僵化地限制在固定的"分组"范围之中，这使得用户所发布的每一条信息动态并不能精确地传递给所预期的受众。

与此同时，技术使人们在社交媒体上进行信息传播控制这一过程变得精细化和复杂化，进而导致人们陷入如何在网络社会中重获控制感的困境（Boyd，2010）一些用户则选择隐退行为或者封锁信息传播边界，由此来获得更多的自主权和安全感，但与此同时也面临相应的沉没成本，即失去更多自我呈现的机会以及与他人互动所带来的社会资本的可能性收益。不少研究

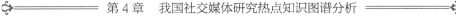

表明，社交网络有助于积累社会资本或从与社交网络成员的互动中获得好处（Vitak，2012）。

4.1.4 社交媒体中语境崩溃的研究潜力与相关争议

"语境崩溃"是近年来的研究热点和潮流之一，被视为重新想象当下社会生活的关键概念。由于社交媒体的复合性质，语境崩溃对于当下多种社交媒体的相关现象具备可观的解释潜力，如可供性、隐私管理、在线分享以及社会资本等（张杰和马一琨，2021）。受到 Boyd 对于 Twitter 和 Facebook 的影响，现有的不少研究都是以去匿名化的社交媒体平台为主要的研究对象，可见性往往被认为是语境崩溃的重要影响因素，例如 Facebook、微信等社交媒体平台加强了对真实姓名和个人资料的使用，使得个人可识别和可追踪。但也有研究者关注语境崩溃在高匿名性的社交媒体平台上所产生的影响。Triggs 和 Møller 等人（2021）对 Reddit 酷儿社区上 LGBT 群体的社交媒体实践进行研究发现，在提供了匿名设置的 Reddit 上，仍然面临着不同程度的"语境崩溃"的风险，该平台的使用用户仍需要制定复杂的策略以避免语境崩溃。除此之外，也有学者关注语境崩溃所带来的影响后果，如 Georgakopoulou（2017）的研究指出，社交媒体中的语境崩溃给语言学研究带来了一定的伦理影响，即语境崩溃可能给社会语言学家带来伦理上的不适和冲突。Kim（2020）则将关注点放到新闻传播中的受众上，对 395 名新闻分享者的研究表明，新闻分享者在将新闻信息进行分享的过程中并没有导致语境崩溃程度的增加。现有的研究呈现一片多元蓬勃的态势，具备相当的想象空间。

但尽管如此，目前的"语境崩溃"还没有得到系统的理论化，一些学者对其概念存在一定的质疑和争议。有观点认为社交媒体的语境崩溃现象并不一定会发生。由于目前语境崩溃的相关研究大多是以英美的主流社交媒体作为研究对象，例如 Facebook、Twitter 等，因此该概念的适用范围仅为欧美特定的社交媒体环境，不能够充分解释和概括其他不同文化背景社会下的社交媒体实践（Costa，2018）。Costa 考察了土耳其东南部一个城镇马尔丁的社交媒体使用实践，对所收集的数据研究发现，当地的社交媒体用户积极地采取多种策略调整社交媒体中的自我呈现，例如注册多个社交媒体账户、填写虚假的个人信息、修改隐私设置等，以实现与不同的社会关系网络的分隔，进而保持和谐稳定的社交媒体生活空间。因此 Costa 认为情境中的崩溃在马尔丁的社交媒体环境中并没有发生，其中主要有两个影响因素发挥作用，一方面，各种分离不同社交群体的方法已经成为马尔丁的社交媒体用户的常规使用习惯，他们通过细致化地修改隐私设置，创造性地改造其数字社交环境使之可控和稳定。另一方面，面向公众的 Facebook 与传统的婚礼现场的社交环境相似，可见度高，且并没有将先前划分的社交群体混合在一起。Costa 认为，可供性并不是基于平台的稳定属性，而是涉及特定平台与使用用户之间持续构成的过程，这一过程可能会在社会和文化背景的作用下发生根本性变化。她认为，社交媒体中不一定会发生"情境崩溃"，需要将对社交媒体的理解与线下生活联系起来，并考虑到不同地区不同环境下社交媒体实践的差异性和多样性。通过跨文化的视角，Costa 指出，博伊德所提出的"语境崩溃"概念存在着平台中心化、情境简单化的倾向，然而事实上，现实生活的情境是更为复杂多样的，行动者对于情境的理解和自我呈现也是多元的。Costa 主张可供性并不必然带来语境崩溃，语境崩溃是基于特定的社会交往和文化背景下媒介和用户相遇的结果。

还有研究者对"语境崩溃"提出其存在的局限性，表示社交媒体中的语境并不会崩溃，而是不断扩大，不会给"语境化"带来重大问题。Malgorzata 和 Jan（2020）从符号互动论的视角出发，将研究重点从一般的"在线交流"转移到特定形式的社会行为，这些社会行为不是由预先定义的"群体"成员实施的，而是由参与基于现有互动规范的新型共享的行动者实施的。Malgorzata 和 Jan 以居住在荷兰的波兰人之间一次异常复杂的 SNS 交流实践作为研究对象，数据表明，在这一看似相当复杂的线上互动事件中，参与者表现出相当高的适应性和熟悉性，并做出"正常"的互动模式和行为选择。研究发现，社交媒体平台的一系列的规范和机制发挥着指引用户行动的作用，而所有这些要素都服务于参与者实现语境化的目的，参与者可以全面利用平台提供的资源理解复杂互动中的形势，敏锐准确地感知到他们所参与的社会行动以及注意他人，进而相应地调整他们的行为。Malgorzata 和 Jan 主张不应将语境崩溃作为社交网络传播的一个普遍特征，即使互联网上的社交媒体形成了极为复杂的互动形态，但人们似乎构建了操纵这种复杂互动的能力，并能够熟悉地运用，进而决定他们倾向扮演的角色。社交媒体所塑造的社交过程是一种前所未有的现象，但它们仍然可以被描述为一种人们依据对特定形式的社会行动所持有的规范性期望，并利用现有资源而开展社会行动的形式。人们所发展出来的这种调适和操纵能力可以称之为"语境化"，具备相当的灵活性、扩展性和动态性。

而在当前中国语境下的社交媒体使用实践中，语境崩溃现象仍是普遍存在的（张杰和马一琨，2021），但国内关于"语境崩溃"的研究寥寥无几，并且相关研究大多是借用西方的"语境崩溃"的研究框架和理论视角对我国的社交媒体实践中的"语境崩溃"进行考察，研究关注点也基本聚焦于自我呈现、隐私披露等方面，对于"语境崩溃"的概念、影响因素以及其适用性等方面的讨论几乎没有。从整体上来看，国内对于这一话题仍存在较大的探索空间和思考余地。未来希望有更多的学者关注，对国内的"语境崩溃"现象进行更广泛多元的探索和研究。

4.2 政务微博传播机理与治理研究

2006 年，Evan Williams 与 Biz Stone 创办了国外的微博即 Twitter。直到 2009 年 8 月，国内推出的新浪微博成为我国众多微博平台中的领军者。随着用户的不断参与，2010 年被称为"中国微博元年"，政务微博也随之出现，2011 年被称为"中国微博政务元年"。对于第一个开通政务微博的用户，不同学者有不同的认识。学者杨光辉（2016）认为湖南桃源县是国内第一个通过微博实名认证的政务微博。而学者姜胜洪（2011）认为云南省政府新闻办为解决昆明螺蛳湾批发市场中上千商户因拆迁问题上街堵路事件创办的"微博云南"账号，赢得了"中国第一家政务微博"的称号。学者李多等（2010）认为云南省委宣传部副部长伍皓开启了官员的"网络化生存之旅"。所谓"第一个"更多的是指在时间上首次出现，而并不要求在粉丝数、影响力等方面具有较大影响，故认为在 2009 年 11 月 2 日申请通过的账号"桃源网"是中国首个政务微博账号。

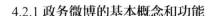

4.2.1 政务微博的基本概念和功能

目前，学界从不同的切入点对政务微博的概念进行了界定。学者宋利国和张亚娜（2021）从微博账号开通主体角度对其进行了定义，即政务微博是以党政部门的身份在微博信息平台上开通的各级党政机关（单位）的微博账号，具有简练快捷，易提高效率、获得认同的特点。学者栓全宝和周钢（2012）从开通微博账号的目的出发，认为政务微博是指各政府部门以便利人民群众参政议政、将政府工作信息公开、引导社会舆论、不断更新社会管理方式、使民意表达渠道更加畅通、更好地塑造政府形象为目的而开通的具有官方性质的微博账号，从而更好地践行"织博为民"的执政理念。学者梁芷铭（2012）从微博账号开通主体及传播优势的角度进行定义，认为政务微博是政府机构及公务人员进行政务活动，具有即时、便捷、互动的传播优势，且已成为官民沟通的一种新平台的微博客。学者汪青云在关于政务微博的文章中引用了人民网舆情监测室发布的《2011年新浪政务微博报告》的定义，认为政务微博是指党政机构和公务人员开通的微博，主要目的是用来传播政务相关的信息，进行舆论引导，做到倾听民意并与民互动。学者王娟（2012）从微博账号开通主体以及发布内容两个方面进行定义，认为政务微博是由政府机构或官员个人以真实的身份和信息在某个微博网站经过官方认证的、以发布和传播关于公共事务的信息的微博平台。

由此可知，学界关于政务微博的定义尚未形成一个统一的说法。但从前面几位学者的定义中可以看出，政务微博主要是政府机构及公务人员为实施某种政务活动而在新浪微博平台上以官方的性质申请开通的，为更高效地传播政务信息、更及时地引导舆论，真正做到政务公开、问计于民的微博账号。

从定义中可以看出，政务微博账号从主体上可以分为两大类：政府机构，如公安行业@中国警方在线，消防行业@中国消防等；公务人员，如外交部新闻司副司长、第31任发言人赵立坚@赵立坚个人微博等。目前，已有超过3万个机构的公务人员在微博开通实名认证的公职账号。这些账号从职能出发可分为三类：发布信息型，如发布各种社会新闻、政策、疫情期间每日新增病例等内容，如@央视新闻；网络问政型，在线反映、回复群众关心事宜，是公民参政议政的一种方式，如 @ 问政银川；民生服务型，向群众提供衣、食、住、行等各方面的信息，为公民生活提供便利，如 @ 上海发布。政务微博出现后各省市级政府部门纷纷加入"微博热"的浪潮，据《2020 年政务微博影响力报告》显示，截至 2020 年 12 月 31 日，经过认证的政务微博已达到 177437 个，其中政务机构官方微博 140837 个，公务人员微博 36600 个。对政务微博的功能研究主要集中在以下几个方面。

在面对突发公共事件时，学者汪青云和胡沈明（2016）认为由于突发事件发生后会对个人正常生活秩序、社会秩序以及认知能力产生影响，故政务微博大多用来消散群众因突发事件产生社会影响的陌生感。学者姚鹏和柳圆圆（2021）认为，部分政务微博在应对新冠肺炎疫情等突发公共卫生事件时，具有传播信息、解读政策、引导舆论、设置议题，及时辟谣、全面科普，正向鼓励、反向警示的积极作用。同时，学者韩宇（2016）表明在发生突发事件后，微博问政迅速承担起舆论监督和信息传播的责任，故在政府与市民沟通的过程中，政务微博扮演了重要角色。由此看来，政务微博在面对突发公共事件时能够起到较为及时、有效的引导作用，能够在事件产生更多负面影响前及时遏制，将消极影响减到最小。

在处理政民关系时，政务微博作为新媒体互动平台之一具有先天优势：可以让群众在第一时间获得官方的、权威的政务信息，从而在做到信息公开的同时也能够帮助提升地方政府的舆论领导能力；同时，公众也能够方便地借助政务微博平台表达个人利益诉求，方便政府相关部门在第一时间获得信息，更好地集中民智，从而形成良好的利益表达机制（杜伟泉，2016）。学者萧鸣政和郭晟豪（2014）强调政务微博能够有效地提供个性化服务。传统上，政府部门处理问题或缓慢或被忽视，即便予以处理，不仅成本很高，而且也会给其他公民带来冗余信息。而政务微博，能够做到及时回复、评论甚至私信，不仅成本低，且具有较强的针对性，这样不仅能够及时解决问题，还能塑造良好的政府形象，从而建设服务型政府。在语言风格上，学者吴宝昌和曾萍丽（2014）表明政务微博在发布信息时与传统发文形式和语言风格区分，风格更"人性化"，更加贴近民众，这样一来有利于提升政务信息的传播效果。综上，可以看出政务微博在处理政民关系上具有生动、及时、个性化等特点，相比传统政府办事模式更能吸引群众。

在推进政府治理方面，政务微博在当今新媒体环境下具有不可忽视的力量。学者贾晓强（2017）从积极路径依赖角度出发表明政务微博是进行政府治理的技术性工具，在推动行政体制的变革过程中发挥了重要作用。在国家治理实践中，通过政务微博，政府相关部门可以及时了解与采集网民意见、运用并处理网络民意，从而有效实现国家的政府治理（萧铭政和郭晟豪，2014）。学者于棋和周昊（2021）强调在经历了 2009 年至 2013 年的创新性尝试、2014 年至 2017 年的制度性动员之后，政务新媒体在 2018 年已进入主动性调试的阶段，政务新媒体的相关建设、发展工作已经成为政务部门的组织建设之一。同时，政务微博在发展的过程中实现了从发布信息到回应网民问政，现已实现主动全面服务群众，从而更好地将线上线下的政府职能结合起来，进一步地推动网络社会治理的现代化进程（许卫婷，2020）。

由此看来，政务微博在推进政府治理方面已取得较好的治理效果，不仅从简单的发布信息逐步过渡到主动服务群众，回应网民利益诉求已深得人心，而且在推进政治体制建设与改革方面也取得较好成绩。《2021 年政务微博影响力报告》显示政务微博在信息公开方面，形成了科学的网络舆情引导机制，在信息发布的时效性、便捷性方面有较大提升；在政务服务方面，不断形成了政务微博矩阵，逐步提高联动能力，线上线下加强联系，有效地提高了处理政务的效率。

4.2.2 政务微博的传播机理研究

在政务微博发展数十年的过程中，所取得的成绩与出现的问题伴随而行，主要集中于以下几个方面：在传播内容方面，有较多学者都提出发布内容存在同质化、缺乏创新性的问题。学者陈彦宇（2021）表明一方面由于政务新媒体发布内容与上级政府部门难以加以区分，另一方面由于不同的政务媒体平台难以根据不同受众群传播内容，由此导致内容同质化、资源浪费的问题。学者周成阳（2021）运用 Louvian 算法对政务微博矩阵数据进行计算，发现在政务微博网络中存在小团体的现象，而团体中的成员具有同质化的问题；这种情况一方面利于信息在同部门的传播交流，但另一方面也会导致传播内容高度同质化。除此之外，在传播内容上还存在内容更新不及时，沦为"僵尸号"的风险。比如，由于对政务微博的功能定位不明确，开通政务微博仅仅是为了跟风，由此导致开通后内容更新不及时，甚至沦为"僵尸号"（赵瑞涛，2021）。学者刘静和凌以民（2020）则认为由于缺乏专业的运营人员，以致部分政务微博在开通后逐步沦为"僵尸号"。部分政务微博在发布内容时存在宣传色彩，仍以官方视角为核心进行传播（黄沭云，2020），这会导致微博粉丝与官方微博账号产生距离感，无法真正实现开通政务微博为群众服务的初衷。另外，从言语行为的构成性规则分析部分政务微博所发布的微博，认为其存在互动性不强、政治性目标不明显和言语行为不客观的问题（林纲，2019）。对于将政务微博的传播内容加以"人格化"的情况，学者杨雨昕认为，如若把握不好度，将内容过度娱乐化，将使粉丝产生反对消极情绪，政务微博失去公信力（杨雨昕，2019）。综上，政务微博在传播内容上仍存在较多问题，如不予以重视并及时修正，更加深入地服务群众、更好地将线上线下政府治理相结合的目标将很难实现。

在传播效果方面，有较多学者认为部分政务微博并不能实现开通政务微博的初衷，相反，会使其陷入"塔西托陷阱"，降低政府公信力。在研究公安政务微博的过程中，学者滕羽（2019）表明在运营公安政务微博过程中，由于部分民众对警察已形成刻板印象，同时个别警察在执法过程中存在不规范行为，导致警察机构难以掌握话语权，公信力缺失。学者夏晓璇（2019）在研究政务微博与政府形象的关系时也发现，由于政务微博更倾向于传播好人好事，这种歌功颂德式的新闻宣传在一定程度上会使政府公信力下降。除此之外，在传播效果方面存在着互动性较差的问题。学者宋雪（2019）在研究环境类政务微博的互动过程时发现，在 2018 年 10 个综合评分最高的环境类政务微博中，单条微博的转发量、评论数以及获赞情况之和大于等于 100 的微博内容仅占 1.208%，这说明政务微博在与粉丝互动方面仍存在较大的发展空间。另外还存在一些问题，比如部分政务微博忽略网友的提问、建议甚至求助，经常是自说自话，缺乏与网民互动的意识，这也导致网民降低了对政务微博的期待，影响参政议政的积极性（程亚文，2018）。在互动性方面，学者徐汉滨（2018）的研究表明在政务微博的发布内容中，并没有搭建内容涉及者与公众之间参与互动的桥梁，在政务微博、内容涉及者和公众之间没有形成良好的三方互动局面。微博不像传统媒体那样单向传播，相反，是一个社交媒体，具有社交属性，故政务微博在运营过程中更应注重与网民的互动，即便是对待某些不友好的评论也应以礼相待，做出合乎自身形象的回复（刘宁和刘银英，2018）。总之，政务微博作为政府与民众沟通的新方式，在互动性、自身形象建设方面仍应加以重视，努力打造一个个具有良好形象的政务微博。

在运营政务微博的人才方面仍存在着较多问题。即便是在政务微博出现之后的十几年的现在，大部分运营政务微博的主体仍是公务人员而不是专业的新媒体工作者。学者程亚文（2018）在研究政务微博的过程中发现仍缺乏运营政务微博的专业化的管理人员，作为"互联网＋政务"的产物，政务微博更加需要具有新媒体运营相关知识、懂得与网民互动技巧的专业化人才，只有这样才能使政务微博持续发展。而且，由于网络问政的群体越来越多元化，就需要运营政务微博的人员具有较高的管理能力以备发展所需（徐汉滨，2018）。同时，政务微博在运营过程中存在管理滞后问题，主要体现在内容更新慢以及缺乏原创作品两个方面（张善蕊，2018），这两点正是由于专业工作人员的缺位而导致的。政务微博的出现很好地填补了网络中政府信息公开的空白，因此要及时引进专业人才运营政务微博，使政务微博的作用最大化地发挥出来。

在对政务微博的管理层面特别是在制度方面需要加以重视。在制度建设上，虽然在 2015 年 5 月 14 日新浪发布首个《政务微博运营手册》，但仍有较多学者认为在政务微博的发展过程中，政务微博由于缺乏制度的规范而出现了一些问题。政务微博作为权力的载体在运行过程中同样要遵循法无授权不可为的原则，然而仅有的规范手册对政务微博的监督还远不到位，需要进一步上升到法规法制的层面（王鸽子和苏静，2017）。学者伊士国和李杰（2017）在研究"微博问政"的制度化问题时发现我国政务微博在规范化方面存在以下问题：严重缺失专门立法、相关机制体制不健全以及严重缺乏程序机制，这样一来难以调动政府机关及相关工作人员的积极性，以至于政务微博形式主义严重。同时，即便很多地方政府部门制定了管理办法，但是这些办法大

多是对评估办法和组织管理等内容的表述，这是远远不够的，仍需进一步加强和完善（陈丽娜和赵桂英，2017）。作为一种上层建筑，制度的存在并不是毫无意义的，要想让政务微博发挥出最大的效能，实现设立的初衷，制度层面就需要不断加以完善，让相关工作人员从工作中提高积极性与参与性。

4.2.3 政务微博治理策略研究

在互联网高度发达的今天，政府的信息公开早已成为寻常，可在面对粉丝、处理要发布的信息等方面，政务微博的发展仍任重而道远。政务微博的开通意味着进一步拉近政府与民众的距离，因此，在发布信息、回应评论、及时互动等方面应加快学习的步伐，改善早已存在的问题。较多的学者针对传播内容与粉丝互动方面提出了建议。比如，学者姜飞和侯锷（2018）强调要在时间上抢占四个"第一时间"，要通过发布官方权威的信息及时、充分地满足用户的知情权，从而掌握对于时间的定性权。在传播内容方面，学者毛晓飞（2016）建议在语言上应建立起通俗化语言体系，采用情感交流的方式与粉丝互动，同时还应充分利用自身权威性，主动设置议程，在拉近与粉丝距离的同时宣传与引导社会主流价值观。在与粉丝互动方面，学者顾洁等（2018）建议政务微博在进行新闻报道时应更多地选择较有争议性的内容，直指矛盾所在从而表达不同声音，吸引粉丝关注。在应对突发事件时，政务微博应在日常生活中让粉丝认识到由于地域、立场以及知识储备等方面的不同，会形成不同的认知从而产生多元的评论场，这样在面对突发事件时才能以平常心去对待（汪青云和胡沈明，2016）。同时，政务微博还应扮演好"舆论领袖"的角色，在做到亲民的同时努力树立一个"不失真、失时、失效"的形象。在重大突发事件后，政务微博要努力抢占舆论高地，从而营造一个良好的网络生态环境（李琳，2016）。另外，在进行政务微博的认证过程中，学者张放和王盛楠（2013）通过 240 人员名参与的 $2\times2\times2$ 多因素设计控制测试实验，发现政务微博的资料经过拟人化后有助于提高互动性，故建议在认证过程中尽量使用幽默简介、卡通头像等方式加以拟人化。整体来看，政务微博在之后的日常工作中应在传播内容的话语体系、发布时间、粉丝互动以及舆论引导等方面予以重视，为应对之后每一次的突发事件以及网络舆情做好准备。

在应对网络舆情方面政务微博起着不可替代的作用。因此，政府部门应该重视政务微博在突发重大公共事件后的应急工作安排。网络舆论的产生是一个过程，因此，在应对舆情的不同阶段采取不同的措施。学者马子博（2013）将舆情产生分为三个时期：危机潜伏期、危机爆发期、危机消解期。在这三个不同阶段提出了不同的应对措施，在潜伏期，应时刻注重粉丝意向动态，及时识别危机苗头；在爆发期，不仅要滚动发布微博信息，主动设置议程，引导舆论，还要与不同媒体平台联动，多媒体化应对危机；在消解期也不能放松警惕，除了要对事件相关人员追究责任外，还应建立起应对危机处理经验数据库，做到未雨绸缪，同时努力打造明星政务微博，发挥好"意见领袖"的作用。同时，学者孙振虎和张驰（2013）在研究2012年北京一场特大暴雨后微博@平安北京的应对方法时认为，要充分利用新媒体的交互特点，在评论、转发中了解并收集民意，以便更好地、有针对性地进行舆情的疏导。政务微博应对突发事件的信息发布时，在突发事件的爆发期和高潮期，除发布与事件相关的信息以吸引粉丝关注外，也要引导舆论，承担起社会责任，从而进一步地体现出"以人为本"的执政理念（周莉等，2015）。在研究政务微博的运营过程中，要在微博平台中收集民意，使其成为政府监测舆情的重要来源（翟旭晟，2011）。由此看来，政务微博在引导舆情方面有较多需要着重注意的地方，不仅要在事件发生后进行及时的引导，也要在日常工作中注意观察评论动向，及时将危机苗头熄灭，在危机事件发生后不仅要将相关人员依法、合理追究，还应将成功经验或失败教训记录在册，为后续发展提供借鉴。处理好网络舆情，既有利于网络生态建设，也有利于塑造一个为民服务的政府形象，因此，政务微博在运营过程中对于网络舆情要格外加以注意。

在对政务微博的管理方面，由于一直存在部分法规法制的缺位，故较多学者都提出建立健全法制法规的建议。学者王娟（2012）在研究提高官员政务微博媒介素养时便提出，要建立健全我国政府对政务微博的法律法规建设，为政务微博的运营提供行之有效的具体指导。同时，要加强政务微博的机制化建设，其中最主要的就是要发布关于政务微博的相关管理条例，对政务微博各个部门的总负责人明确任命,对发布信息的人员进行具体安排,同时还要明确浏览信息与收集的负责人,且将三者之间的关系进行明确的定位(相德宝和吴竞祎,2012)。在运营政务微博的过程中由于专业人员的缺位而导致与粉丝互动不足、内容缺乏创新性等问题,学者何芳(2012)建议努力提高官员的媒介意识,加强在运营政务微博过程中措辞、态度的教育,进一步提高媒介素养。同时,学者刘锐和谢耕耘(2012)建议在意见领袖方面可以多加关注,经常性地与意见领袖交流互动,平等地与之展开对话,从而塑造良好的政府形象以吸引更多粉丝。另外,在政务微博的运营维护过程中,要着重关注留言评论、征集调查、投诉咨询等功能(刘静和凌以民,2020)。因此,政务微博在运营过程中不仅要聘用专业人员,在日常互动中要注意与意见领袖的平等对话与交流,在制度方面也应有所建树,让政务微博的运营在各个方面都有明确的定位与努力方向。

4.3 社交媒体中信息传播研究

目前,以社交网站、微博等为代表的社交媒体已经成为信息访问和共享的主要渠道。社交媒体改变了人们接触、使用和生产信息的方式。用户可以积极参与新闻生产、传播和评论,并与其他人互动。卡兹和拉扎斯菲尔德提出的"二级传播模型"是社会传播、媒介影响和个人影响等方面最著名的理论之一。它将传播过程分为两步,认为信息流是经由大众媒体到意见领袖再流向受众。随着越来越多的用户直接从 Facebook 和 Twitter 之类的社交网络平台接收新闻,前人研究发现了在社交媒体平台上存在明显的二级传播模式,即信息经媒体发布之后通过意见领袖流向受众。显然,在二级传播中的第二阶段,意见领袖通常是信息生产器和信息发送者。在传播中,意见领袖在信息内容的传播过程中起着至关重要的作用。意见领袖通过提供有关产品和服务的信息来影响他人的态度和行动。由于信息内容爆炸式增长、用户素质差异和缺乏严格的审核机制,加重了用户信息筛选的负担。在信息处理过程中,意见领袖也充当把关人。这种把关效果广泛地出现在线下的若干领域中。

随着互联网的普及,意见领袖现在拥有更多的信息来源,可以影响网上的信息处理行为。意见领袖往往表现出更具探索性和创新性的行为，包括寻求和分享信息。此外，网络意见领袖利用社交媒体进行转发的行为也更加积极。有学者在博士论文中提出了信息廊桥的概念，对意见领袖做了新的定位，这一分类概念是对经典理论的新解释。简而言之，关于这一领域的讨论十分充分，比理论的缘起时期有了长足的进步。然而有的研究者认为数字通信网络的发展使得这一模式发生了变化，在大数据的帮助下，信息可以避过媒体精准触达受众，这一模型被称为"一级传播"。同时，其他研究者也提出了数字媒体环境下的不同传播模式。此后的几十年中，研究者建立了"多级传播"的一系列模型并不断发展完善。

在新冠肺炎疫情暴发的大背景下，人们基于社交媒体所形成的媒介化生存和媒介化生活的趋势不断加强，社交媒体不再仅仅是个人可以选择的互动交流工具，而且成了一种难以避免和逃遁的生活方式和生存工具。根据《第49次中国互联网络发展状况》（CNNIC 报告）统计，截至 2021 年 12 月，我国网民规模已达 10.32 亿，互联网普及率达 73.0%。现如今，社交媒体无人不用，无处不在，无所不及。

在数字化时代和当下的社交媒体强势进入人们生活的时代，社交媒体日益成为信息分发的新中心，人们不再局限于依靠电视的时事新闻、报纸等获取信息，社交媒体平台上所产生和传递的信息以其即时性、社交性等特点更为大众所青睐。在社交媒体平台上，每一个用户都可以自由作为一个节点而发声，而这些信息也能够及时地发布出来为其他所有用户可见。因此也就形成了现如今一个事件发生时，往往网民成为事件的第一报道者而媒体再跟进后续报道的新特点。特别自 2020 年新冠肺炎疫情暴发以来，出于民众的安全等因素考虑，出现疫情的地方受到临时管理、封锁，人们的不安全感、焦虑情绪不断上涨，但也得益于社交媒体而避免了成为信息孤岛。2022 年，新冠肺炎疫情被称为"倒春寒"再度大规模蔓延，吉林疫情、广西疫情、上海疫情等相关信息成了上半年以来社交媒体用户讨论的话题中心。依靠社交媒体，在疫情区的人们能够及时分享有关疫情蔓延态势的任何第一手消息。

此外，社交网络线上不断扩展，弱关系社交加强。社交媒体在信息分享的环节之中，其社交性也不能忽略。在每一个用户跟进前一个用户所发出的信息时，微博用户可以依靠转发、评论或另外发帖的方式进行意见和新的信息的分享；而微信用户则可以使用转发微信好友或微信群、发布朋友圈的方式进行信息的转载和传播。在疫情时代，用户的社交网络大规模转为了线上交流，同时除了强关系的社交网络外，弱关系社交也成了社交媒体用户社交的一个重要环节。人们可以在社交媒体上发布任何信息，因而也可以从社交媒体上汲取能量和情绪。社会普遍因疫情而焦虑，但同时，用户也能够通过社交媒体关注到受疫情影响的部分群体，进而在线上进行情绪的安抚和开展其他帮助。特别是在微博平台上，#上海互助#、#上海买菜互助#、#上海疫情互助#等话题被用户大量关注，其中部分重点话题阅读量甚至超过五千万，有将近四万的讨论量。在这些话题中，用户与用户之间的社交往往只是弱关系链的一环，但人们在这其中却因困难而被激励或帮助、因观点相似或冲突而讨论，充分凸显了当下强社交的特点。社交媒体成为数字营销的重要环节。2020 年，"直播带货""带货"位列十大流行语和十大网络用语当中。随着各种媒体平台深入发展，电商已经从传统的广告营销、流量营销转变进入了社交营销、关系营销、情感营销的时代。而社交营销已从根本上改变了产业链上下游的产品生产、渠道销售、营销手段、用户决策和用户购买，直接驱动媒介化生活的到来。从用户一端看，一方面，社交媒体成为 C 端用户的消费主场景，消费者从被动地评价返利，转为更加主动地在社交媒体上分享自己购买的产品链接和使用心得。在购物时，用户逐渐习惯于在线上进行购买方案的比对和选择，甚至最后直接通过网络进行购买。社交媒体在一定程度上影响着用户的消费习惯、消费取向和消费决策。另一方面，社交媒体赋能 C 端用户，平台对创作者的激励机制、内容打赏机制、网上授课、带货直播等，成为普通用户创造个人价值甚至改变命运的舞台。抖音、淘宝、拼多多等相继推出直播等用户服务场景，大大丰富了人们的日常生活。

需要警惕老年人被数字时代所抛弃。截至 2021 年 12 月，我国 60 岁及以上老年网民规模为 1.19 亿，互联网普及率为 43.2%。根据报告数据，已有一半左右的老年群体能够与其他年龄群体共享信息化发展成果，能独立完成出示健康码 / 行程卡、购买生活用品和查找信息等网络活动的老年网民比例已分别达 69.7%、52.1% 和 46.2%。虽然健康码等问题在相关政策支持下可以使用纸质核酸报告代替，为老人提供了一定的便利，但在疫情的冲击下更多的问题正在凸显，老年群体在数字浪潮中弱势地位的形势依旧严峻。在上海疫情中，多数社区因长时间被封控而出现生活物资不足的情况。能够熟练使用微信、新浪微博等社交媒体的多数为中青年群体，他们可以通过微博的互助话题、微信群等购买或换取生活物资，但大部分老年群体仅仅只掌握了少数网络社交方法，而难以及时跟进新型的购物方式。

4.4 新时代媒介融合发展研究

从 1G 到 5G，从莎草纸到报纸到广播电视再到移动互联网，正如麦克卢汉所言，每一项新技术的产生与运用，都宣告我们进入了一个新的时代。从传统媒体时代到互联网时代，从传统媒体到融媒体全媒体时代，不同媒介的革新推动了媒介间的不断融合与碰撞。在 2014 年，中央就提出了关于推进传统媒体与新兴媒体媒介融合发展的政策，2020 年 9 月，中共中央办公厅、国务院办公厅印发了《关于加快推进媒体深度融合发展的意见》，拉开了我国各级媒体平台在全媒体时代媒介融合的大幕。近些年来，从中央到省级、市级再到区县都在发展融媒体中心全媒体平台，随着媒介融合进入深水区，新的时代形势下，各级媒体从内容生产呈现形式到人才培养、话语体系建设、四级媒体格局健全、新闻职能功能转变等各个方面也要进行新的升级转型。

4.4.1 以技术带动融合，创新内容采编流程

随着 5G、大数据、人工智能等技术的发展，传统媒体和新媒体的边界逐渐消融。5G 的大宽带、高速传播等特点让用户能随时随地接收新闻，大数据的用户洞察推动了新闻的智能化推荐，人工智能的应用创新了新闻内容生产。在传统媒体时代，以图文声画为界限清晰地划分了报纸、广播、电视等不同类型传统媒体，而在新媒体时代，新兴媒体将这些介质融合起来，着重以直播、短视频等形式形象地构建内容，打破时空界限，不再局限于原有的单一传播形式。媒体深度融合的关键是要利用好这些新兴技术，用技术带动深度融合，打造出科技感智慧化的新媒体。一些媒体也创造性地推出了 VR、AR、

XR、8K 直播等新内容呈现形式，让新闻用户能够虚拟感受新闻现场，沉浸式体验新闻。如 2022 年"两会"期间，新华社在其新立方智能化演播室利用新兴 VR、XR 技术，将新闻现场放到了中国空间站，让主持人仿若身处中国空间站跨时空采访了来自太空的人大代表王亚平。

在采编流程上，这些新兴技术在新闻领域的应用也推动着新闻采编流程的智能科技化改进。首先在采集机制上，很多新闻机构采取了中央厨房式一体化采集模式，一次性采集多样化制作。此外，在内容制作方面 AI 智能发挥了独特作用，AI 主播技术也日趋成熟，央视频在"两会"期间就推出了由真人和虚拟主播进行互动的两会特别节目《"冠"察两会》，虚拟主播"AI 王冠"凭借其超自然语音和表情，成为央视首个"宇宙特约评论员"。

4.4.2 建构平民化话语体系，培养传媒人才

媒介融合要走好全媒体时代群众路线，坚持以人民为中心的工作导向。各级主流媒体发挥各自优势，建构起平民化话语，用人民群众听得懂的话讲好中国故事，同时要注重培养全媒体人才，吸引更多优秀的中青年人才，打造明星记者主持人 IP 队伍，贴近互联网群众思维。互联网时代，媒介融合不仅要创新宣传的形式，更要创新宣传内容，创新话语体系建设，拉近传播者与受众之间的距离，需要传播扬其理更需要受者晓其事。央视 2020 年的"康辉 Vlog"，利用新闻联播主持人 Vlog 形式，讲述每次外出采访背后的故事，到 2021 年创新宣传模式，在国内最大新闻节目《新闻联播》结束后，孵化出衍生短视频类节目"主播说联播"，它以标志性话语"主播说联播，今天我来说"为开头，让新闻主播简短讲评新闻故事，表达新闻观点，拉近与观众之间的距离。

除了内容之外，讲好新闻故事，故事讲述人也是至关重要的。对于互联网环境下成长的用户来说，一个良好的故事讲述人，会自带流量话题，吸引用户注意力，让用户更愿意聚焦新闻内容，打破了原来正经新闻传递出来的疏离感，其传播效果也会愈发明显。相较"官选"主持人，互联网用户更青睐于"民选"主持人。如央视举办的《主持人大赛》，将主持人选拔变成竞赛节目，让主持人在竞赛中展示过硬的主持能力，接受大众目光，吸引一批观

众的注意力，每个主持人都更加带有人气。

4.4.3 健全四级媒体格局，联动共同发展

从中央到省级、市级再到县级，每一级媒体都在响应媒介融合策略，转换媒体发展策略，每级媒体形式也因着自身的特点，立足自身优势，进行媒介转型升级。目前的媒介融合已经进入深水区，各级媒体也各自有着独具特色的融媒体中心与全媒体平台，多地实现了县级融媒体中心的全覆盖。但是融媒体中心发展数量多，也暴露了更多的问题，诸如四级媒体发展出现资源分配不均，服务职能冲突，定位不清，从省到县直接联动，出现市级媒体空心化等，如何更好地联动四级媒体，发挥各级媒体优势，打造差异化的媒介平台，这对继续推进深度媒介融合提出了挑战。首先，中央主流媒体要做好媒介融合"排头兵""领头人"，不仅是在技术体制方面改革，更要转变互联网思维，坚持正确的舆论导向，还要有国际视野，做好大传播，向世界讲好中国故事，为其他各级媒体的深度媒介融合打好"样板间"，提供榜样力量。其次，省级媒体要敢于创新，大胆发展，破除旧的发展模式，媒体内部之间要聚焦省内媒体资源力量形成合力，各级省级媒体之间既有竞争又有合作，省级媒体发展为市级和县级媒体提供支持支撑，建立省级媒体集团，打造"全省一朵云，各市一个端，各县一张屏"的层级式宣传格局，统筹市县媒体差异化发展，避免内容雷同。再次，城市作为区域连接中心点，要发挥承上启下的作用。市级媒体要秉承着"智慧城市"的发展策略，服务于地方的政治、经济、文化发展，将媒体平台与政务服务打通，共同为城市建设服务。最后，县级媒体作为党的基层媒体，是党直接与基层群众联系的媒介与枢纽，要利用好媒体资源，做好基层舆论工作，报道好基层人物故事，宣传好本土品牌，服务好基层群众，打通媒体格局中的"最后一公里"。

4.4.4 拓展盈利模式，打造差异化"新闻＋"

随着互联网时代的用户赋权，自媒体信息在网络迅速传播，传统媒体原有的二次销售模式逐渐失灵，不得不寻找新的商业模式，提高市场竞争力。《关于加快推进媒体深度融合发展的意见》中指出，各级媒体要加强市场经

济优势，提高主流媒体竞争力，探索建立"新闻＋政务＋服务＋商务"运营模式，增强主流媒体的自我造血能力。因此，新时代的媒介融合更要转变媒体功能，做到立足长远的发展，各级媒体开展差异化功能服务。首先，"新闻＋政务"这一功能是最直接将媒体作为喉舌上传下达功能的体现，新闻媒体以人民为中心，凭借着自身的平台和信息优势，成为党和政府与人民沟通的桥梁和纽带，协助政府关心民生了解民意，也更好地进行舆论监督。如各地媒体纷纷开通的网络问政、办事服务热线，同时一些媒体利用自身媒体优势协助政府部门搭建起两微一端一抖平台政务服务平台，触达民意。其次，在"新闻＋服务"方面，主流媒体通过提供民生服务，挖掘了用户的潜在需求，创造了与用户的连接，集聚了更庞大的用户体量，使媒体融合转型真正实现社会效益与经济效益相结合。一些地方主流媒体凭借着其地域接近性，在新闻服务方面更是起到良好的示范作用，如河南电视台的民生节目《小莉帮忙》，通过记者与群众沟通，了解和反映民生问题，帮忙解决群众困惑，因其亲民性广受群众喜爱，多次登上社交平台热搜榜。最后，在"新闻＋商务"方面，主流媒体相较于自媒体，在专业程度、信息获取等方面有着天然的优势，这也为一些企业的信息服务提供了可能性。同时，新闻媒体的用户量较大，传播范围广，它的用户关注度也较高。一些媒体利用自身平台体量优势，通过开通扶农助农直播，或者开通线上购买等方式，宣传本土产品购买，助力乡村振兴。

第5章　我国社交媒体研究热点
演化知识图谱分析

根据 CiteSpace 运行结果可知，聚类模块值（Modularity Q）值为 0.5289（大于 0.3），聚类平均轮廓（Silhouette S）值为 0.7623（大于 0.5），这表明知识图谱 5.1 的结果是令人信服的。根据图 5.1 可知，我国社交媒体研究主要包含 13 个聚类，即 #0 社交网络、#1 抖音、#2 微博、#3 政务微博、#4 社交媒体、#5 微信、#6 影响力、#7 传统媒体、#8 意见领袖、#9 新浪微博、#10 信息传播、#10 传播效果、#12 用户。从 0 到 12 的顺序表明，数字越小聚类中包含的关键词就越多，每个聚类是由多个紧密相关的词组成的。

根据每个聚类中的关键词在时间线 2008 年到 2022 年的展开情况可以把我国社交媒体研究划分为四个阶段：第一阶段（2008—2011 年）是我国社交媒体研究起步阶段，高频关键词包括网络传播与政务微博兴起；第二阶段（2012—2016 年）是我国社交媒体研究平稳发展阶段，主要关键词包括微博和用户等；第三阶段（2016—2019 年）是我国社交媒体快速发展阶段，高频关键词包括个人隐私与网络舆情等；第四个阶段（2020—2022 年）是我国社交媒体研究持续快速发展阶段，核心关键词包括微信传播与新冠肺炎疫情突发事件等。

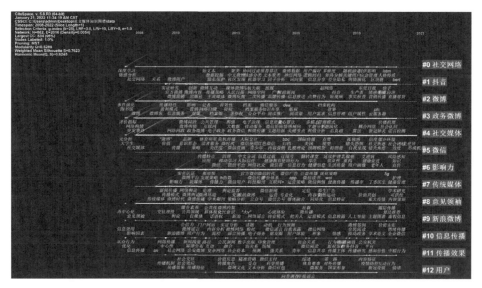

图 5.1　我国社交媒体研究时间线图谱

5.1 第一阶段（2008—2011 年）：社交媒体研究起步阶段

随着数字化交互式多媒体的出现和国际互联网络的日益延伸，一个基于网络的全新传播时代已经到来，以广播、电视、书籍、报刊为主体的传统传播媒介虽然没有被完全取代，但其在传播领域中的中心地位已被逐渐动摇。网络传播的方式则能更好体现传播的即时性、互动性、个性化等特点，使传受双方实现良性互动，实现了较好的传播效果。网络传播是传播业现代化发展的必经之路，是传播方式实现质的飞跃的体现，也将成为未来传播业的主流。根据图 5.1 可知这一阶段的高频关键词主要包括社交网络、传播、政务微博、官方微博、信息传播等。这表明这一阶段我国社交媒体研究主要侧重于网络传播与政务微博研究等两个方面。

5.1.1 网络传播概念与特征

郭庆光教授在其著作《传播学教程》中认为："所谓传播，即社会信息的传递或社会信息系统的运行。"陈虹（2000）强调网络传播从广义上来说是指以多媒体、网络化、数字化技术为核心的国际化互联传播网络，是现代信息革命的产物。从狭义上来说，网络传播是指通过计算机网络进行的人类信息（包括新闻、知识等信息）传播活动。在网络中传播的信息，以数字形式存储在光、磁等存储介质上，通过计算机网络高速传播，并通过计算机或类似设备阅读使用（匡文波，2001）。网络传播以计算机通信网络为基础，进行信息传递、交流和利用，从而达到其社会文化传播的目的。

网络传播的特征在这一时期也受到了很多学者的关注。网络传播具有较强的时效性。网络传播使受众不必再局限于通过传统的传播媒介去获取信息，而是通过网络就可实现信息的随时随地获取。正是由于网络传播手段的先进性，使传播的周期大大缩短，而单位时间内传递的信息量却极大地增加。在数字化电子通信技术的基础上，网络传播中信息的采集、加工、制作和发布可以同时进行（李胜等，2001）。郭海霞（2012）认为网络传播通过绑定相应移动设备可以做到信息的生产和发布同步，基于一对多的人际关系网络，因此可以快速进行同步交流，具有较强的即时性。网络传播的互动性扩大了受众的媒介接近权。进入网络传播时代，网络自身的开放性和互动性赋予了受众极大的传播权利。受众可以忽略媒介之前的议程设置，自由选择、浏览自己感兴趣的信息，并在作出判断后重新为自己设置议程。同时，受众比起以往拥有了更多的传播参与权，可以对信息进行评论、讨论和及时反馈，甚至可以任意在受众与受众之间、受众与传播者之间形成互动机制进而演化为议题（米彦泽等，2010）。网络传播的传授面更宽。由于网络传播具有特殊的架构，并且兼具一对一和一对多的传播形态，因此既可以向某一个好友进行单一的传播，也可以向整个社会关系网络进行多点式的传播，使得网络传播能够触及全球的每一个角落。此外，李胜等（2001）认为全球化传播网络正在逐渐形成，互联网络上的每一个传播节点既能成为信息源，又能作为信息的采集者继续向下辐射，从而收集到更多的信息。网络传播具有去中心化和个性化趋势的特性。网络传播中的话语权不再以权威媒体的发声为中心。尤其是微博、微信、贴吧等传播渠道的实时分享和转载功能，更是在根本上打破了传统话语传播格局，话语传播的发出者可以是任何一位受众，由此受众的传播地位得到极大的提高。在网络时代，受众拥有前所未有的权利，不仅可以自由选取自己感兴趣的信息，而且可以在网上自由地发布信息。此外，网络传播话语风格相对更加新颖。敖永春（2019）强调全媒体时代，网络语言更新迭代极快，语言表达趋于通俗化、个性化、生活化，因而在现实生活中也广为运用，线上线下的语言表达实现对接。

5.1.2 网络传播去中心化趋势

网络传播的出现和发展，拓宽了传播的广度和深度，打破了以往多种信息传播方式的界限，既可以实现点对点传播，又可以实现面对面传播。匡文波（2001）认为网络传播将人际传播和大众传播融为一体，在总体上形成了一种散布形网状传播结构，这种全新的、特殊的传播方式使传统的传播方式发生了改变。 一方面是新闻传播的区域界线变得模糊。新闻信息一旦在互联网中发布，在空间上便立即可以覆盖全球，成为在全世界范围内传播的信息。不同区域的受众可以直接迅速地反馈信息、发表意见。另一方面，发布信息的时间界线变得灵活。网络新闻媒体可以按照不同的时间维度来发布信息，可以实时更新也可以日更新、周更新以及月更新，最后所有信息会并存于一个新闻网站中。此外，各类传媒信息传播方式的界线也在逐渐消失。不同于纸质媒体，网络新闻传播可以同时调动文字、图片、声音和影像手段，形成全媒体传播形式，增强传播的效果和影响。

中国互联网发展的这二十年，一方面是网络媒体逐渐壮大的过程，另一方面也是网络媒体向网络社会扩展的过程。彭兰（2014）强调网络传播具有时效性、整合性、互动性等特点，传播方式整合了视频化、移动化以及社交化，使公共意见表达更加快捷化和便利化，推动了话语权的去中心化趋势。当下物联网、人工智能等新技术展现出惊人的可能性，对传播学研究的既有假设以及学术想象提出了新的挑战。胡泳（2019）提出立足于社会科学、兼富人文关怀的网络传播研究，到底应该何去何从？这也是未来网络传播研究的重点和难点所在。

5.1.3 微博的发展概述

微博（Micro-blog）即微型博客，其最早由美国埃文·威廉姆斯（Evan

Williams）从博客（blog）中衍生而出，2006 年，他创办了世界上最早提供微博客服务的网站——Twitter，之后也成为世界上用户数最多的社交平台网站之一。事实上，在 Twitter 刚创办一年时，它并没有引起当时的互联网用户和广告市场的关注，直到一年之后的一场演唱会上，它凭借着迅速键入 140 个字符并发送到网络上的优势，使在场听众能够实时在网上发表对演唱会的评论，迅速获得大批活跃用户，随后开始逐渐积累起庞大的用户量，与 Instagram、Facebook 一同构建起国际社交平台格局。随着 Twitter 的成功，国内一批仿造 Twitter 的中文网站随之兴起。2007 年 5 月，现今美团创始人王兴创建了中国第一家带有微博色彩的社交网络平台——饭否网，但之后因监管政策等原因被关停。2009 年 8 月，中国四大门户网站之一新浪网推出"新浪微博"内测版，新浪微博成功接棒饭否，打开了微博时代的大门。在随后的 2010 年，国内微博迎来爆发期，腾讯、搜狐、网易等其他三家门户也都纷纷加入微博战局，开始推出了各自的微博。自此之后，从个人的生活日常、娱乐八卦到国家两会政策出台，再到新冠肺炎疫情、东航空难等全球事件都有着微博的身影，微博已经成为全国甚至全世界的用户们进行休闲娱乐、发表意见、参与舆论的新战场，正如新浪微博当时的 slogan 一样"围观改变世界"。在之后的 5 年里，从百家齐放到一家独大，微博正式成为新浪微博的简称。2013 年新浪微博财报显示其总收入约为 6600 万美元，注册总用户数突破 5 亿大关。2014 年 3 月 27 日，新浪微博正式宣布改名为"微博"，并推出了新的 logo，同年 4 月 17 日，新浪微博正式在美国纳斯达克上市。同年 7 月和 11 月腾讯微博、网易微博相继关闭，新浪微博正式成为一个真正类似于 Twitter 的中国独角兽社交平台。

在 2014 年之后，微博成为社交领域的最重要展示平台，网民个人、明星名人、官方媒体、自媒体、政府机构纷纷入驻微博将信息传达在这一公共社交平台上，微博发展也走入了一个成熟期。据微博 2021 年全年财报显示，截至 2021 年年底，微博月活跃用户达 5.73 亿，日活跃用户达到 2.49 亿。但与此同时，微博如此大的用户量，用户赋权导致众声喧哗，假新闻、负面舆论频发，微博舆论场鱼龙混杂，不同群体不同利益的声音此起彼伏，微博社交营销风起云涌，纷繁复杂的广告营销充斥整个微博新闻评论版面。近几年

来微博已经被国家网信办等相关部门多次约谈，并处以高额罚金。在 2020 年
6 月，微博就曾因干扰网上正常传播秩序，被国家网信办约谈，暂停更新热搜
榜和热门话题榜一周。有统计显示，仅在 2021 年前 11 个月，新浪微博已累
计被处置处罚了 44 次，累计罚款 1430 万元。

　　国内最早针对微博的研究在 2008 年，当时国内的微博客还只是雏形，学
者孙卫华等人对当时的微博客传播形态进行了解析，他们认为微博客这一概
念来自英文 micro-blogging，是原本长篇博客的一种变体，微博用户可以通过
手机、E-mail 等方式向个人微博客发布短消息，文本的篇幅通常限制在 140
字符之内。孙卫华和张庆永（2008）认为早期的微博客具有文本碎片化、草
根性等特点。此后随着微博逐渐在国内不断发展，用户量飞速增加，有关微
博各个方面的研究也逐渐多了起来。这些研究最初侧重于研究微博的特征与
微博时代到来如何应对，现今侧重于微博成熟期，对微博功能、特征、用户
等各个方面进行深度研究。微博的功能方面，学者喻国明（2010）在微博发
展之初就直接明了地指出微博的核心功能就是即时信息的发布与获取，微博
用户不受时空条件的限制，只要有一台终端设备，他们可以随意把自己日常
生活中的所见所闻上传到自己的微博页面，与互联网上的网民进行分享与讨
论。微博用户研究方面，有学者对微博 Top10 意见领袖进行了建模分析，认
为意见领袖是具有主题依赖性的，绝大部分的微博意见领袖只能是针对某一
部分主题具有较高影响力和见识力，而跨主题的意见领袖很少见（刘志明和
刘鲁，2011）。近几年，随着微博平台发展的不断成熟，学界对微博研究不止
限于总体的特征分析，逐渐进入了细分领域。从用户群体角度来说对于政务
微博、青年"饭圈文化""二次元""表情包"等研究逐渐增多。社会舆情方
面，受新冠肺炎疫情影响，学者们多着重研究重大公共卫生事件中的微博传
播机制和舆情影响。

5.1.4 技术赋能下的政务微博研究

　　自 2009 年政务微博发端，到之后的蓬勃生长，政务微博的研究一直是国
内微博研究的一个重要领域。在国外虽然没有微博，但与微博相似的 Twitter、
Facebook 也是政府工作中的一个重要信息渠道，国外多数领导人也曾因

Twitter发声获得"推特治国"的称号，因此国外也有着相当数量的研究。关于政务微博的概念学界尚无统一的结论，张志安等（2011）将"与政府及公共事务相关的微博统称为'政务微博'"，也有学者把政府机构和公务人员开设的微博账号称为政务微博。刘雪艳（2013）将其定义为"以互联网络为依托，基于网民与政府机关利益关系的，政务信息的共享、传递和获取的公共空间"。白建磊等（2017）从构成要素的角度总结了政务微博概念：由政府、政府职能部门或行政人员开设；具有公众参与、与公众沟通、社会管理等功能；以实现政务信息公开、透明和提高社会治理效果为目标。国外学界将政府通过Twitter、Facebook、Youtube等社交媒体发布信息、与公众互动的行为统称为"社会化政务"（Social Government）。Mergel（2013）将政府部门社交媒体定义为"用来引导公众进行政治参与和公共事务管理的渠道"，认为可应用于政府管理领域，提升公共管理效果。Criado等（2013）认为政务微博是"达到政府管理、政民之间的沟通与合作的方式和产出管理效果的一种途径"。进入21世纪，信息技术变革席卷全球，各国公共管理者积极利用社交媒体高效便利的沟通模式，加强信息公开、在线服务和沟通等，纷纷发起"政府2.0"模式变革。国外研究注重政务微博策略研究。Wukich和Mergel（2015）研究了3个月内发布的Twitter消息，政务微博的内容、受众与网络，探讨在政府应急管理的各个阶段中，州级应急管理机构应该如何以及在多大程度上使用社交媒体来提高公众参与度并促进旨在减少家庭和社区风险的行为变化，从而对现有的政府社交媒体使用作出参考。Rufai和Bunce（2020）研究了2019年11月17日至2020年3月17日期间七国集团（G7）的世界领导人在应对COVID-19时使用Twitter的作用，他们认为Twitter可能是世界领导人与民众快速沟通公共卫生信息的有力工具，但同时他们也指出，用户使用时要注意辨别信息，尽量相信本国政府所公布的信息。

国内最早对政务微博进行研究的是李多等人。他们对在2010年全国"两会"上的代表委员伍皓的微博进行内容分析，探索网络平台对于政府与网民之间关系的建设作用（李多等，2010）。此后，对政务微博的研究不断增多，通过对政务微博进行梳理，发展我国的政务微博研究从前期、中期到后期主要侧重于政务微博的传播价值和传播机制研究以及政务微博治理不足和改进策略研究。

　　一是政务微博的传播价值和传播机制的研究。政务微博的传播价值是政务微博研究中最初的研究角度，从最开始的两会委员微博研究，到后来突发公共事件中政务微博价值研究。学者张志安和章震（2018）强调政务微博总体介于公开的政务微头条以及相对私密的政务微信之间，它扮演着信息枢纽的角色，但也同时具有超越信息传播、提供综合服务的混合功能。面向突发事件政务微博是政府部门与群众互动沟通的媒介，及时共享突发事件的数据资源、发布权威信息进行辟谣，一方面可以抑制谣言的肆意传播，另一方面也可以提高政府的公信力，推进舆情管理的精准政务服务（李一铭等，2021）。姚鹏等（2021）通过分析河南新冠肺炎疫情中的政务应对实践，指出河南省政务微博在突发公共卫生事件中发挥着信息发布、政策解读、舆论引导、议题设置，及时辟谣、全面科普，正面激励、反面警示的作用，为疫情工作的顺利开展打下了信息基础。

　　政务微博的传播机制研究相较前两个角度更加系统化地从全局角度深入考虑我国的政务微博矩阵建设，提出的问题也较以前更加深入，根据传播要素将传播机制研究主要分为以下几类：从传播主体角度，沈国麟等（2021）从问政银川微博矩阵为个案分析，认为应该由执政党来主导推动政府网络回应，推动国家各个部门进行协同合作，通过执政党领导打造构成包括响应机制、协同机制和督查机制在内的中国特色的政府回应机制。从传播内容角度，赵琳（2022）对共青团中央新媒体进行内容研究，从精准生产、多维互动和技术应用三方面入手，重点探讨政务微博新媒体的创新路径，而微博是共青团中央最早开通的新媒体阵地，共青团中央在考虑微博独特的平台优势和传播规律基础上，对于传播题材的选择侧重具有实时性、综合性的短资讯。从传播受众来说，安璐等（2022）对突发公共卫生事件中网民对政务微博的信任度进行研究，研究结果揭示了疫情期间网民对不同行业的政务微博信任度的变化趋势和变化原因，官方媒体的公众信任度在政策顺利实施、舆情引导、稳定民心等方面的作用举足轻重，重视、构建和修复政务微博的信任度，是重大突发公共卫生事件中不容忽视的问题。此外，王志刚和邱长波（2022）从政务微博的用户评论中分析出用户画像，根据不同的用户群体特点，政府可以采取针对性的管理和应对策略，有助于提高公众参与的效果，同时对改善政务微博用户体验具有重要的意义。

二是政务微博治理的不足和策略研究。政务微博的问题提出和传播策略是学者们研究的一大重点，不少学者本着建设主义的目的，从政务微博的各个角度分析了政务微博的不足之处，以期为更好地建设我国的政务微博体系提供参考。

陈呈等人从政务微博最基础的信息公开功能角度出发，认为政务微博在满足用户知情权方面存在着职能定位不清晰、整体发展不均衡及自身合法性不足等问题，需要搭建政务微博矩阵，各部门分工明确，公开政府信息。石国良等（2021）则以"弱议题"突发事件为研究对象，通过分析其中政务微博舆论引导的合理性进行分析，指出受到议题属性、信息茧房、议题链接的影响，政务新媒体日常发布中的众多"弱议题"舆论，其网民情感存在较强的负面倾向，这对政务新媒体的舆论引导功能发挥和政府公信力的建设都存在较大隐患。因此，政务新媒体除注重对"强议题"事件的重点关注外，还应谨慎选择、对待"弱议题"舆论引导。

整体来看，学者对政务微博从功能、缺点与改进策略、传播机制等多个方面进行了深入研究，研究成果颇丰。本书通过梳理和分析既有的研究文献发现，现有的文献成果主要有以下几个缺点亟待改进：一是研究方法运用不足。目前既有研究大多采用案例分析法、内容分析法等，很多研究更是从个别案例切入进行研究，难以体现案例的典型性和代表性，所得结论也未必具有普适性；二是缺乏理论基础支撑。目前已有研究涉及政治学、公共管理学、危机管理学等学科领域，而从新闻传播学学科视角所做的研究普遍存在理论支撑不足、缺乏由理论支撑的指标体系及模型等问题；三是研究议题细化不足。现有研究议题存在细化不足的问题，未能对政务微博舆情应对效果的影响因素做深入系统的探究，对突发公共事件背景下的政务微博舆情应对效果影响因素的整体有待进行探究。

5.2 第二阶段（2012—2016 年）：社交媒体研究平稳发展阶段

微博是网络传播的结果之一，其同样具有大众传播的基本属性和特点。

毋庸置疑，微博在当前中国的政治社会生活中所扮演的角色是传统大众媒体所无法取代和媲美的，微博平台舆论的现实影响力也是无法忽视的。当我们站在社会发展史的层面审视微博时，可以明确的是，尽管微博只是传播史中的一个片段，但其造成的影响却是深远的，是一个分水岭式的存在，微博几乎消解并重构了传统传媒生态。可以说以微博为代表的社交媒体平台打破了以往单一化的传播格局，将传播变为一种双向选择、由下而上的传播过程。随着各类主流媒体等纷纷进军微博，微博的功能如今不再局限于社交，还扩展至信息分享等。根据图 5.1 可知，这一时期的高频关键词主要包括：微博用户、隐私保护、受众、微博营销、传播效果、新浪微博等。这一时期的研究主要侧重于研究微博用户和个人隐私等问题。

5.2.1 技术赋权下的微博用户研究

微博的用户与受众不同，通过技术赋权微博用户可以自行发布信息，学者彭兰就在《新媒体用户研究：节点化、媒介化、赛博格化的人》一书中指出，我们进入了一个"众声喧哗"的时代，从隐含传播过程单向被动特征的受众概念向凸显交流过程双向主动特征的用户概念转移。

一是技术赋权下的普通网民。普通网民也是新浪微博中用户群体最大的一部分，5 亿多活跃的微博用户中，绝大部分都是普通的网民，他们通过新媒体平台下的技术赋权，人人手持麦克风，组成了纷繁复杂的民间舆论阵地，但也因此衍生了一系列的亚文化和舆论问题。从微博用户群体总体的态度上，徐翔（2021）基于新浪微博用户的实证分析，指出在强势崛起的"人人时代"，微博媒介使用过程中的"用户生成内容"（User Generated Content，UGC）虽然在表面上看起来是碎片化的异质性，但如果将某个用户所有发帖从"碎片"组装还原为该用户的"内容整体"，那么用户会表现出越来越少的独特性、越来越趋同化的现象，并且在微博媒介使用过程中呈现出"越使用，越趋同"的趋势。在用户的年龄层上，微博对于青年一代的用户影响巨大，他们在使用微博过程中也催生了表情包、微博流行语、饭圈等一系列亚文化。邓枭弋（2019）也指出"95 后"是微博这类社交媒体的主要用户，他从社交元素、兴趣主导、娱乐态度三方面勾勒微博滤镜下的"95 后"人群画像，认为微博的使用有助于"95后"青年文化与主流文化的融合，有助于"95后"青春文化进一步沉淀，从而推动社会各行业的蓬勃发展。同时，使用微博对"95后"青年文化具有过度娱乐、过度消费、文化低俗化、文化被污染的负面影响。从用户的行为动机方面，万晓榆等（2019）认为相比非情绪化消极的内容，用户更愿意分享情绪化的积极的信息。用户在社交网络的自我披露意愿是一种个人特质，它受性别、年龄、学历等多方位人口统计学因素影响（臧国全等，2021）。

二是新浪微博的用户"使用与满足"研究。使用与满足理论强调受众在接触媒体时是有动机需求的，是带有一定目的来接触传播信息的。新浪微博用户作为受众，同样带着其自身的需求和愿望来接触微博这一社交媒体。受众对微博的使用心理，可以包括娱乐消遣、获得信息需求和心理需要、获取知识、提高文化水平、人际交往的需要等。在新浪微博的使用过程中，微博用户的需求主要在于满足信息获取，新浪微博不仅是发表观点意见的场所，更是探寻新鲜信息的咨询地。新浪微博用户可以通过浏览微博设置的热搜栏目从而在第一时间获取当下的热门信息，也可以通过定向搜索栏有目的地了解目标事物的信息。新浪微博热搜实时更新，一目了然，能够为用户提供最新鲜的咨询。定向搜索栏目又能够最大限度满足用户对目标搜索事物的信息获取，例如，明星达人的粉丝们通过关注其偶像的微博账户，便可以第一时间获取偶像的最新消息，还可以在微博底下评论留言表达对偶像的支持，与偶像近距离地对话互动。这种极为便捷的获取信息方式十分受年轻人的喜爱，这不仅满足了其获取信息的需要，也成为其表达自我的窗口。

三是用户个人价值的实现愿望。新浪微博用户群体广泛，有明星艺人，有专业领域的专家，也有擅长某一领域的达人，等等。在新浪微博这个领域中，每个人都有自我表现的机会，每个人都拥有一个自己的舞台。新浪微博用户可以通过自身的专业技能或是兴趣爱好来吸引关注度，增加粉丝数量，获取粉丝支持，这也是一种个人价值的实现。人的个人价值并不取决于外在的评价，而是对自我的一种认可和满足。例如，善于烹饪的微博用户，将自己烹饪菜肴时拍摄的视频和心得放入新浪微博，便会吸引一些对烹饪感兴趣的用户，获得这些用户的喜爱和关注，这对一些人来说是一种兴趣的开始，也是一种个人价值的实现。用户还有社会交往需要。新浪微博用户彼此之间也可以通过关注微博好友来形成一种网络交际关系，微博用户出于自身的社会交往的需要或是根据自身的兴趣喜好来关注其他微博账号，这都是一种社交关系的体现。新浪微博用户可以与其微博好友进行对话交流，增进彼此的社交联系和情感。例如，每逢某个明星的生日，其他明星好友便会在微博发表对生辰者的祝福，看似简单的一条微博却包含着明星之间的交流方式，明星们在新浪微博公开发表的信息，不仅受到自身粉丝的高度关注，也会相应地受到其他明星粉丝或是路人的关注，这种微博生日祝福浏览量大，对祝福者和被祝福者而言都是吸引关注的好时机。这种微博生日祝福在明星之间已经形成了一个惯例，这也是明星们社会交往的需要。

四是主流媒体微博用户研究。官方主流媒体微博是传统媒体转型的重要议程设置者，自2014年深度融合开始，报刊、电视等传统媒体纷纷开始融入互联网，随着主流媒体深度融合的推进，各大媒体的"两微一端"平台早就搭建起来，诸如新华社、《人民日报》等传统中央媒体拥有微博粉丝数量已超过1亿，四川观察、澎湃新闻、大象新闻等地方媒体在微博新闻传播中也有着不俗的表现。例如在疫情报道研究中，有学者通过研究三大主流媒体《人民日报》、新华社以及中央电视台新闻中心的官微人民日报、新华视点以及央视新闻认为，微博成为疫情中主流媒体议题设置的重要输出平台，其社交属性特征有利于主流媒体的正面宣传和舆论引导。此外，传统主流媒体，因为其独有的采访权，更能深入新闻现场，获取一手信息，对网络中的谣言信息进行拨乱反正，有利于塑造良好的微博舆论场。

随着新媒体时代微博的发展，微博越来越成为网络舆情的主阵地，从地方到中央，越来越多的政府机构和国家公职人员开设微博，政务微博已经逐渐成为政府创新工作形式、了解民意为人民服务的一种重要方式。总的来说，政务微博相较其他微博意见领袖具有官方性、权威性、直接性等特点，在众多纷繁复杂的网络舆情中总能起到辨明真假的关键性导向作用。我国最早开通的政务微博是2009年下半年湖南桃源县最先开设的官方微博"桃源网"，"微博云南"也紧随其后成为省级政务微博的先行者，而后以"平安北京"为代表的全国各地的"平安＋地名"公安微博和以"上海发布"为首的"地名

+ 发布"各级党政机关领导微博纷纷开通，国家层面上"中国公安网""共青团中央"也相继开设微博，从中央到地方政务微博呈现出爆发式增长趋势，截至 2020 年 12 月，经过微博平台认证的政务微博已达到 17 万个，其中政务机构官方微博 14 万个，公务人员微博 3 万多个。据人民网 2022 年 1 月发布的《2021 年年度政务微博影响力报告》显示，政务官微在信息公开、新闻宣传、舆论引导、政务服务、品牌传播等多方面已经取得了长足发展进步，在 2021 年的时代大背景里，做到了重大主题宣传不缺位，舆论议题设置多样化，弘扬正确舆论导向，传播正能量，尤其是在重大社会公共事件中不缺位，及时回应网络舆情中的问题关键，信息公开透明，赢得社会人心。

5.3 第三阶段（2016—2019 年）：社交媒体研究快速发展阶段

随着我国互联网技术的不断发展和成熟，各种媒介产品不断涌现，信息发布门槛逐渐下放，媒介整合的能力越来越强，信息发布的时效性也在逐年提高，个人隐私被曝光和谣言散播的时距进一步缩短。因此，这一阶段主要侧重于用户隐私与谣言治理研究。

5.3.1 用户隐私保护及隐私悖论

从被动的方面来说，在数字时代，大数据的使用给予了绝大多数受众便利的同时，也造成了人们隐私泄露的风险。App 在使用时，虽然可以以利用数据抓取进行数字画像的方式为用户提供服务，但在这一过程中，什么能读取、什么不能读取的界限模糊，一旦同意数据读取，就相当于将所有隐私暴露在软件企业面前。如果平台过分重视数据价值而轻视了信息安全，成为利益驱动下的"数据矿工"，则难以保障用户的隐私安全。换脸应用"Zao"被推上舆论的风口浪尖，就是因为起初隐藏在用户协议中的隐私泄露风险，个人面部信息被授予平台方，加深了隐私数据主体与实际数据处理者之间权利的不对等。

从主动方面来说，开放式的社交媒体为用户提供了自我呈现和与他人互动的场域，而在场景模糊和圈层泛化的赛博空间，用户却不能完全掌握自己分享的范围,维护隐私和公开的边界对于用户自身来说也同样难以平衡,在这种粗放式的管理下,造成了受到自我暴露影响的隐私泄露风险。以上海某轻生女子为例,该女子将自己好心给外卖小哥打赏的过程分享至微博,本是善意之举,但在众人围观后被以"吝啬"等字眼攻击和网暴,最终造成了女生跳楼自杀的惨痛结局。

5.3.2 社交媒体用户谣言传播治理

互动仪式链由柯林斯在欧文·戈夫曼互动仪式的基础上提出,所谓仪式,即规范社会行为的秩序形式,通常具有群体聚集以及群体共同行为等特征。法国古典社会学家涂尔干则提出仪式设立需要一定的责任边界,仪式本身又具有整合作用,他将有共同话题、共同情感的人整合起来。后来,美国社会学家戈夫曼在此基础上提出了互动仪式的概念,其核心机制则是高度的互联性。在这个基础上,每个成员都可能有信心有热情去从事他们认为有意义的事。柯林斯提出互动仪式的主要机制是互相关注与情感能量的流动,在仪式过程中群体成员通过高度的相互关注、身体协调与高度的情感结合达到情感共鸣,进而形成了情感符号。柯林斯的观点强调了互动仪式是指人们以互动、彼此交换情感的方式开展的仪式活动。互动仪式则有可能产生一系列结果,而要形成互动仪式链则需要群体聚集的共同场所,包括网络环境下的虚拟在场,对局外人进行的界限设定,这一界限则应该是规定了共同的话语空间、共同的情感。另外则是应该有共同的关注焦点以及共享的情感体验。

在网络出现谣言传播的事件中,往往都可以找出满足互动仪式形成的特定条件。互动仪式第一条件是群体成员都存在于虚拟网络中,依靠虚拟身份(ID)进行发言和讨论。并且,这种虚拟身份给予了用户一种脱离感和不在场感,即这种身份和现实的实际身份是脱离的,并且无论怎么发言都是仅仅存在于虚拟网络空间中,人与言论是分开的。这些感觉进一步减少了用户在社交媒体中发言的顾虑,使得他们的言论更加大胆甚至是与自身在现实中的性格相反的。进而,在事件舆论发酵的阶段,互动仪式视角中人们需要有一个共同关注的焦点。由于共同的话题性质,彼此间共同的情感得以聚集。以新冠肺炎疫情中出现的谣言传播事件为例,首先,随着互联网络的深入发展,社交媒体的用户群体不断扩大，用户的基数增加了事件被关注并且传播的可能。其次，新冠肺炎疫情深刻影响着人们的日常生活甚至是人身安全和健康问题，因此自 2020 年暴发以来就一直成为人们重点讨论和关注的对象。不管是疫情的阳性确诊者及其轨迹、政府或基层疫情管理的好坏问题还是生活物资的正常购买或是发放，都能深刻地吸引人们的眼球。由此虚拟的在场感引发了用户之间的互动、情感的共享和群体的狂欢。互动中的所有个体通过互联网营造的共同场域实现群体聚集，共同关注、共同参加同一个社会事件，并在虚拟场域进行话题的交流与转发互动。在中国社会的转型阶段，各种矛盾突出，在此其中政府的管理以及相应的民生等问题成为人们心中矛盾的一大导火索，在上海疫情中出现的"武警将接管上海社区""上海暂停团购"等谣言信息与每一个人的健康安全息息相关，其相关的讨论也快速增加，人们在这当中获得了一致的情感感应，将对疫情管理不满的情绪宣泄其中而忽略了言论的真实性，进而演变成为全民的狂欢。

5.4 第四阶段（2020—2022 年）：社交媒体研究持续快速发展阶段

这一时期的高频关键词主要包括：微信传播、健康教育、新冠肺炎疫情、大数据、人工智能、风险感知、重大疫情与传播与治理等。这表明这一时期主要侧重于研究微博平台健康传播与新冠肺炎疫情网络舆情治理等问题。

5.4.1 微信平台的科学传播和健康传播

微信作为腾讯公司为手机终端用户打造的一款免费即时网络通信产品，是一种集多种信息交流方式于一体的信息交流平台。经过不断的发展，朋友圈、扫一扫等功能和服务随之加入，微信的传播属性也变得更加多元化，人际传播、大众传播、健康传播等在其中都有所体现（方兴东，2013）。此外，微信中消息、语音、视频等多样化的聊天方式也创新了多元化社交方式，实现了跨网络、跨终端平台的特点。

微信传播的特征。一是微信传播具有即时性和精准性。微信中的信息传播是一种即时发送和接收的传播方式，有着同步传播的特性，这使得用户可以实现在线交流，从而使传播更加便捷自由。此外，微信还有着一对一、点对点传播的属性，因此具备了精准传播的特征。詹恂等（2013）强调微信用户使用微信发送信息时，无论对方是否在线，信息都能够到达对方微信终端上。无论是好友之间的信息聊天、朋友圈中的图片和故事分享，还是公众号中的信息获取，微信都是一个深度信息精确到达的平台。二是微信传播通过线下熟人建立线上强关系。微信朋友圈在更大的程度上就是将现实中的社交关系通过网络进行可虚拟的重现。微信上的社交关系更多的是熟人关系，也更具认同感和亲密感，因此熟人连带关系更强。靖鸣等（2014）表明微信好友间可以实现内容分享、评论和转发，这便形成一种熟人网络，其内部传播是基于熟人关系建立起来的小众传播体系，使得传播内容的信度和到达率大大增加。三是传播内容的私人性。一般微信的朋友添加是通过手机号、QQ通信录等方式进行，所以使得双方具有熟悉的基础。因此，在通过微信的朋友圈功能获取信息时，可以看到通讯录好友发布的消息和图片，但是每个人只能看到自己朋友的评论，而看不到不在自己通讯录中的人的评论。詹恂等（2013）强调微信的朋友圈的私人性以及评论的保密性保证了微信用户在交流过程中的主体地位，使微信用户在交流过程中始终拥有话语权，避免了在社交过程中陷入单向传播的误区。四是传播介质的多样化。传播的过程需要借助一定的传播介质才能顺利进行，传播介质包括了语言符号和非语言符号两种。语言符号包括口头语和以书写符号文字形态出现的书面语；非语言符号包括图像、颜色、音乐等。而微信则可以通过发送图片、文字、实时语音、视频聊天等手段提供丰富的语言及部分非语言符号，相对于其他传播媒介来说，微信已经极大地朝着丰富度最高的面对面传播发展。

此外，微信公众号形成独具特色的传播网络。公众号是微信一个特色功能，开启了一种新的网络大众传播模式。微信用户只要关注某个公众账号，便可以接收到该账号所推送的信息，这种一对多的大众传播方式，实际上给予了用户极大的选择权力，用户可以根据自身需求进行公众号的订阅和信息浏览。方婧等（2016）等认为微信公共平台将大众传播与人际传播交叉融合、独具优势，可以精准抵达受众，实现有效传播。微信的平台优势使得传者与受者建立在一个平等的传播基础之上，用户可以享受商家多种多样的私人化服务。利用微信公共平台，公共组织或商业组织等机构不仅能够找到有效受众，而且利用该平台双向传播的便利，及时获得反馈并调整服务，极大地增强了用户的使用黏度（吴中堂等，2015）。值得注意的是，公众号的信息传播效果还会受到以下三个方面的影响。一是公众号的信源可信程度。公众号可信度越高，用户接受和传播的可能性就越高，可信度直接影响到用户是否关注该微信号以及后续的信息传播效果。二是信息获取渠道。受众对公众号直接推送的信息和朋友圈、群聊中其他用户所转发的信息接受度和感知度不同，因此会产生不同的传播效果。三是信息内容本身精彩程度。包括文章主题的选择、文章所包含的情绪色彩以及是否有多媒体因素参与等。

微信平台的科学传播和健康传播。利用微信这样的新媒体平台进行科学传播有其独特的优势。一是高覆盖率和到达率。微信有着巨大的用户基数，其在用户终端的高渗透率保证了通过新媒体平台进行科学信息传播的高效率和高到达率。二是信息发布的便捷性。微信公众号让科技信息发布、转发、评论、收藏更加简洁方便，基本消除了技术因素带来的传播障碍。三是高互动性和参与性。学者金兼斌等（2017）的研究表明微信公众号的多媒体使用程度越高，公众号的平均阅读数和平均点赞数也会越高，互动性的、轻松愉悦的信息获取体验十分关键。微信上发布的健康知识与信息的传播主要通过自发、转发及链接等形式。绝大部分是专业的权威医学人士的健康常识科普，具有较高的保存价值。此外，也有自媒体以及通讯录好友的健康经验分享，这些知识更接近日常生活，通常会获得大量的点赞与转发。此外，微信为健康传播增加了隐私性与安全性（李文芳，2014）。一些涉及个人隐私的病情和疑问，或者是只希望个别朋友知晓情况的健康防护知识，通过微信来进行健康信息的传递，可以有效避免个人信息的泄漏。詹恂等（2013）认为微信打破了传统处于稳固状态的社交方式，使人们可以基于相同的时间、相同的空间及相同的兴趣话题来进行社交，形成了一个弹性社交网络。不可否认，微信给我们日常生活中的交往与交流活动带来了极大便利，然而，过度沉迷于微信极易导致个人与现实社会的隔离和脱节。尤其是青少年群体，因过度沉溺在微信所带来的虚拟空间中，常出现依赖、焦虑等心理问题，使自身生活陷入困境。具备社交媒体属性的应用出现之后，用户也会将自己的社会关系从现实移植到移动设备的软件当中，当此类软件出现故障时，人们便和自己的社会关系发生了断裂。微信为用户提供了简单易行的表达手段和平台，降低了内容生产的成本。熊茵等（2016）表明微信用户在微信上表达自己对公共事务的情绪、态度、意愿及意见，无论理性或感性，还是完整或碎片，都是公众原生态的表达，是未经中间环节加工的真实表达，是直接而真实的舆情。而微信独有的"圈子"格局特征则决定了其传播特殊性以及舆情表达和传播的特殊性。一方面可使舆情在朋友圈内逐渐扩散，助长舆情的发展；另一方面微信中舆情发生发展的隐匿性又给整体舆情带来一定潜在风险。此外，当前网络监管法律仍不够健全，微信类软件要求读取手机通讯录、短信等用户个人信息，以及具有后台运行定位等功能，容易导致用户的私有信息在不知情的情况下被获取和利用，用户的隐私权受到了极大的挑战（方兴东，2013）。微信的熟人传播关系也使得谣言等有害信息更容易获得信任。网络谣言在微信的一个圈子内部传播，会被信息交叉点转发到其他圈子，出现了圈子之间的嵌套、连接进而会产生情绪共振和情感共鸣，会在整个微信空间形成传谣的氛围（李彪等，2018）。

5.4.2 新冠肺炎疫情背景下网络谣言的传播与治理

（1）新冠肺炎疫情背景下网络谣言的传播特点

一是传播内容畸变概率小。出现新冠肺炎疫情之前的各种谣言包括网络谣言，在传播扩散的过程中具有极高的畸变概率，往往经过多次加工后已经发生畸变的内容会出现信息回流的现象，以至于该谣言的首位传播者也难以对其真伪进行辨认而选择相信并再一次传播该谣言。究其原因，可以从媒体与受众两方面理解：部分媒体注重经济效益而不顾社会效益，缺乏新闻职业道德与社会责任感，同时缺乏对新闻媒体应有的监督、监管机制，导致各种谣言层出不穷，容易出现"旧谣穿新衣"的问题；受众则在娱乐至死的网络环境下言论愈发呈现出娱乐化倾向，再加上"匿名"这把保护伞的加持，对各种言论不经证实，轻易相信并发表己见，从而导致谣言畸变概率极高。而在新冠肺炎疫情背景之下，网络谣言畸变概率变低，这是由于与新冠肺炎疫情相关的谣言具有较强的专业性、科学性与排他性，且科学界尚未得出与新冠病毒相关的极为明确的结论，这使得普通用户难以根据已有的知识库对其进行补充、加工或修饰。即便网民仍然处于"娱乐至死"的网络环境下，但对于这种未知的且有可能影响到自身健康的话题仍报以敬畏之心，很难继续以戏谑性、娱乐化的心态进行解读，从而降低了与新冠肺炎疫情相关的网络谣言的畸变概率。

二是传播态势呈圈群化。在新冠肺炎疫情流行期间，大众的社交大多基于网络而实现，微信及朋友圈则是在这个特殊时期维护人际关系的重要途径之一。微信及朋友圈是基于强关系建立起来的个人交际网络，用户利用微信进行交流、发朋友圈的行为都是其进行社交的方式，在这个过程中形成了专属用户个人的"圈群"，他们在这个"圈群"中获取不同信息、分享自己观点、宣泄各种情绪、寻找某种共鸣，呈现出圈群化的传播态势。在新冠肺炎疫情这个特殊的时期，能够夺人眼球的不再是娱乐八卦、普通的民生新闻，而是与新冠肺炎疫情相关的一切新闻。由于焦虑、害怕以及对未知的恐惧等心理因素，大众对于信息的需求远超平时。但与此同时，由于缺乏对于新冠肺炎病毒这一完全未知的新事物的认识，政府难以在第一时间将信息公之于众；官方媒体基于严谨负责的态度，要想生产出专业性强、有深度、有理性的新闻报道也需要一定的制作时间，从而无法满足大众的信息需求；而某些媒体由于缺乏社会责任感，盲目追求浏览量、点击率，生产出缺乏科学性的、与疫情相关的新闻报道，而这些报道对于大众而言犹如及时雨一般，极大地满足了其对信息的需求，从而失去理性、不加判断便全盘接收，同时在第三人效果理论的影响下，出于关心会将不实报道加以扩散。由于是基于强关系而建立起的"圈群"，这些信息会被认为极具可信度而再将其进行传播扩散，从而使其在更多的"圈群"中进行传播。由此可见，在新冠肺炎疫情期间，网络谣言的传播呈现出极强的圈群化传播态势。

三是消散时间较快。与其他网络谣言相比，与新冠肺炎疫情相关的谣言传播时间大多不长，有学者通过收集到的数据发现，传播周期在4小时以内的和12小时以内的分别只有1条，占比不到1%，传播周期在12～24小时内的有22条，占比8.8%，占比最多的是1～3天的传播周期，占总体的56.8%，排名第二位的是传播周期3天以上的，数值为33.6%（程沁怡，

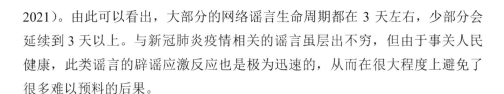

2021)。由此可以看出，大部分的网络谣言生命周期都在 3 天左右，少部分会延续到 3 天以上。与新冠肺炎疫情相关的谣言虽层出不穷，但由于事关人民健康，此类谣言的辟谣应激反应也是极为迅速的，从而在很大程度上避免了很多难以预料的后果。

（2）新冠肺炎疫情背景下网络谣言的传播原因

一是官方政府与权威媒体信息滞后。信息是消除不确定性的重要因素，而信息的不对称便是谣言诞生的温床。在新冠肺炎疫情暴发初期，官方政府与权威媒体在发布预警、预防等方面的信息上存在着一定的滞后性，或出于严谨性以确保信息的准确无误，或是由于对新冠病毒陌生需要时间来研究，从而不可避免地导致官方政府与权威媒体难以在疫情暴发的第一时间传播关于此次疫情的预防、预警信息。而大众处于一种恐慌、害怕的心理状态，迫切需要了解与疫情相关的信息。在一切都是未知的情况下，官方与权威媒体的信息发布是消除事物不确定性的一剂解药，相反，越是延迟、越是想要掩盖，大众对其的求知欲则越强。故当出现一些与疫情相关的消息，即便是小道消息，大众也会选择去相信并将其进行新一轮的传播扩散，从而为谣言的传播进行了免费的推广。

二是受众出现认知偏差且知识素养、媒介素养不高。所谓认知偏差，是指人们在感知自身和外部人、事物时常常会因自身或情境的原因而使知觉结果失真（程云杰，2021）。当人们接收到与自身知识图谱相一致的内容时，无论其真伪，都会更倾向于接受，从而达到心理上的认知和谐。这意味着，当社会上流传着与疫情相关的消息时，无论此消息正确与否，人们都会因为自身对此类信息的强烈需求而选择不假思索地相信，更有甚者将其进行新一轮的传播扩散。在追求认知和谐的过程中，谣言传播中的受众还存在知识素养、媒介素养欠缺的问题。由于新冠肺炎疫情属于医学类的重大突发公共事件，其自身具有较强的专业性、科学性，普通民众在这个话题上是缺乏相关知识储备的，再加上未知的社会发展趋势给大众增加了无形的心理压力，从而导致在接收外部媒介信息时缺乏了一定的辨别能力，媒介素养降低，对一切信息照单全收，促进了谣言的滋长。

三是微信平台助推谣言传播。在此次新冠肺炎疫情期间，微信平台是网络谣言传播的主要平台之一。这是因为，微信是当今社会的主要社交软件，微信用户能够随时随地利用微信进行交流，只要发出的信息在两分钟之内没有撤回，信息接收者就能够在任何时间看到该信息并进行反馈、转发等行为。同时，新冠肺炎疫情自身具有不言而喻的重要性，与社会上的每个人都有直接的联系，故与新冠肺炎疫情相关的谣言能够在微信平台上得到广泛的重视。微信一对一的传播模式能够实现信息的精准到达，而且由于微信好友都是基于强关系建立起来的人际交流网络，传受双方对彼此而言真实存在，且有较高的可信性，双方的谣言信息在传受过程之中不断提高自身的可信度，从而使谣言顺利扎根于每位用户心中。

除此之外，由于微信用户之间的对话具有较高的私密性，仅传受双方或是微信群内的成员可知，如果都不对外传播的话，外界很难知晓，这意味着，对话内容正确与否是存疑的，因此接受外部纠错的可能性比较低。同样的，微信朋友圈的发布也具有较强的私密性，甚至能够设置对谁可见，这说明外部正确信息在短时间内很难进入微信领域。如果微信好友之间将看到的消息、朋友圈再进行新一轮的转发扩散，将导致微信谣言传播范围更加广泛，产生更多难以预料的后果。

（3）新冠肺炎疫情背景下网络谣言的传播危害

一是造成社会恐慌。恐慌，是一种表现形式，既有认知、情绪等心理上的变化，更有行为上的举动。新冠肺炎疫情期间的网络谣言最明显的危害便是通过影响公众的心理状态从而造成社会大面积的恐慌。由于网络谣言的内容大多与广大公众的身体健康、个人财产甚至生命安全息息相关，在新冠肺炎疫情笼罩下的这种高风险社会中，谣言中的各种要素对公众的影响显而易见，再加上谣言在修辞、用语上的夸张性、煽动性，更加剧了公众的恐慌心理。借助微信、微博等现代社交平台交流的便捷性，这种恐慌的心理能够在短时间内产生难以预料的影响力，让本就低沉的社会氛围雪上加霜。而受众在恐慌心理的影响下，轻则会失去一定的信息辨别能力，盲目从众地相信、传播某些内容，更有甚者会产生某种非理智行为，加剧社会恐慌，甚至产生更多二次舆情。

二是加剧政府信任危机。在新冠肺炎疫情暴发初期，广大公众对于疫情一无所知，迫切需要了解与疫情相关的信息，但由于政府相关部门并没有在第一时间发布预防、预警信息，甚至部分地区在最初阶段并未将具体数据公之于众，导致公众对于政府的信任度急剧下降。同时，官方媒体如人民网等权威媒体也曾发布过不实信息，误导公众，如发生过哄抢双黄连事件，而官媒代表的也是政府的形象，从而也加剧了公众对于政府的怀疑。虽然在后期，我国政府在应对疫情相关事件中大多采取新闻发布会制度，公众可通过多种途径在线上进行观看，但是仍会出现某些官员口罩佩戴方式错误等新闻，这对于政府公信力而言无疑是一个扣分项。因为在这样一个高风险社会，政府的点点滴滴公众都看在眼里，一旦有任何失误、错误都会对政府公信力带来巨大的挑战。

三是扭曲受众心理。在新冠肺炎疫情流行的社会环境下，人人处于疫情的笼罩之下，不知在何时何地便会感染上病毒，这种高风险社会中公众的心理状态本就处于不稳定的波动之下，再加上与疫情相关的谣言层出不穷，更加扭曲了公众的心理状态。在谣言与真相鱼龙混杂的网络社会之中，公众本就不高的媒介素养变得愈发薄弱，对网络中的各种谣言失去了基本的判断力，轻易地便加以相信，从而进一步使自身的心理状态变得更加不理想，更有甚者，将自身的感受与谣言相叠加并进行传播，从而导致更多人的心理状态也随之变化，使整个社会都处于不稳定的状态之下。当大多公众被谣言蒙蔽双眼时，扭曲的心理将产生扭曲的传播动机，或是侮辱谩骂，或是散播恐惧心理，由此产生的后果是真相无人顾及，非理智行为严重影响社会活动。

（4）新冠肺炎疫情背景下网络谣言的治理对策

一是预防：提高公共信息传播透明度，完善舆情监测预警机制。预防谣言的关键之处在于提供且公开充分、真实的信息，从源头处避免因信息不对称而导致公众盲目相信谣言的行为。长久以来的实践证明，瞒报重大突发公共卫生事件信息将在无形中催生各种谣言的诞生，而在事件结束后的信息公开也会极大地降低政府公信力，缺乏时效性的信息公开并不会使公众改变对政府的负面看法，这将提高日后的政策落实、抚顺民心的工作量。除此之外，提高公共信息透明度的同时也应考虑到公众在心理、情感方面的需求（屈蕙君，2020），体现出政府对民心、民情的关心，从而更好地重塑政府形象，逐渐恢复公众对政府的信任度。要想更好地预防谣言，还应注重完善舆情监测、预警机制。谣言之所以能在短时间受到公众的重视与信任，究其根本还是因为有广泛的关注度。在新冠肺炎舆情这种特殊事件中，由于信息的不公开，公众被谣言笼罩起来容易失去理性，独立个体集合起来，产生某种集体行为，引发舆论危机，而及时的舆情监测、预警能够引导舆情，减少谣言的发生，有效地预防群体行为的发生。

二是应对：政府、媒体联合辟谣，依法严惩谣言制造者。新冠肺炎疫情的暴发不仅威胁着公众的生命安全，与之伴随而来的"信息疫情"也同时破坏着网络生态环境。各种谣言层出不穷地攻击着网络生态环境，政府、媒体应合力应对：政府凭借自身权威性召集各领域专业人士，由专业人士搜集事实，进行实验研究，提供有力证据，交由媒体进行大规模传播与宣传，从而及时消除各种谣言，稳定人心。同时，政府还应组织召开新闻发布会、成立专门辟谣工作组，对于产生较大负面影响的谣言进行集中辟谣，削弱谣言造成的不良影响，提高公众对于谣言的正确认识。除此之外，对于谣言制造者，应按照谣言的不同特点、所造成的不同影响以及实质性危害，有针对性地进行惩治。对于造成较大不良后果的谣言，应作为典型案例对其进行宣传（王甜甜，2021），从而提高公众的自律意识以及对于法律的敬畏之心。

三是修复：注重公众心理疏导，着力提高公众媒介素养。由于真相得不到及时的公布，谣言的内容又与公众紧密相关，这将导致公众失去应有的理智，催生焦虑、紧张等心理状况，这样的后果将导致难以预料的非理智行为，极大地威胁着社会稳定。在新冠肺炎疫情期间，不论感染与否，公众或多或少在心理上都遭受了创伤。而心理问题如若得不到该有的重视，任其自由发展，将会带来更多社会问题。故应加强对于公众的心理疏导工作，媒体也应大力宣传积极、正面的事件，努力营造积极向上的社会氛围。除此之外，谣言之所以能盛行，还是由于公众的媒介素养不高。即便是专业性强的领域，公众也应保持应有的理智，客观地对待。在真相与谣言鱼龙混杂的网络空间保持最基本的信息辨别能力是一个合格网民应有的素养。

第6章　我国社交媒体研究前沿知识图谱分析

根据 CiteSpace 的运算结果可得如图 6.1 所示我国社交媒体关键词聚类知识图谱。关键词聚类是以该领域特征明显的词和短语作为聚类对象，在分类系统的大规模层级分类语料库中，利用独创的文本分类的特征提取算法进行词语的领域聚类，通过控制词语频率的影响，分别获取该领域专类关键词。关键词聚类通常用来识别一个领域的研究前沿。

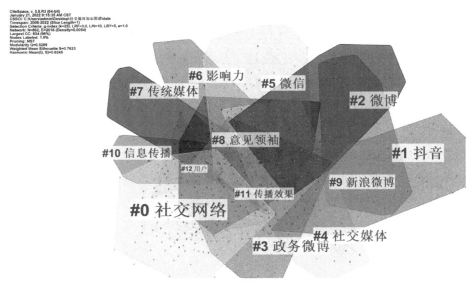

图 6.1　我国社交媒体关键词聚类知识图谱

根据图 6.1 可知，我国社交媒体研究一共出现 13 个聚类。关键词聚类顺序从 0 到 12，数字越小表示聚类中包含的关键词越多，每个聚类是由多个紧密相关的词组成的。#0 社交网络一共包含 120 个关键词，主要有社交网络、情感分析、隐私保护、社交媒体、推荐系统、数据挖掘等；#1 抖音包含 88 个关键词，主要有抖音、短视频、微博营销、主流媒体、官方媒体、微博内容等；#2 微博共计包含 77 个关键词，主要有微博、图书馆、信息服务、营销、对策等；#3 政务微博共计包含 77 个关键词，其中有政务微博、电子政务、网络舆情、政务微信、微博问政等；#4 社交媒体共计包含 71 个关键词，其中有社交媒体、形成机理、数据囤积行为、微信营销、传播、自我呈现等；#5 微信共计包含 63 个关键词，主要有微博、微信平台、健康教育、移动学习、微信群、依从性等；#6 影响力主要包括 61 个关键词，其中有影响力、新媒体、微信用户、微信传播、微信平台等。结合图 6.1 中的关键词聚类以及我国有关社交媒体研究背景可知，我国社交媒体研究前沿主要侧重于社交媒体呈现研究、政务抖音研究、传统媒体反思、意见领域及网络舆情研究。

6.1 社交网络中的自我呈现

自我呈现是拟剧理论的一个核心概念，该理论由美国社会学家戈夫曼提出，认为生活是一个舞台，人们通过选择呈现何种角色，并依据角色特征在舞台上进行着表演（Goffman，1959）。作为人际交往研究中最为重要的概念之一，自我呈现从日常生活的角度解释了个人的社会交往行为。戈夫曼最初将自我呈现定义为个体向他者传递有关个人形象信息的内容并希望得到回应的过程。从人类社会交往史的角度来看，实质上自我呈现是在人们的社会交往本能驱动下产生的交往现象。想要深入理解自我呈现思想的内在激励，需要从历史的脉络理解人们的社会交往行为。社会交往的本能说认为，无论在何种交流场景中，人们都会出于本能地，希望减少对他者的不确定性，并与他人建立密切关系（Walther，1992）。

6.1.1 自我呈现的动机

在这种本能说的观点下，自我呈现的研究重点不是关注人际交往的互动形态，而是重在强调人们自我呈现的动机，以及影响自我呈现行为的各种因素。一般认为，自我呈现只出现在关系建立的基础之上。但从传播类型的

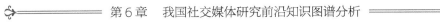

划分角度来看，自我呈现也可以划分为两种，一种是人内传播中的自我呈现，它是个体选择角色并进行展示的过程，比如说选择使用某种物品来装饰自我、在互联网中发布或保留某些个人信息。张庆园和张凌媛（2021）就从微信用户的个人资料展示考察了人格特质对个体自我呈现行为的影响，研究发现用户的人格特质越强，自我呈现就越具有个人倾向。另一种则是人际传播中的自我呈现，它指的是个体在人际关系建立之后所进行的自我呈现过程。目前已有的研究，集中在人际传播中的自我呈现。如廖圣清和李梦琦（2021）将转发视为一种交往行为，采用问卷调查的方法分析了关系强度对用户转发意愿的影响，考察了自我呈现在人际沟通中起到的调节作用。在自我呈现动机研究方面，已有文献对自我呈现动机的划分各有侧重，但大致可以分为内部和外部两大类。内部动机指的是自我身份确认、自我价值肯定及自我心理疏导三个方面，外部动机是个体维系社交关系和从众两个方面。早期的自我呈现研究，主要讨论的是人们在面对面交流过程中的自我呈现动机。在技术的推动下，人们的交流场景不断发展到线上的虚拟空间中，同时，在社交赋权的双重加持下，人们的在线自我呈现更为凸显，也更易于观察。有学者就从技术维度讨论了线下到线上交流情境的转变对人们自我呈现行为的影响及其变迁（董晨宇和丁依然，2018）。自我身份确认动机可以用身份理论解释，生活在社会中的个体需要找到自我身份的定位，减少对社会环境的不确定性，进一步"确认和巩固对自我的看法"（杨恬和蒋晓丽，2018）。从马斯洛的需求层次理论来看，自我价值肯定和自我心理疏导动机属于高级需要，自我价值肯定满足人们的归属和爱的需要，自我心理疏导满足人们的尊重需要。与内部动机不同，自我呈现的外部动机更为复杂和难以确定。外部动机受社会环境的影响更多，具体的社会交往情境可能存在多种刺激个体维系社交关系和从众的因素。个体利用自我呈现维系社交关系可以在自我暴露行为中体现。有学者认为"自我暴露通常是公开的和相互的，是建立人际关系必不可少的"（安尼·希尔等，2016）。包括在互联网建立的个人空间中打造自我形象，在进行自我认同的同时也在向未知的受众展示自我。从众理论认为："环境中的社会暗示告诉我们其他人的感觉、想法或行为，而这些又会反过来影响我们的感觉、想法或行为。"（艾略特·阿伦森和乔舒亚·阿伦森，

1975/2018/2020)。个体的自我呈现也会在社会暗示的影响下，产生从众行为。

6.1.2 自我呈现的影响因素

自我呈现受到环境因素的影响较大，根据戈夫曼的拟剧理论可以发现，理解自我呈现的影响因素最为关键的一个概念是场景。场景是人们进行自我呈现的特定社会情境，由四种基本要素构成：空间与环境、实时状态、生活惯性、社交氛围（彭兰，2015）。作为自我呈现的理论基础，拟剧理论中的前台和后台指的就是两种不同的交往场景。个体在前台和后台的行为可能会有差异，如人们可能会在长辈面前表现得很乖巧，在同学面前却表现得很嚣张跋扈。互联网则进一步消弭了前台和后台的边界，人们可以依据不同平台的特性在其中进行不同的角色扮演，呈现出不同的性格与特征（周勇和何天平，2018）。例如有人在微博中表现得很愤青，在微信中表现得很冷淡，在陌生人社交软件中却表现得很开放。这种区别和差异可以用来分析场景对自我呈现的影响。场景对自我呈现的影响主要有三类：角色选择、角色扮演、印象管理等。

在角色选择与扮演方面。个体的角色选择在不同的交往场景中有所不同。这是由场景的唯一性决定的，场景指的是人们交流过程中的特定空间和环境，一旦参与交流者离开或环境发生变化，场景将随之发生变化，甚至直接改变人们此前对自己的角色设定。个体的角色选择是依据个体对当前场景提供的信息和暗示，作出的对自我的定位，以建构自己的社会身份和控制自我表现的相关因素（王红，2019）。在角色选择之后，个体需要从自我对角色身份的认识和理解中，进行角色的扮演。角色扮演意味着人们要进行一系列与角色相匹配的行为，而自我的表达与他者的解读之间的差异，可能会给个体带来社交风险。角色扮演的成功与否和风险的高低，同个体的印象管理能力息息相关。在印象管理方面。角色选择和扮演是社会交往的基础，但若个体希望通过角色的选择和扮演得到"社会资本的增量"，那么则需要重视"印象管理"（刘砚议，2015）。印象管理指的是个体主动控制自我呈现的信息与内容，通过交流对象的反应来评估自我在他者心中的印象并及时作出调整。印象管理需要个体对场景提供的社交氛围作出准确的把控，斯奈德（1974）将这种对自我和周围环境的评估与把控称为"自我监控"。个体自我监控的程度影响着印象管理的成效。有研究者通过实验研究发现，高自我监控者比低自我监控者能够更好地进行印象管理。（Bolino & Turnley，2001）在后续的研究中，不少学者对自我监控进行了细分与重构，在高自我监控者和低自我监控者的基础之上提出了自我导向监控者、他人导向监控者，认为自我监控者可以分为上述 4 种类型，不同类型的监控者在交往行为和自我印象管理上都有所不同（肖崇好，2007）。此外，自尊这种极具个人特质的心理也是影响个人印象管理的重要因素。研究表明，自尊心更强的人更致力于个人的印象管理，同时在形象塑造的过程中，人们也可能会表现出比实际更强的自尊心（Zeigler & Myers，2011）。

6.1.3 自我呈现与数字时代的人际关系

从技术可供性的角度来看，线上交往与现实交往的最大区别在于媒介给人们提供了更多的社交可能性。各类社交媒体的兴起与广泛应用为人们构建身份提供了多种"线索"。人们可以选择不同的方式进行自我呈现。网络的匿名性使人们更愿意在线上交往过程中做出更多的自我暴露行为。互联网的社交赋权，从本质上改变了人与人连接的场景与方式，重新制定了一套社交规则，形塑着新的社会关系网络与权力分布格局（喻国明和马慧，2016）。自我呈现在互联网空间中的延续性，为我们理解数字时代的人际关系提供了思路。首先，人们在线上进行角色选择和扮演的机会是无穷无尽的，它不受时间和空间的限制。人们可以选择不同类型的平台，构建出现实生活中难以呈现的身份（南希·K. 拜厄姆，2020）。拜厄姆认为自我呈现是建立在人与人之间的联系中的，只有当人们渴求和期望与他人建立关系的时候，人们才会构建自我呈现。从这一角度出发，我们会发现中介化的自我呈现显示出更多的网络特征。因为中介化的数字交往，让原本基于血缘和地缘的社交关系逐渐被趣缘和其他因素所代替。在线自我呈现的受众往往是不确定的和模糊的，甚至是个体自我"想象"出来的。人们在面对面的交流中展示身份的时候，是与受众处在同一空间中的，可以说他的受众是明确的、指定的。但在互联网的中介化传播中，尤其是拥有大量关注者和粉丝的自我呈现者，他们的受众也是"无实体的",人们无法得知网络连接的另一方是什么样的,可以说人们对他们的受众所知甚少(Baym & Boyd, 2012)。在这种情况下,线上自我呈现的受众是"坍塌"的,这意味着人们需要在一个社交账户中向多种类型的受众呈现和维持统一的自我形象,马威克和博伊德(2010)的研究论证了这一观点。同时,这也极大增加了自我披露和印象管理的难度。

尽管我们当前面临的交往环境更为复杂和多元,但通过梳理自我呈现的历史脉络,可以发现人们的社交本能没有改变。从线上到线下,人们建立和维系关系的方式已经被颠覆,但人们期待建立关系的本质并没有改变。因此,我们在讨论人际关系的过程中,要避免走入技术决定论的思路,转而从更为深层的人际交往层面进行探讨。

6.2 政务抖音的功能与治理研究

早在 2005 年前后,优酷、土豆等视频平台就已开始制作微电影,成为短视频最早的模型。在 2014 年前后,出现了微视、秒排等制作视频类工具性应用软件,短视频开始发展起来,2016 年被称为中国的"短视频元年",抖音、快手等短视频平台的迅速发展迎来了短视频时代。那么,何谓短视频?在学界对于"短视频"并没有一个统一的定义,学者何海翔(2020)依据"短时长""移动智能终端""社交平台"三个关键词,提出短视频是以社交平台为传播载体,明确平台受众定位后发布较短时长的视频内容,且依托移动智能终端进行传播的一种新兴媒介形态。学者腾云和楼旭东(2016)从手段、特点入手将短视频定义为:视频时长在几秒至几分钟,以网络和移动智能终端为手段,依托移动短视频应用,制作周期短、几乎零成本但内容广泛、原创性高、个性鲜明、网民高度参与且形式灵活的一种移动社交新媒体。较多学者对短视频的定义从不同角度提出不同的见解,但从根本上离不开时长短、内容丰富、依托移动智能终端这几个关键词,故本书所指的短视频即为以上两位学者的综合:以社交平台以载体,由民众自发传播、制作的内容丰富且时长短的、依托移动智能终端的媒介形态。

随着短视频迅速涉及生活的方方面面,在 2018 年政务短视频出现在大众视野，其后愈来愈多的政府部门在各种短视频平台中以官方名义入驻。学者张子帆、李怀苍和王勇（2021）在对政务短视频进行研究时将政务短视频定义为：政府机关及其相关部门基于沟通公众、管理社会、服务群众、应对舆情、宣传形象等政务需要，通过其在短视频平台开通并实名认证的短视频账号发布的有关政务性、事务性、服务性、宣传性信息的短视频。而最早进驻抖音短视频平台的政务机构是在 2018 年 3 月认证通过的共青团中央和中央政法委官网。2018 年也被称为"政务抖音"的元年。学者谭玥雨（2019）对政务抖音进行这样的定义：政务抖音是指由党政机构经过实名认证的发布政务信息、促进政府信息公开、加强官民交流、塑造新型政府、加强公共服务等的抖音号。政务抖音号包含抖音官方认证的黄 V 以及蓝 V 账号，可分为政法系统类、旅游文化类、地方宣传类、官方媒体类等，包括各类警察、部队、消防、新闻中心、旅游发展委员会、共青团等机构。截至 2020 年 6 月，各级政府部门在抖音平台开设的账号已经达到 25000 多个，我国 31 个省（区、市）均开通政务抖音号。随着国家对于"互联网＋政务"的不断推广，将有越来越多优质政务视频号出现在大众的视野中。

6.2.1 政务抖音的功能与作用

一是人格化传播，更易产生共鸣。人格化传播是一种修辞方式，往往指机构、组织、媒体等在传播中凸显人的元素，通过展现人的情感、个性、表达魅力等方式塑造内容。政务抖音号在传播内容时多采用人格化传播，包括名字、形象、话语等方面，同时在场景的呈现方面并不存在"剧本""摆拍"等虚假画面，故所传达的内容不仅容易吸引用户的关注，同时还能够很好地产生某种共鸣，从而在无形之中给用户传播正能量，营造积极向上的社会氛围。同时，在与政务抖音号互动的过程中不乏网络热词的出现，评论的回复、视频的点赞在抖音 App 中呈现出一种平等的相处模式，也更加符合新媒体时代用户的特点，能够很好地拉近与用户的距离，进而产生情感上的共鸣。二是内容丰富，不易产生审美疲劳。依托抖音 App 制作视频的多种功能，政务抖音号的传播内容有了很多的改变，在主旋律不变的情况下，视频内容增加了不少亲民色彩，这让用户更愿意在无形之中接受正确的价值观教育。政务抖音能够发布的内容并没有明文规定，在内容生产方面具有较大的选择空间。从严肃正经的文件解读到搞笑的生活碎片分享，从好人好事的鼓励表扬到坏人歹事的严惩不贷都能够在很大程度上引起用户的好奇心，这样一来政务抖音号所发布的内容极其丰富，素材也比较多，能够满足用户对于政府部门以及公务人员的好奇心，即便是每日观看也不易产生审美疲劳，相反能够产生很好的传播效果。三是权威身份，议程设置产生良好效果。由于政务抖音号都是以官方权威的身份面向用户，自产生就具有某种权威性，其所发布的内容更能够引起用户的关注与讨论。同时，政务抖音号可以在抖音发起某个话题的挑战赛，也就是在设置议程、设置热点议题，从而提高用户的积极性与参与度，增强政务抖音号的影响力和传播力。在发生突发事件或重大事件时，能及时迅速地通过政务抖音号借助合适的背景音乐、适当的剪辑以视频的方式进行说明，不仅可以借助热点事件提高视频热度，同时还能引导用户对事件有正确的认识，起到引导舆论的效果。四是高超技巧，符合用户口味。抖音 App 出现时就利用新奇的剪辑手段以及合情合景的背景音乐赢得一大批用户长时间地停留。政务抖音号能够紧跟时代潮流，借用抖音 App 中热点的背景音乐以及新奇的拍摄技巧制作出各种视频，可以将普通的事件变得生动、有趣，吸引用户反复观看，形成强有力的记忆点，一改曾经严肃刻板的政府形象，生动鲜活地将政府部门及社会热点话题呈现给用户，极大地迎合了用户的品位，在无形之中也拉近了政府与民众之间的距离，同时也为后期各种官方信息的传播提供了较好的用户基础。

6.2.2 政务抖音存在的问题

一是就政务抖音内容而言特色缺乏和风格失衡。政务抖音号所发布的内容丰富，涵盖生活的方方面面，可正是内容的丰富性导致政务抖音号失去了该有的特色，缺乏一定的针对性。针对同一事件，政务抖音号都蜂拥而至，发布与事件相关的内容，并使用类似的背景音乐，由此导致同种类型的视频内容大量生产，传播效果不佳。同时，为了得到最佳的传播效果，不少政务抖音号在发布内容时过度娱乐化，内容的生产与传播主体之间产生了较大的反差，长时间的娱乐化导致权威性减弱，在面对重大事件时难以以严肃权威的身份回应用户关切，面对重大舆情时难以发挥引导舆情的作用，不利于塑造政府公信力，影响政府在民众心中权威严肃的地位。正如学者单文盛和张梦洁（2021）所说："政务抖音账号的娱乐化倾向影响了其在沟通民众、政务公开等方面的功能发挥，违背了政务新媒体设置的初心与使命。"二是就政务抖音传播而言侧重算法推送且覆盖面窄。抖音 App 之所以能够获得用户长时间的停留，最大的原因是强大的算法机制，也就是说抖音 App 上的推送机制由算法决定，算法会将同类型的内容推送至关注过同类账号的用户页面之中。这就意味着，只有关注过政务抖音号的用户才会接收到其他政务抖音号生产的视频内容，对于那些很少甚至从未关注过政务抖音号的用户来说，即便是"爆款"的视频内容也难以根据算法机制推送到该用户的页面之中。虽然说用户可以在视频下方评论中艾特好友看，但极有可能在时效性上已失去最佳传播时间。由此，创办政务抖音号的初衷便受到限制，难以抵达每一位应该收看的用户页面之中，覆盖面大大缩减，这将对政务抖音号实现传播信息、引导舆论等作用产生极大影响。三是政务抖音传播矩阵呈现各自为战且缺乏合作的特点。政务新媒体的类型已从微博、微信拓展至短视频、客户端等方方面面，政务号在各大平台的开通、认证早已成为常态，但是在将同一政务部门所开通的包括微博、微信、抖音在内的几个账号集中在一起时，发现不同平台发布的内容有两种情况：将同一内容在不同平台不区分用户进行传播；所发布内容并无任何关联。此种现象的产生并不在少数，政务新媒体之间存在着"内部竞争"的问题，在内容的发布上仅仅是各自为战，并没有形成相互补充、层层递进的友好关系，缺乏合作意识。同时，经营政务账号的并不是专业的新媒体工作者，没有较高的媒介素养，缺乏形成新媒体矩阵的意识。

6.2.3 政务抖音的治理路径

一是实现分众化内容生产与传播。要想在众多政务抖音号中脱颖而出，针对热点新闻事件就应实现分众化、差异化内容生产。针对同一新闻事件，不同政务抖音号可以根据自身的关注用户实际情况生产视频内容，如热点事件是本地发生的，在内容生产方面可以先稳定民情，在第一时间将事件全貌、真相、处理结果公之于众，并针对此次事件总结经验教训，从而更好地将舆论引导到正确的方向；如若热点事件并非在本地发生，政务抖音号所要做的第一件事就是要告知本地用户不造谣、不信谣、不传谣，耐心等待官方回应，其次便是将事件真相传达给本地用户，并以合适的方式引导用户避免此类事件的发生。政务抖音号的存在是为用户答疑解惑，引导舆论，塑造良好的政府形象，在发布内容时更应实事求是，不断提高自身原创性，针对不同用户生产不同内容，做到分众化差异化传播。二是加大宣传力度，努力扩展粉丝基础。政务抖音号在形成较大影响力之前应做好宣传工作，在各级单位、社区等人流量较多的地方张贴广告，号召群众的关注；在账号养成的前期，发布视频内容时可以将部分流量较好的内容投"Dou+"，获得更多的流量从而有机会获得更多的粉丝关注；同时，应保持与粉丝的积极互动，在评论区积极回复各种评论，对于赞赏要表达谢意，对于粉丝提出的意见建议要虚心接受并在日后格外注意，努力提高粉丝黏性，巩固粉丝基础。除此之外，不同用户使用抖音 App 的目的并不相同，作为政务类账号应努力将各方面内容都包含在内，在与自身角色定位不冲突的前提下在内容生产方面满足不同用户的需求，从而吸引更多不同用户的关注。三是链接多种形式，形成新媒体矩阵。在短视频盛行的时代，图文虽已黯然失色，但却不是可有可无。短视频可以给用户传达生动、现场的画面，实现"国家话语与大众话语的转换、官方发布与民间共享的对接"（邵泽宇和张梦洁，2018），文章可以产生更深层次的认识与看法，图片可以给用户提供更精准的角度。同时随着传播技术的不断发展，AR/VR、H5 等新形式不断涌现，可以使用户产生更加身临其境的感觉。在政务新媒体传播的过程中，政务短视频通过添加链接以及算法的推送，实现与图文、直播等的连接，构成政务新媒体新生态，满足不同用户不同形式的需求，从而实现一体化的政务服务。故政务新媒体应在不同平台实现不同形式的合作，给用户呈现有深度、有思想、有内涵的政务新媒体矩阵。

6.3 传统媒体的反思与超越

媒体是指传播信息的媒介。它是指人用来传递信息与获取信息的工具、渠道、载体、中介物或技术手段。传统媒体是与新媒体相对而言的，在互联网出现以后，依托于网络技术而不断发展的新媒体快速地渗透到人们的生活中，而在此之前通过某种机械装置定期向社会公众发布信息或提供教育娱乐平台的，即被称为传统媒体，其中主要包括报纸、杂志期刊、电视、广播等传播形式。相比于新媒体，传统媒体的产生和发展跨越了更为漫长的时间段。有了文字之后，人们有了传播更为准确以及保存时间更长的信息传播媒介。基于文字之上，手抄报等报纸的雏形在公元前的罗马时代就已经开始出现，但由于人力物力的成本限制，这种报纸并没有得到大规模的普及。经过十几个世纪的发展，印刷术的发明大大提高了印刷的效率和质量，让报纸等印刷品得以更为广泛地传播，有效地提高了文化传播的效率。到了 19 世纪，无线电广播的发明和使用又一次翻开了传播的新的篇章。从 19 世纪末到 20 世纪初，马克斯韦尔、海尼·赫兹、马可尼以及波波夫等科学家相继都对无线电传播作出了卓越的贡献并且做了许多无线电实验，随着 1920 年美国 KDKA 电台的成立，广播时代正式到来。相比于报纸，广播凭借声音传播的生动性和减少印刷等过程的快捷性凸显出了其不可替代的优越性。而在 19 世纪 30 年代之后，电视的发明和使用更进一步地推进了传统媒体的大众化进程，同时，这种结合了图像、声音、文字等多种媒介传播形式的传播方式也更为清楚地昭示着传播媒介未来多媒体化的发展方向。

早期的研究侧重于"5W 模式"理论的传统媒体特点讨论。1984 年，美国学者拉斯维尔在《传播在社会中的结构与功能》论文中首次提出了构成传播过程的五种基本要素，并按照一定结构顺序将它们排列，形成了后来的"5W 模式"，分别包括了 Who（谁）、Says What（说了什么）、In Which Channel（通过什么渠道）、To Whom（向谁说）以及 With What Effect（有什么效果）。Who：传统媒体的传播需要依靠特定的传播工具或载体，而在成本和社会制度等的影响下，这种传播渠道往往为官方或社会大型组织群体所把握，因此，传统媒体具有一定的垄断性。西方国家的媒体表面上宣称其为独立于三种权力之外的第四种权力，但是实际上还是为资本主义制度服务。在我国，媒体作为"喉舌"而存在，一直为党所领导，始终坚持着正确的政治方向和大局观念，维护人民和国家的利益。Says What：对于传统媒体所传播的内容而言，传统媒体有着内容的丰富多样性。文字深度的把控，声音、图像等多媒体的综合运用使得传统媒体的内容更加多样化，黄色新闻、深度报道、解释性报道等各种新闻报道手段都曾经在特定的历史阶段展示出其强大的号召力和感染力。特别是深度报道的发展，进一步加强了传统媒体的影响力。不同于一般的新闻报道，传统媒体在进行深度报道时会更加注重新闻的持续追踪，深入挖掘新闻事件和社会热点，其报道更加全面、真实。In Which Channel：在保罗·莱文森看来，每一种媒介都有着旧的基础，有着自身的优势和劣势，而后发展出的新媒介则是对前一种媒介的补充和增强。回顾传统媒体的发展史，同样也可以看到媒介进化的过程。报纸对于在此之前的例如口头传播等传播方式而言，其传播范围已经大大增加，并且信息的真实性完整性得以保留更久，减少了在信息传递过程中的不确定性和错误。报纸之后的广播、电视更是更为显著地突破了时空的距离，让新闻的传播更为快速及时。To Whom：传统媒体的传播是"一对多"的传播，大众即传播过程的"受者"，因此，传统媒体也就有了大众化的特点，成了大众媒体的一个部分。With What Effect：前面四个传播特点，决定了传统媒体的权威性所在。传统媒体除了报道新闻之外，也有着宣传的目的。在传统媒体的报道中，不仅仅是报道、为大众提供信息，还要引导舆论的氛围和导向。传统媒体与新媒体的对比发展，在融媒体时代、5G 时代的发展变化等是传统媒体的研究重点。新媒体时代、融媒体时代、5G 时代、碎片化时代、后疫情时代……每一种描述都是从不同角度出发，对当下时代特点的总结。而这些特点对于传统媒体而言，既可以是机遇，从中挖掘出新的生机；也会是传统媒体在不同媒介共同发展下的挑战，即如何保持传统媒体的权威和影响力。

6.4 社交媒体时代意见领袖再思考

意见领袖作为传播学的经典理论，由拉扎斯菲尔德在 20 世纪 40 年代美国总统大选期间所做的一项关于大众传媒宣传内容对受众影响的研究报告《人民的选择》中提出，他指出意见领袖是团队中构成信息和影响的重要来源，是能左右多数人态度倾向的少数人（Lazarsfeld et al., 1948）。在此报告中，拉扎斯菲尔德等人最早提出意见领袖定义，即意见领袖就是活跃在人际传播网络中，经常性地为他人提供信息、观点或建议并对受众施加个人影响的人物。之后拉扎斯菲尔德等人又做了意向《个人影响》的后续研究，并且证明了"意见领袖"的理论影响不仅是在政治选举中，其他领域也同样存在。1962 年，美国社会学家罗杰斯在他的研究报告《创新与普及》中提出"创新与扩散理论"，延伸了"意见领袖"理论的外延，提出多级传播的理念，他还概括出了意见领袖的基本特征以及测定意见领袖的三项指标。此后，"意见领袖"研究一直广受国外学者的重视，他们对其研究不断深入并将研究结果广泛运用到广告营销、政治选举、公共治理、社会发展等各个方面，取得了良好的效果。随着 Web2.0 和 3.0 时代的到来，意见领袖理论不仅在现实生活中也在网络平台上得到了发展，网络意见领袖数量显著增多。依托于互联网，每个用户都可以以自身为传播节点发声和进行信息的传播，传播模式更为扁平化，节点与节点之间有着横向的传播关系。但不可否认的是，对于部分特定节点也同样保留着纵向的传播方式，这一部分用户可以对其他用户形成影响，成为互联网时代的意见领袖。

目前国内对于意见领袖的研究范围已经相当广泛，其中最主要的研究领域就是网络意见领袖，关于它的特征、发展趋势、传播效果、传播优缺点等方面研究成果颇多。总体来说网络意见领袖的研究方向和内容都逐渐趋于细化，许多人把研究对象具体为某一个群体或者某一个代表人物，方向上更加细化，内容也更具体。从当前的研究中可以发现，网络意见领袖并不是全然陌生的新概念，伴随着青年网民的崛起和网络媒体的发展，它已经成为一种比较成熟的群体研究成果。关于网络意见领袖的特征，大多数研究结果都显示网络时代的意见领袖具有质疑精神这种相同的个性特征，还有人则认为，网络意见领袖与线下群体中的意见领袖拥有相似的特质，但他们产生的影响范围更广，程度更深，具有高活跃度、高专业度和高社会网络中心性。王秀丽（2014）认为网络意见领袖在网络社区影响广泛，他们是网络社区中积极的信息传播者，是思想和观点的提供者，是社区议程的设置者，影响着社区成员的态度行为和社区整体的舆论导向。因此，也有学者提出意见领袖在各类传播平台的影响力进一步扩大的同时，应具有社会监督责任、舆论导向责任、文化导向责任、网络意识形态安全引导责任等，要充分利用其影响力让其产生更大的社会价值（魏国强和杨晓璇，2021）。有学者从功能主义视角出发，认为网络意见领袖是互联网"再中心化"后的信息节点，是嵌入网络信息传播中的行动者，它打破了传统人际传播、群体传播和大众传播的分界线。互联网条件下的意见领袖兼具过滤与控制机能中的输入和输出机能，并在输入和输出之间架设、强化自己的影响力，网络意见领袖兼具了大众和人际传播的双重属性。

6.4.1 意见领袖"去中心化"再思考

在互联网特别是当下的社交媒体时代，用户可以自由发表言论。以微博为代表的社交媒体中包含着大量 UGC（用户生产内容）信息，不同的用户出于自身的背景、兴趣等可以有多种多样的信息表征和内容输出，因此，一些观点认为在社交媒体平台中的用户具有多样性和"去中心化"的特征，由此产生了"草根性""众声喧哗"以及"人人都有麦克风"等说法。从微博可以看出，在同一个事件中，每一种言论都能在底下的转发或评论中得以呈现，人们可以自由选择角度对事件进行解析和评价，同时也能实时看到别人的观点进而再次进行评论和讨论。在这样的环境中，人们讨论的积极主动性不断提高，媒体平台成了用户之间自由观点交换和信息分享的场所，并且这种讨论往往是没有明显领袖所带领的。同时，所有用户也不会同时针对同一事件进行发声，而是基于自己的兴趣等进行选择性的接触和了解，最后进入讨论和传播的环节，因而表现出一定的去中心性和多元亚文化。但是，尽管微博用户在发布的内容上存在着多样的类型，相互之间具有较大的内容差异性，但也有研究指出，过度强调用户"去中心性"、多样化的结构模式，会屏蔽其中的同质性。"多类型化"或"去中心性"的观点虽注意到用户的内容碎片生产表现出的差异性，但是对于用户之间在内容上的相似关系及其结构却仍然缺乏足够实证，而这会导致用碎片多样性来代替潜在的用户同质性。

社交网络意见领袖用户并非多中心和多样化，而是存在着类似同心圆模型的"同心圈层"的趋同结构。用户的意见领袖程度随着其影响力程度提升而表现出"一个趋同核心、三种趋同支撑、趋同围层渐变"的"同心圈层"趋同结构。社交网络意见领袖存在着处于"趋同中心"位置的"社会样板"；

意见领袖用户的影响力程度正相关于它趋同于中心"社会样板"的程度；在此过程中形成围绕着中心而由近到远、由密到疏的同心圈层。在有学者将典型的社交网络之一——新浪微博作为样本进行研究时，研究表现出"同心图层"的支撑向度：一是用户的意见领袖程度高低与该用户趋近于"中心"社会样板的内容距离成正相关，形成意见领袖趋近于网络中心的同化；二是用户在趋同于中心社会样板的过程中，表现出影响力程度与社会样板程度的正相关和同构性；三是用户作为社会样板的程度，正相关于他和中心社会样板的内容相似度，表现出"社会样板"的单中心化、同一化而非多样性；四是用户随着其意见领袖层级的提升而加强层级内的用户趋同性，增强用户影响力层级的内聚和收窄。意见领袖用户"同心圈层"趋同现象与结构呈现着"去中心"网络时代的"再中心化"，也塑造着网络"巴尔干化"时代的"单向度"社会。霍克海默、阿道尔诺曾对于作为"文化工业"的大众传媒进行反思与批判，指出在规模化的大众文化生产和流通中，文化逐渐地同一化、非个性化。马尔库塞提出"单向度的人"与"单向度的社会"，同样反思着现代社会中主体的重复性和单一化。这些批判思想在媒介实证分析中遭遇到了种种阻力和抵制。对于社交网络而言，对于同一化、相似化的"主体"的再生产，容易被内容表层的多样性和用户表层的差异性所迷惑。然而，同心圈层结构要求将这些局部的、浅表的差异性纳入从同质性到差异性的连续谱系中，并深刻挖掘在多样性现状背后的同一性和统一性。"同心圈层"结构强调多样性的社交网络用户所发生的"中心化"且朝向"单向度"的趋同。

　　另外，意见领袖不仅仅具有内容碎片的扩散与影响力，也具有用户内容整体特征的传递和影响力；意见领袖随着其作为"意见典范"程度的增强，表现出内容个性和独特性的消磨、向"芸芸众生"贴近的趋向；意见领袖的程度越高则相互之间就越是趋似，呈现越来越强的用户异质性消解与"社会窄化"；意见领袖的阶层越高则层内用户相似性结构越集聚化和中心化，而非去中心化。意见领袖作为意见典范的内涵和特征，包含着一系列张力和悖论，使得高影响力的典范用户从对于垂范性和引领性的诉求而走向"文化工业"式的标准化主体再生产，从丰富性和独特性而收敛于高影响力阶层内容的封闭，从用户模因流动的自由多向而形成中心化、赋权分化的用户内容逻辑与话语圈层。我国的意见领袖研究特别是在微博等社交媒体中的意见领袖具有偏娱乐化的趋势。大部分的政务媒体的粉丝数量远不如一个微博营销号的粉丝数量，其活跃程度和影响力也不能媲美。在一个舆论事件发生时，微博营销号难以做到正确引导民众舆论。虽然拥有最庞大的粉丝群体，这些"意见领袖"在出现较重大的公共事件时也会参与到信息的转发和扩散的过程中，但并不会过多地评论和讨论相关议题。他们更偏向于引导与娱乐信息相关的议题。因此需要各大传统媒体以及政府官方媒体集体发力，积极主动引导舆论导向，及时回应民众的呼声和要求，创造清朗的网络空间。

6.4.2 社交媒体平台中的意见领袖

意见领袖是微博舆论的中心节点，在整个微博形成演变过程中起到至关重要的作用。由于微博特殊的传播机制，意见领袖发布的言论和转载的微博都能迅速获得关注。由于意见领袖大部分是来自各行各业的精英，文化层次普遍较高，因此对事件有着独到的见解和深刻的分析，其言论往往获得大量的转载和评论，在舆论的扩散中扮演着至关重要的角色（谢耘耕等，2011）。微博意见领袖的特点主要体现在两个方面。一是微博意见领袖的形成呈现泛众化趋势。由于微博摒弃了网络博客的长篇大论、纸质媒体写作的文采华章等的限制，所以降低了微博意见领袖的门槛，不仅仅是专家和专业人士，社会精英、影视明星和专业的传媒人都可以成为意见领袖，大量的普通人也因各种机缘成为微博意见领袖，这种意见领袖的泛众化趋势超过了以往任何时代（李波，2015）。二是微博传播中意见领袖身份的可变性较强。由于微博意见领袖身份的复杂性和草根性，许多并不是正式组织中的权威人士，对微博意见领袖的身份认同完全靠网民的自愿关注，不管微博内容写得再有新闻性和娱乐性，不管是知名度再高的人或者是资深媒体人，如果更新过慢或者不更新，意见领袖的称号很快就会被替代。所以微博意见领袖身份的差异化和草根化就决定着微博意见领袖的可变性较强（李波，2015）。

微博意见领袖在舆情发展过程中的作用。首先，意见领袖的微博是网络舆情形成的源头。大致有两种情况，一种是意见领袖是舆情事件的当事人，了解舆情事件的发展始末和前因后果，能够掌握第一手或独家信息材料，处于舆论的源头。还有一种情况是微博意见领袖虽然不是当事人，但是因个人身份或对事件的特殊看法最终成为舆情的始发地（谢耘耕等，2011）。其次，微博意见领袖助推网络舆情走向高潮。无论是传统媒体还是网络媒体首先爆出的舆情事件，舆情事件一旦形成，微博意见领袖发表言论的热情就极为高涨，在网络舆情传播流程中的表现就极为活跃。他们纷纷进入舆论的主阵地，对相关事件的信息进行大量的转发或评论，当他们发表的信息、观点和情绪引起受众的共鸣时，就会产生很大的传播力。再次，微博意见领袖能改变舆论议题导向。由于热点事件有一个发展的过程，因此是可能发生变化的，初始设置的热点议题也可能发生不同的走向，这其中微博意见领袖发挥着不可忽视的作用。在事件的传播过程中，微博意见领袖可以设置新的议题，改变民众关注的重点，从而改变舆情走向。

鉴于微博在网络传播中的即时性和简单性，应该建立微博信息的预警机制和监测机制，有效地防范微博意见领袖负面言论的误导，用完善的法律法规来更好地规范微博意见领袖的言行，减少负面的舆论给社会带来的危害。此外，政府也要培养自己的意见领袖，比如让有影响力的官员、知名专家学者、媒体人士积极进驻微博，通过这些意见领袖发布积极正面和权威性的言论，引导微博舆论健康发展，最终促成整个网络舆论环境的健康和谐。

对于微博意见领袖的定义和分类学界仍有争论，不同学者对其持有不同意见，有学者认为微博意见领袖是在当代具有"意见领袖"的号召力与影响力，同时依靠微博作为平台而具有媒介特质的特殊群体。而在分类方面，有学者认为应该根据在信息传播中的作用进行分类，分为信源的见证者或广播者、信息的核心转发者和作为舆论引爆点的意见提供者；也有学者认为应该根据微博意见领袖的日常发布内容进行分类，如张志安（2019）教授认为当下的社交媒体意见领袖分为公知型意见领袖、知识型意见领袖和娱乐型意见领袖三类，近几年催生出一种以表演为特征的娱乐型网红，也是属于娱乐型意见领袖的一种。根据微博官方平台的规则，微博意见领袖特指微博认证用户，即微博中的大V用户，分为橙色、红色和蓝色认证三类用户。一开始为了便于吸引名人用户，粉丝数量多的名人用户会在微博头像和名称的右下角名字前面显示一个"V"字符，代表是经过微博官方认证的高级账户，发展至后来，"V"字标志就成了微博意见领袖的一个识别标志。新浪微博根据用户的知名程度和类型，将其分为橙V、红V和蓝V三种类型。橙V即橙色认定，指的是个人认证用户，支持娱乐、体育、人文等各个领域的知名用户进行认定申请。红V即橙V的升级版，通常是在微博上十分活跃又有着庞大粉丝数量的公众人物，每个月阅读量达到一千万就会变红。蓝V则是机构认定用户，包括政府、企业、媒体等大型组织。之后，新浪微博还推出名人认证系统，将V升级成金V，其中认证名人包括节目、明星、企业、媒体等微博。

自媒体大V即红V用户，或者有个更通用的称呼"网红"，他们相较普通用户有着较高的知名度，通常是在某一领域有着较高专业知识或者资深经验，因此作为意见领袖他们所传播的信息能够更快地被他人所知晓，获得更高的关注度，也能影响到网络舆情的发展。在诸多具有标志性的新闻事件中，微博形成了特有的舆论机制，也催生了一批微博的原住民意见领袖，当一个事件出现时，微博大V会率先发表看法，而公众则会围观，选择同意或者批判，每一次转发评论点赞就代表着公众的态度和意见。随着时代的发展，微博大V开始涉足更多领域，更加有针对性和垂直化地输出内容，同时也有了一批固定的忠实粉丝。从社会大事到生活百科，从娱乐美妆到体育赛事，我们都能看到"意见领袖"的身影，比如医疗健康领域的"丁香园"，法律领域的"罗翔"，自然科普领域的"无穷小亮"，还有娱乐区最为明显的明星群体，如"微博女王"姚晨，个人微博粉丝超过1亿的主持人何炅。就学界而言，国内学者对大V们的影响力褒贬不一。微博大V们转发信息自带增量效应，让他们的传播效果爆发式增长，而在微博无法被掌控的负面情绪和谣言扎堆的情况下，大V容易为争夺话语权和眼球经济等利益，扰乱整体微博舆论场，带来更多的"后现代主义"特征的负面效应，"粉丝经济""消费主义"甚嚣尘上，微博舆论场也在大V影响下进一步复杂，监管困难（靖鸣和张孟军，2021）。也有学者通过新冠肺炎疫情这一公共卫生事件研究出微博大V在新冠肺炎疫情中的价值与作用，认为部分正向引导型大V以微博为平台传递自己对社会有益的价值观念，具有积极作用。还有部分大V以其专业知识为基础，对事件作出合理全面的解读，因为其具有专业性，他们的观点也更具有说服力。

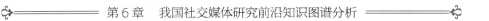

微博舆情中的网络水军在网络舆情中起到重要作用。网络水军指的是受雇于明确的组织或个人，利用网络进行炒作行为的网络人员，这一定义既包括网络公关公司又包括发帖回帖的不固定人群，网络水军区别于其他网络行为的根本特征是付费，即网络水军将自己在网络上的传播权力"让渡"给受雇者，是一种商业行为（李彪等，2012）。网络水军往往将商业话题变相说成社会生活话题，以此来吸引眼球。这样一来，刻意制造的带有倾向性的信息就混杂在微博舆情阵营中，掩盖了自然形成的微博舆情（陈宇，2011）。但是，网络的自净化机制决定了网络水军不可能操纵舆情。陈力丹教授提出了新媒体的"自净化"机制，认为"健康的意见可以通过观点交锋而战胜非理性的意见"。因此，自媒体的自净化机制得到了空前的加强，在这种自净化机制下，网络水军不可能操纵舆情。

6.5 微博平台网络舆情研究

学者刘毅在其撰写的《网络舆情研究概论》一书中提到，网络舆情是由各种社会群体构成的公众，在一定的社会空间内，对自己关心或与自身利益紧密相关的各种公共事务所持有的多种情绪、态度和意见交错的总和。而华中科技大学的纪红、马小洁教授则认为，网络舆情就是指在网络空间内，围绕舆情因变事项的发生、发展和变化，网民对执政者及其政治取向所持有的态度。王来华教授认为舆情狭义上是指民众受中介性社会事项刺激而产生的社会政治态度。而网络舆情，则主要指使用网络者或俗称"网民"的社会政治态度。王来华教授对舆情概念的研究是目前为止最早的成果，其实际应用情况也是最好的。他没有像给舆情下定义那样专门明确地完整地给出网络舆情的定义，但是他强调在舆情前面加上"网络"这个限定词，强调舆情发生在网络空间这一重点。

网络舆情一共包括五个部分，即舆情主体、舆情对象、舆情本体、媒介、过程。舆情中的主体主要指公众，网络舆情的主体主要指网民，网民是舆情产生的直接因素。舆情的对象是指与人们的现实利益密切相关，能够引起大家共同兴趣，需要公众认真对待的社会事件。网络舆情的本体是指网民的情绪、意愿、态度、意见等的总和。媒介是指主体对公共事务发表看法时需要借助一定的介质来传达观点或看法，网络舆情的主要介质为互联网。最后是过程，过程主要是指网络舆情的形成具有一定的周期性。学者王平（2013）认为它有自身发生、发展的规律，认识这些规律之后就能把握舆情发展的特点，科学地研判、预测、引导舆论。

6.5.1 网络舆情的特征

一是自由性与可控性。随着传播技术的迅速发展以及更新换代，每出现一种新的媒体都会扩大人们传播信息和发表言论的自由度。在新媒介环境下，受众可以熟练地掌握各类移动设备并在微博、微信等平台上自由发表对社会热点事件的态度和评论言论，甚至还可以在网络上建立自己的网站，成为微型意见领袖去发表自己的见解。此外，刘毅（2007）表明网络在提供给人们前所未有的自由的同时，也隐蔽着不少政治和经济方面的控制。网络空间并不像一些人想象的那样不受任何纪律、条例、制度的约束，不用去为自己的所作所为担负责任。网络的传播自由也是有限的、有条件的，它是和控制相伴而生的，尤其是对于各种有害的网络噪音而言，这种控制就显得更加重要。二是互动性和即时性。与传统媒体单向的信息传播通道相比，网络是一种双向的、交互式的信息传播通道。通过与其他人在虚拟的网络空间发生联系，从而进行跨越时空的互动交往是网络传播方式的本质特征（刘毅，2007）。网络舆情的交互性主要体现在舆情事件发生后，网民与政府、与网络媒体的互动以及持相同或相反观点的网民之间的互动。在网络环境下舆情的传播和表达还具有较高的时效性。一些大型门户网站更加突出了反映重大事件的原创性言论的即时性，每天发表一篇甚至数篇及时报道公众对新闻事件的评论和反映。通过网络媒体迅捷的报道，网民在获知新闻事件的第一时间内就可以在网上发表对事件的态度和看法。三是丰富性与多元性。丰富性是指网络舆情信息所涉及的问题不仅是被爆料的热点问题，还包含以及延伸出许多社会问题和事件。此外，公众对一个问题持有的看法和态度的不同以及利益、需求和价值观等也是丰富多样的。此外，李昌祖等（2010）强调多元性还特指网络舆情表达中所体现的意识形态的多元性。不同年龄、不同职业的网民有着不同的意识形态，包含不同意识形态的网络言论随处可见，这对网络舆情信息的管理和引导无疑是最大的挑战。四是情绪化与非理性。社会运行机制的转变、社会组织结构的变化、利益群体的调整，都直接影响到每一个社会成员切身的经济利益。史波（2010）认为社会中出现的问题使得一些人的心理结构失衡，紧张、焦虑、不满等社会情绪浮动，出现浮躁与不安的心理。但是公众对现实的种种不满往往缺乏适当的排解渠道，而网络空间就为民众宣泄情绪提供了最佳的渠道。网络空间使得各种情绪、态度和意见得以以原生态形式展现。社会心理学研究表明人在匿名状态下容易摆脱角色关系的束缚，容易个性化。在网络空间和新的传播技术领域里，志同道合的团体会彼此进行沟通讨论，到最后他们的想法和原先一样，只是形式上变得更极端。

6.5.2 网络舆情突发事件过程原理

随着我国互联网技术的不断发展和成熟，各种媒介产品不断涌现，信息发布门槛逐渐下放，媒介整合的能力也越来越强，信息发布的时效性也在逐年提高，突发公共事件被曝光的时距进一步缩短。从不同媒体类型曝光的突发公共事件的热度来看，新媒体首次曝光的舆情事件比传统媒体首次曝光的舆情事件所受到的媒体关注度更高。新媒体已然成为社会舆论场的重要信息来源，其社会影响力已经迅速蔓延至现实社会，且有超越传统媒体之势。

学者王平等（2013）强调网络舆情突发事件有着特定的发展周期，其原理包括两个方面，一是网络舆情突发事件具有一定的生命周期，即任一特定的突发事件，都会从萌发走回消亡；二是网络舆情突发事件可以分为若干阶段，其演进具有一定的规律性。网络突发事件的舆情发展主要经历五个阶段。第一是潜伏期，表现为网络舆情突发事件的致因已经存在，但因为能量不够或缺乏强力触发而暂未显化为突发事件；第二是萌动期，表现为网络舆情突发事件已现端倪，即刚开始被媒体曝光；第三是加速期，表现为网络焦点快速集聚，意见领袖出现，热度大幅增加；第四是成熟期，表现为网络舆情主导意见已形成，关注人数相对稳定，热度处于平衡；第五是衰退期，表现为热度开始冷却，社会关注度下降。应对网络舆情突发事件，大多实行集群决策，即集聚各方的力量与资源，并进行统一协调。

谢科范等（2010）表明集群决策的第一个原理是预警系统原理，主要分为四个部分的预警分析。一是信息收集与储存子系统，主要作用是收集网络舆情突发事件的相关信息，并将其储存于某个数据库中；二是信息收集与储存，即为风险预警分析与判断系统提供数据基础，这些数据经过各种处理和分析后从舆情态势、舆情热度、舆情影响效应三个方面为风险预警推断提供支撑；三是舆情态势分析，即通过收集网络上各大网站中比较热点或敏感的主题，分析其目前的状态并根据网民的反应和言论分析其可能发展的趋势；四是舆情热度分析，主要是通过用户聚类、页面聚类和路径聚类完成。

网络舆情突发事件集群决策的第二个原理是实时识别原理，即在网络舆情突发事件的生命周期的各个阶段实时地进行风险识别。网络舆情突发事件风险识别的措施主要有：第一敏感点识别，指识别网络舆情中显现的或潜在的可能导致突发事件的敏感点；第二热点识别，指识别网络舆情中可能导致突发事件的热点事件、热点主题、热点人物；第三拐点识别，指识别网络舆情中的一些不利和有利的拐点因素或拐点触发因素；第四危险点识别，指识别对国家、对社会有潜在危害的网络舆情；第五，谎言识别，指识别网络舆情中的一些虚假言论和事件（谢科范等，2010）。

6.5.3 网络舆情的预警和处理

（1）科学地搜集网络舆情。要科学地搜集网络舆情，首先要正确把握网络舆情的生成规律。网络舆情的生成，除了网络舆情因变事项这个诱因外，还需要两方面力量综合作用。一是意见领袖参与其中。搜集网络舆情，要特别注意意见领袖的看法，包括不同意见领袖之间的争论，这些争论点往往是网络舆情的焦点，搜集网络舆情必须注意到这些意见领袖经常活动的地方。二是传统媒体与网络媒体的互动。网络舆情要真正对社会产生强大影响力，还必须借助传统媒体。由此，搜集网络舆情不能局限于网络，要时刻注意其他传统媒体的动向，如所发布的消息、评论等。（2）注重舆情调控发挥的作用。舆情调控作为一种软性权力，能够有效地调节社会舆论内容，控制舆论导向，把握社会舆论力量的大小，实现领导者与公众之间的有效沟通（纪红等，2007）。因此，建立公开透明、及时有效的政府信息发布制度十分必要。

首先要把握好时与效的关系，即迅速发布舆情以及高度重视效果。其次要把握好部分和整体的关系，既要对舆情有宏观的把控，也要根据舆情不同阶段来采取不同的应对措施。（3）建立全面的评估机制。全面的调查评估是应对机制体系本身是否具有有效性而进行的评估活动，其作用在于改进和提高政府应对公共危机事件网络舆情的能力。其主要内容包括管理运行机制的评估、应对过程的评估以及处置结果的评估。管理运行机制的评估是指对政府处理网络舆情的基础工作状况的评估，基础保障工作做得如何对应急机制的有效性起到至关重要的作用。史波（2010）强调应对过程的评估是指对政府在舆情应对过程中实际能力是否得到有效发挥的评估。最后处置结果的评估是指对政府处置实施后的实际效果的评估。（4）舆情事件中的网民态度。网民对网络舆情事件态度的改变主要有三个阶段：一是模仿阶段，即网民一般都有模仿和认同他人的倾向，尤其是倾向于认同网络中的意见领袖，从而在模仿过程中形成新的态度；二是认同阶段，即网民逐渐自愿接受他人的观点、信念或新信息，使自己的态度与所要形成的态度相接近；三是内化阶段，即网民真正从内心深处相信和接受新的观点，并把它纳入自己的价值体系之中，从而彻底形成新的态度（王平等，2013）。

网民兴趣点的变化既可能推动着舆情不断高涨也可能由于注意力、兴趣点的变化而使舆情渐渐消退。介入舆情事件的网民并不是固定不变的，即使网民群体内部比较固定，网络舆情也会发生变化。网民通常不会在某个单一的议题上停留太长时间，当事件中没有披露出网民感兴趣的点后，他们对于公共事件的兴趣会逐渐减退，网络舆情就会逐渐消解。

6.5.4 突发公共事件的网络舆情

突发公共事件，从字面意义上，"突发"指突然发生、难以预料，"公共"指与公共利益有关的，就是在难以预测的情况下突然发生的一切与公共利益有关的紧急事件。我国 2007 年颁布的《中华人民共和国突发事件应对法》中对突发公共事件就有明确的界定："突发公共事件是指突然发生，造成或者可能造成重大人员伤亡、财产损失、生态环境破坏和严重社会危害，危及公共安全的紧急事件。"同时，根据公共事件的不同发生过程、性质和机理，大致可分为自然灾害、事故灾难、公共卫生事件、社会安全事件这四大类。每个公共事件的发生都会对国家的政治经济各个方面有着极大影响，人民也会因公共事件发生而受到影响。McGrath（2009）强调突发公共事件是指有可能对社会群众造成危害的事件，包括自然灾害、人为事故、医疗事故等。

网络舆情是以网络作为平台，将网络作为网民表达意见与态度的平台，网络舆情是基于网络媒介的舆论传播，是公共舆论在互联网上的映射（Paul，2002）。在新媒体时代下，突发事件的舆论从线下更多地转为线上，对维护社会秩序也起到重要作用。如果对突发事件的网络舆情处理不当，就极有可能激发群众反感，引发群体焦虑，危害社会稳定。新媒体环境下突发重大事件网络舆情的传播过程主要分为四个阶段。第一阶段是潜伏期。在新媒体环境下，网络舆情最开始是潜伏期，此阶段为舆情信息的萌芽阶段。此时，突发事件的信息传播范围较小，以网络中突发事件的传播主体为主导，新媒体的传播力并不凸显，突发事件舆情的波及性也较小。第二阶段进入突发期。这一时期舆论的热点问题被揭露，并在新媒体平台上迅速扩散。这个阶段，舆情传播的范围初步扩大，在意见领袖的加持下，更多的网民参与到讨论中来。网民们交换着不同的意见，网民的观点与态度相互交流，也会支持或者反对目前的主流意见。第三阶段进入蔓延期。这一时期网络信息进入快速传播阶段。此时，网友讨论的不再局限于突发事件本身，与事件相关的衍生事件也被网民大量讨论，甚至会被扭曲放大。信息传播的影响力提到最高，所涉及的范围关系到几乎每个网络群体。网络意见领袖的影响力达到顶峰，对网民进行引导，形成网络舆论场。第四阶段是消散期。这是突发事件网络舆情传播的最后阶段，话题热度降低，关注度减少，网民讨论度下降。这可能是在得到官方回应或解释后，舆情得到控制，网民关注度逐步消退。

6.5.5 网络突发事件的舆情管控与治理

社交媒体时代影响突发事件网络舆论产生的因素主要有五个方面。一是舆情产生的主体。社交媒体时代公民、个体或者组织都可以在网络上对公共事件发表自己的态度、观点、意见与言论。黄微（2015）认为在网络空间发表舆论的主体是直接影响舆情产生和发酵的最主要因素之一，他们的背景、地位、影响力都会对突发公共事件的舆情热度产生影响（李晚莲，2020）。二是网络舆情发布的客体。高承实（2011）认为网络舆情客体是指引发网络舆论的具体公共事件。这些具体的公共事件能从根本上引起主体的关注，这是网络舆论得以产生和宣扬的源头。网络舆情事件的地域性、重要性、公开程度、涉及人员、新鲜程度都会对舆论产生重要影响。三是网络舆情的本体。网络舆情本体是指当发表舆论的主体在讨论事件时，附带产生的蕴含情绪和倾向性信息的综合。这些舆情信息作为网络舆论发酵的客观基础，它的内容、立场态度、详细程度都是影响舆情热度的重要因素。四是网络舆情的引体。当突发公共事件发生时，政府对舆情的管控和治理至关重要（秦宣，2013）。网络舆情引体的作用就是对突发事件的相关舆情进行引导、治理和控制。因此可以推断政府的治理能力、可信度、权威性以及反应速度都是影响网络舆情管控和治理的重要因素。第五是网络舆情的载体。社交媒体，比如微博、微信、抖音等，作为网络信息发布与传播的平台就是载体。网络舆情的载体包括各种形式的网络媒体，并且媒体的类型、传播能力、传播效率都在一定程度上影响着舆论的热度。

　　针对以上影响网络舆情的因素，应从以下五个方面治理突发公共事件的网络舆论。针对网络舆情主体而言，首先要对舆情的主体进行分级管控。比如，制定有针对性的网络社区公约，制约社区用户的网络言行，倡导用户一同共创友好的网络社区。当然，事件相关方和治理方也要及时、准时地发布事情态势，及时更新事态进展，减少由于信息不匹配而造成的信息失衡（徐翔，2018）。另外，网络意见领袖也需要相对的机制，促使网络上的意见领袖们遵守纪律法规，坚守道德底线，让他们在关键时刻及时发声，引导舆论，避免舆论失控。针对网络舆情客体而言，应将突发事件进行定性分级，如今社会中不确定的因素在一定程度上加大了突发事件的管控难度，也加大了社会的不稳定性。所以，在对突发事件进行分级分类，对突发事件有针对性地引导。针对网络舆情引体而言，政府作为引体，要提高自身的牵引力，及时关注分析事态的发展，并迅速找到应对措施，在最短的时间里降低负面情绪。敏锐地察觉到群众情绪的变化，积极回应群众想要了解的情况，减少信息差，避免引发群体焦虑（黄怡轩，2017）。当然，要想从根本上解决问题，政府还是要重点关注网络舆论聚焦于何处，解决重点矛盾，维护社会稳定和平。针对网络舆情载体而言，不同类型的载体具有不同的特点，在受众群体、传播效率等方面都具有特色，由此针对网络舆论的影响力也各不相同。要充分利用不同平台的优势，在发布信息、发布真相、辟谣假消息、管控舆论方面发挥作用。同时，黄婷婷（2018）强调政府方也要处理好与各大媒体平台的关系，友好合作，从而在突发事件中可以牢牢把握主导权，学会主动进行议程设置，引导舆论朝正面的方向发展。

6.5.6 网络舆情治理的困境

互联网的出现，使原有的信息传播环境被改变，发布信息的主体不再仅仅是传统媒体，每个独特的个体都可以成为信息的传播者，并且传播更是打破了时空局限，传播者得以随时随地地传播信息，同时也可以在海量的信息中自主选择所需的内容。由此，社会大众的表达欲被极大地激发，受众不再是被动地接受媒体所发布的信息，传者与受众在传统媒体中二元对立的局面被打破，受众个体是信息的接受者，同时也是信息的传播者。互联网技术在不断发展，网络媒体带有了开放性、匿名性和即时性的特征，网友利用各种媒体平台分享生活、观点和态度，因此，网络观点随之更加多元化。但多样化的观点在一定程度上冲击了社会主流价值观，有时甚至会危害网络安全与社会稳定。

网络舆情具有瞬时性的特点。社交媒体时代，网络舆情爆发往往缺少前兆性，一般的网络舆情往往会经历从潜伏期到爆发期再到稳定期的过程。在爆发前，突发事件会不断发展，在累积的过程中逐步引发各方关注，并且不断蔓延到其他相关领域，这个阶段，舆论往往会呈现出明显的前兆性。然而，就疫情相关舆论来看，并未出现前兆反映，而是突然爆发。网络舆情具有全民参与的特性。在互联网时代，微信、微博、抖音等网络平台成为舆论中心，并且各种情绪、态度、观点相互交织，影响的范围不断扩大。网络媒体的传播速度极快，会在极短的时间内传播到群众处，再次激发群众舆论。并且，在互联网时代下，民间舆论场的影响力不断增长，传统媒体的议程设置能力被削弱。

　　我国网络舆情面对诸多困难：一是政府治理能力不足，主要体现在部分地方政府的治理思路还比较保守且认识也不够深入，甚至会以为网络舆情存在于网络之上与现实联系不大，网络上的言论对现实影响较小，这就导致有的政府并不重视网络舆情（李书巧，2020）。李维杰（2015）还表明有的政府机构由于担心治理网络舆情产生的负面影响会影响到自己的职业生涯，因此回避网民提出的质疑和疑问。另外，李辉源（2019）强调许多地方由于治理方式过于老套，只会粗暴地"禁言""删帖""删评论"，对于网络舆论的判断力低下，没有敏感度，信息不公开，回复不及时，导致他们不能掌握事态主动权，更不懂得站在群众的立场上思考问题，只知道封锁消息、洗白自己，处理问题效率低下。二是网络舆情治理的法律机制存在漏洞。学者吴世文（2020）表明目前来说我国没有系统的完整的关于网络舆论治理的法律体系，因此不能满足新时代条件下应对网络舆论的需求。除此以外，舆情在不同阶段呈现出不同特征，这就需要分级处理，提前做好准备。但是由于舆情监测机制不完善，不能及时察觉各大网络平台上的舆论变化，这就导致无法及时出面澄清谣言，从而无法及时防治舆论扩散。三是网络舆论监控技术较为落后。互联网上的舆论海量复杂，这导致信息处理压力极大，信息的挖掘、处理都需要大量的专业人才。一个先进的监控系统，可以全面掌握网络的舆论发展态势，并且建立警示系统，实现对舆论的针对化管控。四是互联网时代信息海量难辨。自媒体时代下，任何人都可以作为信息的来源。用户接收的信息量变大了。但是这并不代表着用户离真相更近了。大众看到事情的报道总是反转，大家各执一词，又有很多断章取义、强词夺理。信息量太大，立场太多，受众往往不知道该相信哪个。网络舆论本身就是现实生活中舆论的延伸。

第 7 章　我国社交媒体研究发展趋势知识图谱分析

CiteSpace 的关键词探测（burst detection）功能是用来测量关键词在某一时间段活跃的情况，可以用来识别某一研究领域在某一时间段衰落或者兴起的情况。根据 CiteSpace 的运行结构可得图 7.1 我国社交媒体研究发展趋势知识图谱。关键词凸显的强度（strength）表示该关键词在该领域活跃的程度。由此可知，社交媒体（116.66）、微博（106.88）、微博客（58.95）、抖音（44.36）和微信（44.25）是 2008 年到 2022 年我国社交媒体研究最活跃的研究方向。

此外，出现在我国社交媒体研究第一阶段（2008—2011 年）的高强度关键词主要有：社交网络、微博客、微博时代、传统媒体、微博用户、微博等。高强度关键词出现在第二阶段（2012—2016 年）的有：微博舆论、微博传播、微博问政、微博平台、官方微博、政务微博等。出现在第三阶段（2016—2019 年）的高强度关键词有：微博平台、微信群、影响因素、社交媒体短视频等。出现在第四阶段（2020—2022）的高强度关键词有：健康教育、抖音、短视频、情感分析等。其中，值得注意的是微信群和健康教育持续凸显的时间最长为 5 年（2017—2022 年）；其次是微博用户、微博、社交媒体和短视频持续凸显时间为 4 年。关键词凸显持续到 2020 年的有微信群（11.21）、健康教育（10.23）、社交媒体（116.66）、短视频（42.16）、扎根理论（15.48）、抖音（44.36）、情感分析（11.15）。结合这些关键词凸显以及我国社交媒体研究的情况，可以推断我国社交媒体未来研究趋势主要包括以下几个方面：社交媒体平台的情绪传播研究、政务微信传播机理与治理研究和社交媒体可供性研究。

Keywords	Year	Strength	Begin	End	2008—2022
社交网络	2008	11.2	**2008**	2009	
微博客	2008	58.95	**2009**	2012	
微博时代	2008	37.83	**2010**	2013	
传统媒体	2008	27.74	**2010**	2012	
微博营销	2008	19.4	**2010**	2014	
微博用户	2008	16.93	**2010**	2014	
微博	2008	106.88	**2011**	2013	
微博传播	2008	23.65	**2011**	2014	
微博问政	2008	21.96	**2011**	2013	
微博舆论	2008	12.62	**2011**	2014	
微博平台	2008	12.37	**2011**	2014	
官方微博	2008	11.59	**2011**	2014	
微博谣言	2008	9.49	**2011**	2015	
政务微博	2008	23.84	**2012**	2013	
电子政务	2008	9.41	**2012**	2015	
微信	2008	44.25	**2015**	2017	
微信平台	2008	12.59	**2017**	2020	
微信群	2008	11.21	**2017**	2022	
影响因素	2008	10.68	**2017**	2018	
健康教育	2008	10.23	**2017**	2022	
社交媒体	2008	116.66	**2018**	2022	
短视频	2008	42.16	**2018**	2022	
扎根理论	2008	15.48	**2018**	2022	
抖音	2008	44.36	**2019**	2022	
情感分析	2008	11.15	**2020**	2022	

图 7.1　我国社交媒体研究关键词凸显图谱

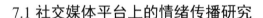

7.1 社交媒体平台上的情绪传播研究

在新闻传播学领域，学界在情绪与情感两个方面都作了大量研究，但少有论述两者间关系的研究，常作为两种相对独立的研究或两个概念同时混用。实质上，情绪与情感尽管有着密切的关系，但为避免概念混淆，本书从心理学角度对情绪与情感，分别作出界定。在《心理学大辞典》中情绪和情感都指的是人们对客观事物的态度体验。Frijda（1987）从行为过程维度认为"情绪是对行为过程的生理评价反应，情感则是对行为目标目的的生理评价反应"。换句话说，情绪强调的是态度体验的过程性，情感则更强调态度体验的目的性。情绪的过程性特征意味着行为过程的不确定性、复杂性与对行为的可影响性。对情绪传播的内容特性和传播机制进行研究，可以从态度层面深入剖析社会情绪的分布特征及其传播生态。与强调情感结果的研究重点不同，情绪传播研究包含的内容更为丰富。更具体地说，情绪传播中除了情感内容的表达以外，还伴随情绪产生的一系列行为反应，如情绪感染、分享。赵云泽和刘珍（2020）将情绪传播的定义进一步概括为"一种以传播情绪和相关伴随性信息为主要内容的传播类型"，其中这些信息不仅包括情绪信息，还包括"由情绪因素引发的事实性信息"。情绪因素指的是导致情绪产生的各种因素，事实性信息则是由情绪因素所引发的客观事实结果。

情感的目的性特征强调身体的具体感觉。社会科学中对情感的研究侧重于情感的联系性，认为情感是社会互动的结果（田浩，2021）。学界对于情感的定义较为模糊，一般将情感看作是"一切以感觉（feeling）形式存在的东西"，包括愤怒、忧伤、欢愉、欲望、嫌恶、依赖等类型（克劳斯，2015）。与更具普遍意义的情绪相比，情感的联系性具有推动个体进行社会互动的可能，多个体由此凝结成情感共同体。情感在这种关系连接中作为一种社会互动的结果而存在。也有学者指出，无论是何种界定方式，我们都很难彻底地区分这两个概念（田浩，2021）。这说明情绪和情感之间既紧密联系，又各有重点。根据情绪与情感的定义，可以发现在情绪传播研究中，情感与情绪属于共存的关系，但许多学者在极力避免混用的过程中，常单独使用"情绪"或"情感"来表示两者属于同一内容。因此，才出现了前文所描述的"情感研究与情绪研究相对独立"的现象。但实质上，两种研究所探讨的问题与内容在本质上是一致的，包括在描述情感或情绪的功能和社会影响时，所呈现出的理论基础和框架在很大程度上是相一致的。如情感唤醒与情绪唤起功能，两者都说明情感或情绪在驱动个人心理和行为变化方面所起到的作用（丁洪梅和陈绚，2021；赵云泽和刘珍，2020）。对于情绪传播而言，情绪的可传递性与传播机制基于情绪本身具有的社会功能。

7.1.1 情绪的社会功能

　　情绪是人类与生俱来的一种心理体验，它产生于人们感知客观事物的过程中，对个体的社会化具有重要的影响作用。情绪的社会功能主要有环境适应、唤起动机、群体认同与规范和社会交往四个方面。一是环境适应。情绪来源于人们对客观事物的感知，是个体在适应环境过程中产生的行为反应。从进化论的视角来看，人类在生存和发展的过程中，会根据不同的社会环境产生相应的情绪体验，以调节个体在社会环境中的状态，达到趋利避害的目的。人们可以通过感知周围环境的变化，调整自身情绪以适应当下所处环境并针对该情绪作出反应。如在黑暗与阴森的环境下，人们会产生恐惧和害怕的情绪，进而做出逃避或抵抗的行为反应。情绪的环境适应功能作用于社会判断，帮助人类在寻求生存和发展的道路上及时做出合乎环境变化的行为反应。二是唤起动机。情绪是动机的源泉之一（郭德俊和刘海燕，2012）。作为动机系统中的一部分，情绪能够激活人们的行为活动，并提高行动效率。情绪起着产生动机并影响行为的重要作用（斯托曼，1986）。动机是一种启动心理活动的动力机制，分为生理性动机与社会性动机（郭德俊，2017）。情绪唤起的动机类型以社会性动机为主。这是因为情绪本身就是人们的一种社会性需求。在需求刺激下，情绪提供了更多唤起动机的可能。与动机相关的两个重要概念是"情绪水平"和"生理内驱力"，情绪水平指的是情绪的强烈程度，生理内驱力常用来指驱使人们行为的动力。一般认为，情绪水平越高，它所激发的生理内驱力就越大（郭德俊，2011）。三是群体认同与规范。情绪成为群体认同的主要作用机制。情绪的认知功能，使得"人们特别容易对与自身当前情绪相一致的内容敏感"（赵云泽和刘珍，2020）。简单来说，就是当内容所表示的情绪与个体情绪相似时，这些内容更易被人们所感知。而作为群体性动物的我们，要想维持稳定的群体关系，就会下意识地与群体保持一致，尤其是互联网群体中个体的情绪性因素成了群体内部成员的主要认同机制（马广军和宋珊，2022）。个体可以通过认知与自身情绪相一致的内容，使自我与群体趋于一致。情绪作用于群体规范的路径可以用"情感共同体"进行解释，这一概念指的是"群体中的人们信奉共同的情感表达规范，且重视或者贬低共同的或者相近的情感情绪"（Barbara，2006）。四是社会交往。人类与社会建立的最早联系就是通过情绪进行的，如婴儿的哭泣。情绪的社会交往功能基于其可交流的性质，个体可以通过情绪表达与他人进行沟通。同时，研究表明在所有社会中，特定的面部表情代表着恐惧、幸福、愤怒、悲伤、厌恶和惊讶等基本情绪（艾略特·阿伦森和乔舒亚·阿伦森，1972/2020）。这种基本情绪与外显表达的约定性，在人与人之间建立了沟通桥梁。人们可以通过视觉感官与他者快速进行情绪交流，激活和接受对方的情绪回应（Schill，2012）。情绪的传播现象也因此伴随着人们的交往而不断发生。

7.1.2 情绪传播的理论基础

情绪传播理论主要基于情绪表达、情绪社会分享与情绪感染三大情绪心理学理论。第一，情绪性语言表达。情绪性语言表达认为个体可以将自身情绪表达给他人。情绪性语言表达包含两个方面的内容：一是情绪表达方式的选择，二是特定情感表达方式对个人情绪体验的影响。情绪表达方式包括情绪语言（词汇、语句）的选择以及情绪感受的描述（刘宏艳等，2014）。无论是主动还是被动地选择情绪性语言，人们表现出的行为总会揭示出他们的情绪（戴维·迈尔斯，2019）。情绪性语言表达的研究意义在于，可以通过考察不同的情绪语言，揭示出不同的情绪语言表现的情绪强度。第二，情绪社会分享理论。情绪社会分享理论最早由 Rimé 等（1991）提出，认为人们倾向于主动与他人分享自己的情绪体验。情绪社会分享具有普遍性、时间性、传播性和限制性等特征。其中，普遍性是指情绪性事件发生后，人们迫切想要分享情绪的行为是普遍存在的（Rimé et al.，1992）；时间性是指情绪社会分享具有鲜明的时间特点，发生在某些特定时间内；传播性是指情绪社会分享还会出现再次社会分享的情况，实现情绪性事件进一步传播；限制性是指人们只能在一定程度上表现出情绪社会分享行为，并不能无限制地进行持续分享（Pennebaker，1993）。影响情绪社会分享的关键因素是情绪事件的强度，情绪强度越强，社会分享的意愿就越高（Chrostphe & Rimé，1997）。第三，情绪感染理论。情绪感染这一概念最早由 Mc Dougall（1923）提出，指的是个体会受他人情绪的影响，进而产生与他人相似的情绪体验。情绪感染的理论前提是"人们可以通过捕捉他人的情绪来感知周边人的情感变化"（王潇等，2010）。张奇勇和卢家楣（2013）将现有学者对情绪感染的解释，根据"自发的"和"有意识努力的"分为原始性情绪感染和意识性情绪感染两种观点。原始性情绪感染认为，情绪感染是基于模仿的、无意识的行为反应（Luong，2005）。意识性情绪感染则认为情绪感染是一个自主参与的、有意识的行为（Falkenberg，Bartels，Wild，2008）。实际上，在现实情绪感染的发生过程中，上述两种观点中所强调的情绪感染发生机制都有所表现。因此，研究者在分析情绪感染现象时，需要区分情绪信息的等级强度及其传播差异（张奇勇和卢家楣，2013）。

7.1.3 社交媒体语境下情绪传播的维度

（1）情绪传播与新闻规范。从感性和理性的角度来分析，情绪是主观的、感性的，而新闻报道则要求记者做到客观理性。但情绪传播与新闻规范中的客观性原则并非天然背离。事实上，新闻报道是一种人类信息传播活动，情绪传播无不渗透在其中。新闻客观性的要求，是力求避免在新闻报道中出现高情绪强度的信息内容。这就需要记者较为准确地掌握情绪与事实之间的关系，以及情绪性内容将可能引发的结果。煽情新闻可以视为情绪传播与新闻规范之间联系最为密切且显在的新闻传播现象，是记者在"博取流量，还是力求真相"的博弈中产生的结果。煽情新闻是一种以迎合受众情绪为目的，力求引起受众强烈情感变化的新闻报道（王传宝和王金礼，2010）。这类新闻报道曾在新闻传播历史中占据一席之地，各大媒体均以鼓动民众情绪为主的方式报道新闻，而现实目的是获取更大的收益。从情绪传播的视角来看，煽情新闻之所以能够在短时间内快速获得大量受众，根本原因在于情绪本身的感染特性，尤其是负面情绪更容易激发人们的共鸣。在意识到煽动新闻可能引发的不良结果或社会影响后，当前许多新闻媒体开始极力避免煽动性信息的使用与报道。情绪传播更是以一种更不引人注意的方式存在于新闻报道中，而对于新闻规范的操作流程则变得更加严格。

基于此，不少学者开始使用框架理论对媒体报道中的情绪框架进行研究。框架理论的介入，为我们研究情绪传播与新闻规范拓宽了视角。框架分析包含三个层面的内容：媒介内容、新闻生产与媒介效果，其中新闻规范属于新闻生产的内容（Scheufele & Tewksbury，2007）。新闻生产框架的分析思路是根据媒体呈现的情绪框架，从批判理论的视角，揭示情绪框架背后隐含的"结构性力量"（党明辉，2017）。如刘婵君和王威力（2017）通过对新加坡5家不同类型媒体对"第一家族"事件的报道进行情绪框架分析，考察了5家媒体不同的报道框架，发现不同媒体的框架使用均受新加坡政治性力量的限制，较多地使用冲突性框架。

与框架理论相似，学者们开始关注到媒介议程设置的情绪化转向（徐翔，2018）。议程设置的情绪化不仅是媒体迎合公众情绪的结果，更是社会情绪化倾向愈加严重带来的后果。深入分析情绪传播现象及其传播机制，有助于我们进一步理解与优化当前的新闻规范的不足之处与未来发展。

（2）情绪传播与网络舆论。情绪传播是舆论研究的一个重要组成部分。作为潜在舆论的唯一的外部形态，情绪是民众借以表达意见、摆明态度的手段（刘建明，1983）。在舆论的生成过程中，情绪的社会分享与感染起着关键作用。民众将个人情绪通过社会分享与社会产生联系，并在情绪感染的作用下进而形成社会情绪。社会情绪是社会公众对近期发生事件的情感态度，作为公共意见的舆论也在这个过程中逐渐形成。与西方舆论场不同，中国舆论场中的情绪化特征更为明显。中国的舆论语境积攒了强烈的公众情绪，在一些舆论事件的刺激下，极易在中国舆论场中发生较大的社会情绪波动，产生"舆论倒逼"效应（郭小安，2019）。在现有的舆论研究中，大多数学者仅对个别案例中的情绪表达与传播进行专门研究。尽管在不同事件中激发情绪的事实性有所不同，但社会情绪的潜在性导致诸多研究都忽视了情绪传播的普遍性特征。如在上海疫情的舆情事件中，引发民众不满的除了生活物资供应不足、医疗服务缺失等事件外，深层原因是民众对上海这座城市的期望，贫富分化严重、基层管理制度不善等尚待解决的社会问题。

在互联网营造的虚拟空间中，个体的情绪表达具有更为普遍、随意的特征。网民们可以足不出户，就能在短时间内表达出个体情绪。有研究者发现，"情绪有助于观点在社交媒体上的传播"，情绪性信息更多的网络内容更容易受到人们的关注与分享（张志安和晏齐宏，2016）。就如 Nabi（2003）所言："一旦某种情绪被唤起，就会主导人们的观点，并作用于随后的信息处理与决策。"（刘婵君和王威力，2021）在有关舆论化解的研究中，有学者认为情绪同样也可以作为一种推动力促进社会的良好运行（王俊秀，2013）。这就需要我们对当前社会的情绪传播特征作出充分的研究，以在舆论事件发生时迅速作出反应，及时化解舆论风险。

（3）未来转向：情绪传播与社会治理。社交媒体为公众情绪的聚集、扩散和群体极化行为提供诱因（王江蓬和李潇凝，2021）。情绪的持续累积极易导致群体行为的产生，并且在情绪性事件爆发后，会给整个社会生态造成不良影响。这使得与情绪传播有关的一个社会命题由此产生——社会治理。在社会治理研究中，情绪治理也是其中较受关注的一部分。结合情绪心理学的相关研究，学者将情绪划分为积极情绪和消极情绪两种。一般认为，积极情绪可促进组织管理的良好运行，而消极情绪则会抑制或引发不良影响。但在现有的研究中，情绪疏导的治理模式仍以理性信息引导为主，而处于后真相社会的"情感公众"，传统以理性信息的引导效果略显不足。在未来的情绪治理研究中，可适当拓宽研究视野，立足情绪的社会功能，利用积极情绪及时有效地进行社会情绪疏导。

7.1.4 微博平台的情感分析研究

微博话题背后所产生的情绪同样能够对社会的政治经济生活产生重大影响。微博用户众多，其情绪的最终偏向往往难以预测，特别是近年来，主流媒体预期引导的情感偏向与实际网民的情感偏向不相符的现象明显增多。这与整体的社会情绪有着密切的关系。特定的情绪并不是一朝一夕中爆发出来的，在斯梅尔塞的加价理论中，这种有着前期的诱因以及由社会结构衍生出来的例如怨恨、剥夺感或压迫感等不满情绪会不断积累。微博是国内主要使用的社交媒体平台，使用微博的用户会比不使用微博的用户获得更多的线上信息，其负面情绪也会在信息增加的过程中进一步增加。在这一过程中，受到人们的情绪不断累加以及社会控制力下降等其他因素的影响，特别是近年来，女性主义话题讨论频繁，女性在争取社会平等地位时产生两性争议；社会矛盾增加，在公共事件和安全事件等政府处理时容易产生信任危机等，相关的议题很容易成为点燃网民不满情绪的"导火索"，主流媒体在报道时，不管是正面报道还是负面报道，稍有措辞不慎，最终都可能会产生与主流媒体宣传和引导适得其反的效果。在这个过程中，除了事件本身利益攸关者之外，"无直接利益冲突"群体在微博所代表的情绪也逐渐被人们所重视。利益攸关者的参与动机很明确，他们有具体的利益诉求，但"无直接利益冲突"者的参与动机却主要是以"搭便车"的方式在微博对各类事件的报道下发泄个人负面情绪。

（1）情感分析方法。情感分析的三个任务。一是主客观判别。一个任务就是要判别文本的主客观性，也就是说要判别所接收到的文本是否带有情感色彩。比如顾客购买一件商品后，对商品的各个属性是否满意，对哪个属性称赞有加，对哪个属性感觉不太给力。另外对店铺的服务以及快递的服务有什么评价等。再比如公众对某个突发事件持有什么态度，表达的情感，比如对于灾害类事件所表达出的同情，对灾害处理是否有什么意见。对医疗卫生是否满意，觉得有哪些需要改进的方向，对住房有什么要求，等等。当然对于舆情来说，我们更关注的是负面信息。因此，找出表达具有否定色彩的文本是做情感分析的第一步，主要的技术是基于规则的方法。比如利用情感词、情感词组、主张词组来判断文本是否具有主观情感色彩。二是情感极性。找到了具有情感色彩的文本后，接下来就需要判断文本的情感极性了。当训练语料充足时，可以采用机器学习的方法完成该任务。但当系统构建完成后怎样做后续的改进？后续改进从哪里入手？朴素贝叶斯法的情感极性判别，特征词在情感极性判别的场景下，显然指的是能够区分正、负情感极性的词语。因此，建立丰富完整的情感词典是必要的。词典应该有以下4种：情感词词典、情感词组词典、否定副词词典、程度副词词典（非必需的，涉及情感强度判别）。建立情感词典的主要原因是当前的情感词典都是通用情感词典，对于具体领域覆盖不到；表达情感的新词、口语词往往需要自己总结；即使有很多情感分析的训练语料，通过特征选择方法可以抽取出特征词，但仍然需要人工筛选出情感词，同时对于低频情感词也需要人工挑选。三是主题识别（抽取）。 只了解了文本的情感极性对于实际应用的价值还不够，还需要知道文本的情感极性是针对什么主题的或者说是针对哪个评价对象的。这个方面可以通过实体识别的方法获取主题，也可以通过分类的方法。这就需要涉及针对领域的分类体系构建。比如新闻类文本的分类体系构建，事件关键词的发现（人名、地名、机构名、事件新词等，这些词可以从生语料抽取，也可以做成词典库）；商品的分类体系构建，商品属性词典构建；等等。

　　情感分析的基本步骤。第一步确定一个词是积极还是消极的，是主观还是客观的。这一步主要依靠词典。英文已经有 SentiWordNet，无论积极消极、主观客观，还有词语的情感强度值都包含其中。在中文领域，判断积极和消极已经有不少词典资源，如 Hownet、NTUSD。中文领域难度在于，词典资源质量不高，不细致。另外缺乏主客观词典。第二步就是识别一个句子是积极还是消极的，是主观还是客观的。较为简单的方法是利用词典。直接去匹配看一个句子有什么词典里面的词，然后加总就可以计算出句子的情感分值。但由于不同领域有不同的情感词，有的词一般不会出现在情感词典之中，但这个词可能明显表达了不满的情绪。因此需要另外根据具体领域构建有针对性的情感词典。也可以用有监督的机器学习方法。把评论放到一个算法里面训练，训练得到分类器之后就可以把评论分成积极消极。但主客观就不行了，一般主客观还是需要人来判断。加上中文主客观词典不完善，这就让机器学习判断主客观更为困难。中文领域的难度是词典不完善。用机器学习方法判断主客观非常麻烦，一般需要人工标注。第三步情感挖掘升级到意见挖掘（opinion mining）。这一步需要从评论中找出产品的属性。比如电子产品，屏幕、电池、售后等都是它的属性。情感挖掘就是分析评价如何定义这些属性的。比如说"产品美观，不卡"，这就是积极的。"电子产品反应太慢了，电池也不够用"，这就是消极的，而且属于负面性强烈的评价。这就需要在情感分析的基础上，先挖掘出产品的属性，再分析对应属性的情感。分析完每一条评论的所有属性的情感后，就可以汇总起来，形成消费者对一款产品各个部分的评价。除此以外，还可以对比不同产品的评价，并且将其可视化。

（2）基于微博平台的情感分析研究。情感分析最早由 Nasukawa 等提出，就是从文字文本中提炼出人们的观点和态度，指通过文本来挖掘人们对于产品、服务、组织、个人、事件等的观点、情感倾向、态度等。情感分析是随着互联网发展而产生的，早期主要用于对网上销售商品的用户评语的分析，以便判断用户对其所购商品是"喜欢"还是"不喜欢"。后期随着自媒体的流行，情感分析技术更多地用于识别话题发起者、参与者的情感趋向，从中判断或挖掘话题中的价值，由此来分析相关舆情。情感分析的应用十分广泛，其研究领域涉及自然语言处理、信息检索、机器学习、人工智能等。目前来说，情感分析主要有三种方法，分别是基于情感词典的方法、基于机器学习的方法和基于深度学习的方法。以往的基础的情感分析有两种方法：一种是基于情感词典的方法，这种方式主要借助于情感词典的构建（曾雪强，2021）；另一种就是机器学习方法。但是这两种方法都不适合社交网络的情感分析，因为社交媒体中的新词更新换代快，特殊的词语也较多，基于情感词典的分析方法检测效果不佳，对领域的依赖也比较大；机器学习方法往往无法结合上下文语境，无法准确识别语境，影响分类。

基于情感词典的方法，即通过不同的情感词典所给出的情感词的情感极性，得以对不同粒度下的情感极性进行划分。一般的操作流程是：第一步先对文本进行预处理，主要包括去除无效字眼符号，处理之后将文本信息输入；第二步是进行分词；第三步是将情感词典内各种不一样的词语放入模型中训练，最后将基于情感判断规则的情感类型筛选出来。情感分析中情感资源构建、情感划分等各种任务都以规则为主，这是早期的一种较为简单的方法，这种方法常常通过筛选情感资源中的词语，再参考否定、递进等句法规则，对文本的情感进行判断。

但这种方式需要人工查阅大量的资料书籍，总结规律，往往需要消耗大量的人力。从目前的情感词典来看，其大部分都是人为构造的，参考不同的粒度，可以将目前的情感分析任务归总为词语、句子、短语、篇章等。如今，

SentiWordNet 情感词典是国外最早的。国内的情感词典主要有情感词汇本体库、NTUSD、How Net（徐琳宏，2008）。国内的情感词典中包括了不同数量的褒义词与贬义词，这和国外英文词典是不同的。国内学者还提出可以利用双语词典建立多类情感分析，缓解情感词典语言过于单一所造成的问题（栗雨晴，2016）。

基于机器学习的情感分析。基于机器学习的方法是通过人工对数据进行训练，利用模型来预测结果的一种学习方法。借助于大量有标注或者无标注的语料，机器进行学习抽取，最终输出分析结果。基于机器学习的方法有有监督、无监督和半监督三种。机器学习进行情感分析的最早特征是 unigram，分类器是朴素贝叶。各种词性、句法、情感等是机器学习的关键一步，这也被学者广泛研究。基于深度学习方法。这些年来，基于深度学习的方法被越来越频繁地运用，其学习技术也在不断发展。有学者通过 CNN 成功地对电影评论完成了情感分类（Kim，2014）。刘龙飞等学者认为可以将不同粒度的CNN 模型相互结合，由此获得更多的语义信息。不过这种方式忽略了对现有的情感资源，比如情感规则与词典等，没有考虑到情感信息对情感分类的影响（刘龙飞，2015）。学者陈钊建议可以把情感特征融入深度学习模型，模型可以充分借助于文本中的情感信息，利用这些信息来提高对其分类的准确性（陈钊，2015）。总体来说，如今基于深度学习的方法广泛应用于自然语言处理的各个部分，但是有侧重点地对情感表达进行分析的不多。大部分研究还是把注意力集中于模型处理过程，而内部的机制与原理则很大程度上被忽略，研究情感与语义的并不多。

目前，对社交媒体上的舆论进行情感分析是学界的研究热点。学者崔彦琛对微博平台上突发事件的舆情作出情感分析，将时间序列分析的方法引入，通过利用情感词典与时间序列相结合的方式开展实证研究（崔彦琛，2019）。刘义红等人提出可以引入词语与词语之间的前后关联，让模型基于词序，从而可以有效地展现时间、文本、情感这三者之间的联系，再观察社会情感的变化情况（刘义红，2015）。任中杰学者将微博舆情的演变过程分为几个阶段，通过对舆情演变过程进行分析，将各个阶段的舆情过程总结出规律，并进行可视化展现，从而得出在疫情期间网民的舆论变化（任中杰，2019）。

情感分析的主要步骤。一是获取数据。首先通过八爪鱼等爬虫软件在相关网站上获取所需数据，并将其存放在数据库中，接着对数据进行筛选，分词和标识，训练与之相关的专用词向量，之后进行情感分类。二是数据预处理。由于之前抓取的数据中会残存大量的无效信息，所以需要把这些没有价值的信息删除，之后才可以进行情感分析。三是情感分析方法发展态势。情感分析方法的历史也有十多年了，在评论、酒店、电影等方面已经发展较为成熟，在这些领域实际应用价值较大。但从长期发展来看，语言文字的难懂性仍是研究者需要面对的挑战。

面向社交媒体的情感分析。微博、微信等社交媒体由于其文本信息海量、新颖、不规范，现有的情感分析方法对于其分析的效果并不好。社交媒体中的话题多为开放性话题，然而话题发言的对象难以识别抽取，其发表的言论也更加隐晦，信息中存在不具有明显属性的词句；不带有明显态度的观点也十分常见。因此往往需要结合上下文语境才能对文本信息作出准确把握。建立于上下文的情感分析。在对当前内容进行分析之前，要先考虑内容所处于的上下文环境。甚至对用户的背景信息、用户关系也要深入研究。跨领域跨语言的情感分析。情感词典在一定程度上是基于情感分析法的主要依据，情感词典这类情感资源与语言、领域联系甚大。社交媒体上的用户来自各个地区、各个国家，使用的也是各种语言，但是多个领域的语言并没有完备的情感资源，这大大阻碍了情感分析在这些方面的发展，急需新的跨语言跨领域的情感处理方法。

首先，在社交媒体之上，群众对各种事件的情感表示千变万化，一个词语、一个句子甚至隐晦的字眼都会影响对用户态度的判断。对用户的态度观点进行挖掘和分析就是对用户的情绪进行情感解释。其次，对特殊的语义进行分别。反讽就是在网络上常见的语言形象。文字所表达的字面意思与网友想表达的真实意思是相反的，这就对情感分析模型提出了高难度挑战，即如何从字面意思入手，挖掘表面背后的真实含义，从文本中提取有价值的词汇、情感与特征。另外，对网民的立场进行分析辨别，这种分析比普通的情感挖掘更有挑战。就目前来看，关于立场的分析主要集中于网站，对微博微信等社交媒体的立场分析研究不深。况且，微博的语言表达更为自由，分析微博的立场效果也更差。

7.2 政务微信传播机理与治理研究

2011 年 1 月 21 日，作为一种移动即时通信软件——微信正式问世，经过 11 年的发展，现已经面向 200 多个国家，提供 20 种语言，拥有超过 12 亿用户。微信公众号平台诞生于 2012 年 8 月 20 日，简称公众号，是为组织、企业以及个人提供业务服务与用户管理能力的平台，分为服务号、订阅号以及小程序三种类型。随着公众号的不断发展以及受到政务微博的启发，政务微信在 2012 年下半年作为网络问政的"新利器"破土而出。据人民网舆情监测室的监测，首先开通政务微信的是广州市白云区政府应急管理办公室。2013 年 10 月 15 日，国务院办公厅发布的《关于进一步加强政府信息公开回应社会关切提升政府公信力的意见》要求"各地各部门要积极探索利用政务微博、微信等新媒体，及时发布各类权威政务信息"，掀起了创办政务微信的热浪。同时，2013 年也被称为"政务微信元年"。在 2014 年"两会"期间，全国人大信息中心以及政协大会新闻组第一次开通了官方微信公众账号，以此来发布官方咨询以及会议动态等信息。

那么何为政务微信？学者董立人等（2013）认为政务微信是指党政及有关部门推出的官方微信账户。也就是说，因公共事务以党政机构及官员的身份而开通的微信，以全心全意地为人民服务为目的，从而能够提升各级党委政府部门领导能力、应对突发事件的管理能力、促进科学发展能力、推动社会安定和谐能力以及加快实现中国梦能力。学者陈超贤（2013）明确提出政务微信是与指定群体以文字、图片、语言的形式进行全方位沟通和互动，从而推动新媒体问政发展的微信公众平台。本研究认为政务微信是一种依托微信公众平台，以政府部门身份推出的网络问政、服务群众的新方式。随着传播技术的发展，政务微信的形式已不限于文字、图片、语音，以视频、H5、AR/VR 等形式展示的推文已成为常态。

7.2.1 政务微信的特点与价值功能

（1）政务微信的特点。政务微信是继政务微博后出现的政务新媒体，与政务微博相比具有较多新的特点。

一是精准性。首先，精准推送，由于公众号采取的是一对多的直线信息传播模式，凡是订阅者都能接收到该公众号推送的每一条推文，这与微博相比，信息到达的准确率无疑是提高。同时，推文具有可分享至好友、朋友圈的功能，而微信好友、朋友圈中关系的确立是基于一种强关系，如若产生分享行为，这样在间接中会带来二次精准推送，产生信息增殖的效果。除此之外，微信公众平台的后台提供了订阅用户的基本信息，且具有对其订阅用户进行分组的功能，可以将用户以性别、所在地区等特性进行分组，这样在后续发布推文时可根据推文内容更加精准地推送给用户。同时，在微信公众平台的后台中还可以看到每条推文的浏览量、点赞数、分享数以及订阅用户的增减情况，公众号的运营者还可以根据这些信息发布更受订阅用户关注的内容，做到精准投放。

二是便捷性。政务微信的开通不仅意味着关于政务方面的信息的精准推送，同时，在公众号中可以开通一些其他功能以方便订阅用户的生活，如在某些医院公众号之中设有在线问诊、在线挂号等功能，在某些地方融媒体公众号之中可以对公积金、警务方面的内容进行查询与使用，同时还可以对某些问题进行举报，在某些地方卫健委公众号之下可以进行核酸检测的预约、查询等工作，在交通、医疗、生活、法律等方面都为订阅用户提供了便捷。这样一来，即便是公众号所发布的推文不会长时间地吸引用户的关注，但这些便捷功能的提供也会使用户难以取关，在一定程度上还可能更具黏性。同时，从政治传播的角度，这些功能的提供不仅可以在一定程度上跨越不同地域、阶层以及群体来提供更多民意，了解民情，从而及时作出调整，提高执政能力，同时还可以拓宽我国"网络问政"的深度和广度，真正做到为民所用，塑造良好的政府形象。

三是互动性。虽然在政务微博和政务微信中的互动性都体现为与粉丝的评论互动、私信回复，但有所不同的是，政务微博的私信在数量较多时做不到条条都回复，且由于某些关键词审核机制而导致评论、私信的失败，而政务微信的私信即便在数量众多的情况下仍可以利用关键词回复功能实现私人订制式的"秒回"，部分没有检索到关键词的私信则会实现一对一的人工回复。在评论区，用户的评论还有可能被选为精选留言，在众多评论中脱颖而出。这些方式都给用户带来一种自己被重视的感觉，从而有利于提高对公众号的兴趣与关注度。

（2）政务微信的价值功能研究。政务微信的价值功能研究主要侧重于以下几个方面。一是受众层面：信息、服务、情感、社交的需要。政务微信作为一种微信公众号平台，存在的最大意义之一就是满足其订阅用户的各种需求。通过深度访谈 20 位典型的政务微信的深度用户，并结合"使用与满足"理论相关内容，学者阳翼、宋鹤发现，关注政务微信的一个重要目的就是了解信息，而公众号在发布各种信息时的及时性和实用性在很大程度上满足了订阅用户的信息需求。另外由于政务微信可以在公众号内设置不同的选项，如查询、预约、在线服务等功能，用户在日常生活中如需办理相关业务可通过公众号实现线上预约甚至办理，极大地实现了服务用户的功能。而且，这样的功能设置还能节省政府人力以及财务成本，具有一定的经济功能（张志安和徐晓蕾，2015）。同时，由于公众号具有转发、分享的便捷性，用户可以实现一键转发至朋友圈或分享至某位好友的聊天框，这样一来，可以展示用户自己的兴趣以及品位，与志趣相投的好友分享彼此的观点，处于同一政治兴趣发展起来的社交圈更易形成某种圈子文化，能够在很大程度上实现用户的社交需求。与此同时，基于"优先关心身边人"的原则，学者陈锐维（2022）认为，微信将加速"态度同步"过渡到"行为协同"，能够发挥快速阻止虚假信息的传播、不良舆论扩大的积极作用，从而对于引导舆论导向、提高传播力起到重要作用。在满足用户情感需求方面，由于不同用户的心理不同，关注后所被满足的情感需求也不尽相同，主要体现在：出于好奇心的尝试关注，希望与身边人保持步调一致，以及在安全感方面的满足，表现为对政府相关部门信息的了解而导致对社会环境疑虑的消解（阳翼和宋鹤，2015）。传统媒体时代，用户处于一个并不受重视的位置，媒体的信息发布并不以用户的需求为导向，而政务微信在信息发布、功能设置以及互动等方面在很大程度上以用户为第一导向，极大地满足了用户的各方面需求。

二是技术维度：点对点、点对面的传播属性。微信公众平台的传播既是一种点对点的传播，也是一种点对面的传播（季诚浩等，2020）。点对面即公众号所发布的每一条内容都会精准投送至每位订阅用户的手机上。即便由于微信的功能设置，大部分公众号在每天所发布的次数是有限的，这意味着若发生突发事件且公众号已经用完当日允许发布的次数，那么对该事件的报道将失去一定的时效性，但精准的投送效果能够确保公众号所发布的每条信息都准备无误地抵达订阅用户的手机之中，实现广而告之的效果。所谓点对点，即公众号对待每位订阅用户都相当于一个"专属客服"，用户输入关键词将得到属于自己的个性化服务（含自动回复），这样的功能设置突破了以往媒体与读者单项式的传播模式，在用户体验上有极大的提高。同时，技术的不断发展也使传播内容得到不同程度的更新，此点将在内容方面提及。

三是内容层面：形式的更新与内容广泛覆盖。在政务微信的传播内容方面，虽与政务微博的内容大致相关，但针对同一事件的报道，政务微博与政务微信在形式与内容针对性方面仍存在着较大差异。随着传播技术的不断更新，在政务微信中发布的内容早已不限于文字、图片、音视频，而是扩展到 H5、AR/VR 等内容的穿插，具有高度创新性，能在很大程度上增强用户黏性并加以推广。具体到不同政务微信的不同推文可以看出，内容涵盖范围非常广且有较强的针对性，学者季诚浩、戴佳、曾繁旭通过对某些政务微信关于垃圾分类的不同推文的分析发现，中央级政务微信根据现实情况问题设置议题，而地方政府则通过关注生活环境、塑造先锋、宣传活动等获得积极的倡导效果。所以他们认为，随着社交媒体的繁荣，中国政府环境治理能力现代化迎来了重要契机。

（3）政务微信的传播不足之处。政务微信传播的不足之处主要体现在：

一是内容方面：原创性不足和时效性较低。政务微信在运营过程中以发布推文为主要工作内容，所发布的内容是衡量传播效果的一大指标。而政务微信作为政府相关部门设置的公众号，其所发布的内容大多与政务相关，而且部分政务微信在发布推文的过程中仅仅是扮演"信息搬运者"的角色，直接将政府公告或官文不加修饰、配图地直接原文发出，缺乏内容的原创性。同时，部分政务微信的开通仅仅是流于形式，并没有专业媒体工作者来运营，缺乏新奇的形式与内容，单一的内容和日益僵化的页面布局长久以来将很难吸引订阅用户的关注，从而使黏性降低，失去活力。除此之外，公众号每日发布推文的次数是有限的，如若发生突发事件且已经使用完当日发布推文的次数，那么对于该事件的发声将失去最佳的舆论引导时间，那么对后期所要做的工作也将失去一定的影响力。

二是互动层面：反馈慢且互动少。目前政务微信的回复分为自动回复、关键词回复以及人工回复。但是由于政务微信的运营并没有得到应有的重视，在发布完每日的推文后工作人员很少继续关注公众号的留言、评论等动态，从而导致政务微信虽为用户提供了各种功能的服务、咨询，但却如"石沉大海"一般很慢才能得到回复甚至得不到任何后续的回复、反馈。当用户热心评论后，很少能够通过后台在留言区显示出来，久而久之会降低用户参与讨论的积极性。学者代朝宁（2021）在研究"湘潭微政务"的过程中发现，2021 年 11 月份发布的每篇推文阅读量均在 200～2000 不等，最高点赞量不超过 10，而留言数量为 0。这是大部分政务微信普遍存在的问题，各种功能的开通形同虚设，用户的反馈得不到应有的回复与重视，与用户的互动更是难得一见的现象，这些在互动方面的问题亟须得到重视与改善。

三是效果层面：知名度不高，宣传力度不够。即便早在 2013 年，各地政府部门的政务微信便已出现，但是在政务新媒体的较多类型中，政务微信的传播影响力远不如政务微博与政务短视频大。学者李肖肖（2020）在对政务微信"西安发布"研究的过程中，共发放 272 份问卷，其中有 67 份是没有关注该公众号的民众，这说明政务微信的宣传力度还不到位，仍有较多民众并不知道可以通过关注公众号在线上完成某些过去只能在线下完成的业务，如预约挂号等。同时，由于政府相关部门并不重视政务微信的运营，对该部门所开设的政务微信并没有进行宣传，仅仅是为了开设而开设，在认知上存在着严重的失误，需对政务微信的存在加以改观，进行该有的宣传工作，从而更好地提高政务微信的知名度，提高影响力。

7.2.2 政务微信传播的治理措施

一是提高政务微信知名度，促进政民互动。政务微信创办的初衷都是更好地服务民众，同时将政府相关部门的工作内容加以透明化。但政务微信的订阅量并不如意，甚至较多民众都不知道它的存在，故相关部门应加强政务微信的宣传力度，多渠道推广政务微信。如利用好搜索引擎，简化搜索关键词，使政务微信易被搜索到；可学习"上海发布"的微信矩阵，互相推荐，附上链接；利用传统媒体如报纸、电视台、广播电台等进行宣传推广；可以采取奖励机制，以关注后送小礼品等方式逐渐提高政务微信的知名度。获得关注不是目的，最终的目的是通过用户的浏览、点赞、评论等行为提高与用户的互动，使用户能够轻而易举地参与到政治生活之中，促进政民互动。

二是明确政务微信功能定位，提高时效性。目前，政务微信的开通已成为普遍现象，但其中不乏跟风、完成上级指示所开通的政务微信，这些政务微信的开通流于形式，并没有根据订阅用户的喜好、需求而发布相关内容，久而久之将丧失活力。故针对此类政务微信，首先要做的就是明确自身功能定位，只有明确自身功能定位，在发布内容时才会有明确的目标和方向，针对某类事件的传播才会更具有针对性和时效性。除内容以外，在功能的提供方面也应根据用户需求以及自身特色设置服务用户的特色功能，并不断加以优化、便利，从而不断提高用户黏性，建设为民服务的政务微信。学者杨畅、张彩在对政务微信进行研究的过程中在功能定位以及内容形式两方面对政务微信提出了建议，认为在功能定位上应不断强化政务微信的发布功能，推进政务公开，在内容方面要对政策进行深度解读，方便用户理解与采纳，从而在整体上提高针对性、时效性以及丰富性。做好政务微信的第一步就是要明确自身的功能定位，定位的明确将提高发布内容的针对性以及时效性，从而真正做到满足用户信息需求。

三是关注与用户的互动，提高黏性。随着传播技术的发展，用户与媒体的参与度愈发高涨，且形式日益多元化。但政务微信在与用户的互动方面仍存在某种程度上的忽略。加强与用户的互动，不仅仅体现在回复用户的评论、回应用户的问题上，更在于互动形式的创新，如进行直播、线上线下联合活动、进行微访谈等形式，从用户的实际生活出发，吸引用户的主动参与，从而提升互动质量。除此之外，在发现用户提出某些问题时，除应在第一时间进行回复、处理外，还应将其记录在册，不仅仅是政府的"信息中转站"，更

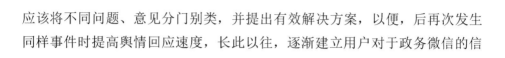

应该将不同问题、意见分门别类，并提出有效解决方案，以便，后再次发生同样事件时提高舆情回应速度，长此以往，逐渐建立用户对于政务微信的信任感，提高黏性。

7.3 社交媒体可供性研究

可供性（affordance），最初是心理学领域的概念。美国生态心理学家吉布森于 1979 年首次提出，他将可供性概念界定为"环境对于动物提供行动的可能"，强调对于环境与生物之间的相互关联性与互惠关系的考察，这种关系能被生物感知并使它们采取相应的行动。随着社会的发展和人类技术的进步，技术不断影响和重构着我们的生存环境，使用"可供性"概念的研究不再仅限于自然环境和心理学，而是扩展至社会技术环境研究和传播学领域。2003年，Wellman 等学者将这一概念引入传播学研究，从技术和物对影响日常生活的"可能性"角度出发，研究互联网提供给人的诸多功能，凸显了"可供性"概念的社会属性。2017 年，莱斯（R. E. Rice）等人对可供性概念进一步深化，提出了媒介可供性（media affordance）的概念，用以描述行动者可以按照需求和目标使用某个媒介展开行动的机会与可能性，以及与媒介潜在特性、能力、约束范围的关系。举例来说，微博的点赞、评论、转发等技术功能为我们提供了与他人互动交流的"可供性"，而人们感知到这种可供性，并且利用其实现对社会议题的参与，甚至基于"趣缘"而形成传播圈层。

2017 年潘忠党教授首次将"媒介可供性"概念引入中国，他将媒介可供性分为三个要素：生产可供性、社交可供性和移动可供性，其中生产可供性包括可编辑、可审阅、可复制、可伸缩、可关联，社交可供性包括可致意、可传情、可协调、可连接，移动可供性包括可携带、可获取、可定位和可兼容。这是目前我国学者频繁使用的分析框架。胡翼青和马新瑶（2022）认为社会逐渐被定义为"以媒介为起点，中介化与被中介化的整体"。可供性并不是媒介本身的元素或发展环境中的现存属性，而是由于媒介联结关系的存在，在两个及以上本无关联的元素中生成的一种全新的存在方式。可供性概念的价值在于提供了一种动态的分析体系，相比于原本传统的静态的本质主义的认识，可供性关注到环境的影响。长期以来，传播学界普遍存在"媒介—物"与"人"的二元对立的研究取向，主流传播学研究忽视了对于媒介、接触设施、身体等物质的研究与分析。普遍认为，环境作为行动基础，对于行动者的行动逻辑和行为模式来说是"底层架构"，所有行动者的行动都需要根据环境所提供的"可能性"来实现。在数字时代，人工智能、虚拟现实等技术以及由此产生的新的媒介形态构成了传播的环境，物质与媒介进入学者们的视野，传播学研究的物质转向越发凸显。对于新闻传播业来说，可供性分析带给数字新闻学一个全新的思路，就是以生态而非工具的思路去看待技术本身。这种转向一方面弥补了此前的研究盲点，另一方面也在迫切要求传统传播学理论进行自我更新。

7.3.1 媒介生产可供性视角

生产可供性有"可编辑、可审阅、可复制、可伸缩、可关联"的特点，传统的新闻业在生产可供性上，诞生了数字新闻业这一概念。学者Papacharissi（2016）系统性地阐释了数字媒体时代，新闻叙事、框架和传播模式的发展可能。学者常江在此基础上为数字新闻业下了一个定义，即"由数字媒体的技术可供性培育的，兼有网络化、行动性和情感化特征的一种新型公共信息关系"（常江和常浩，2021）。他进而将数字新闻概念体系分为两部分，一是数字新闻生态，二是数字新闻行动者，数字新闻生态包括数字新闻生产与数字新闻价值体系，数字新闻行动者则包括数字信息关系与数字情感实践。

首先，就数字新闻生态而言，可供性这一概念要求研究者对于新闻网络中的各要素之间的关系进行重新解读，比如其中的物、技术、内容、人等，要求学者反思传统新闻学理论中过于结构化而忽视了关联的思维，进而重新组织概念体系。数字新闻生态在形式上体现为对数字新闻生产方式的研究，即如何使用主流技术迭代传统的新闻生产。在中国语境下，传统媒体新闻生产方式的转变有时表现为"媒介融合"。在信息过载的今天，从实用主义的角度出发，理解新闻如何能借助社交网络进行病毒式扩散、如何使用新闻传递主流价值观更为重要。另外，数字新闻的价值体系在当今这个后真相时代更为重要，主流媒体是阻止谣言泛滥、坚守公共性的有力武器。同时，"生态"意味着动态和变化，数字新闻不是简单的复制粘贴，是需要考虑到分发方式、分发渠道、用户特点的研究，在报道同一件事的时候，媒体应该考虑到微博用户、知乎用户是存在部分差异的，哪怕都基于微博平台，面对 15 岁的青少年的报道与面对 35 岁的中年人的报道也应该有所变化。在数字新闻生态中，技术与文化之间的关系是流动的，是处于不断的解释之中的。

其次，就数字新闻行动者而言，借助拉图尔的行动者网络理论，数字新闻传播网络中的人、物、技术等都是行动者。尽管当前数字新闻学的研究重点沿袭了传统和惯例，更加关注其中的人，但这一概念仍产生了部分变化，进行了泛化处理：传统新闻学中的人常常分类为传者与受者，在数字新闻学研究中，机构新闻媒体日益衰落、新闻生产权力逐渐泛化，这使得普通个体与专业人士的身份边界逐渐模糊，人人都有麦克风的时代已成定局。新闻行动者的情感实践是数字新闻学理论关注的焦点。Papacharissi（2015）将数字新闻时代的用户称为"情感公众"，她认为社交媒体的技术可供性使得"情感公众"成为可能，互联网平台上的新闻用户首先是情感共同体，情感共享并不局限于某个群体内部，也存在与社会和制度进行互动的潜能。

7.3.2 社交可供性视角研究

一是赋予个体印象管理的权力。社会学家戈夫曼认为，人们的社会生活其实是一种角色扮演，人们在社会这个舞台上进行人际互动的表演。他提出了"前台"与"后台"，他认为前台是个体表演时呈现的一种有规律的、标准化的那一部分，是个体希望呈现给他人和社会的那部分，而后台则与之相反，是不被展示、相对少见的那一部分。更进一步戈夫曼将有意控制前台与后台展示的行为称为个人的"印象管理"。传统媒体时代，个体进行印象管理的难度比较高。这是因为在进行面对面的人际交往时，沟通往往不局限于文字等语言符号，而是包含了许多表情、动作、语气等非语言符号，这部分的信息是个人难以伪装或控制的，因此印象管理需要个人长期的训练。社交媒体时代，由于媒介可供性，个人的印象管理变得十分简单。学者董晨宇和丁依然（2018）认为在社交媒体上个体对于自己的形象有了更大的掌控能力。面对面交往时难以控制的微表情被设备所隔离，而发出的文本和图片则可以进行包装，海量的美颜滤镜、修图 App 给予用户无限次机会修改包装自己，这使得"在互联网上没人知道你是一条狗"成为可能。另外，由于平台与平台之间存在差异，各个平台之间数据也并不能互通，因此可以说个体在每个平台上都拥有一个身份。如果用户不主动选择用某些指向性信息关联账户，比如身份证号码、电话号码等，平台上的其他用户就没有明确的标准将两个账户判断为同一个人，在某种程度上说，互联网空间中人们可以同时拥有多个虚拟身份。

但从另一角度看，人们在使用多个虚拟身份进行社交时，也在让渡个人隐私保护的权力，进入被"液态监视"状态。人工智能、5G 技术等为隐私获取提供了技术层面的可供性，公共空间与私人空间相互交织，这无疑带来了巨大的风险。比如用户在使用社交平台时，会通过设置将自己的个人信息、兴趣偏好等私密数据交给平台，或者平台也会根据用户在不同内容上停留的时间长短进行推测，因此这些平台的使用情况理论上也成为个人隐私的一部分（殷乐和高慧敏，2021）。但目前大部分平台尚未有明确的且完善的数据保护程序，许多平台认为隐藏了用户名、手机号等就算是对内容进行了"脱敏"，进而导致大量数据泄露。进一步讲，隐私侵犯等问题具有"遮蔽性"。媒体等同理论认为，用户并不仅仅将日常使用的社交媒体、智能音箱等设备等媒介单纯视作信息传输的工具，而是由于内部算法和媒介外形上的拟人效果，使用户产生亲近感，用户会将媒介当作一个像真实的朋友那样、可以进行交流甚至是信任的对象，不断分享的同时建构起了信任，不断投入感情，进而主动让渡隐私（李斯特，2001）。随着硬件设施逐渐完善，法律法规日益全面，当今互联网已不再是"野蛮生长"状态，"前台匿名、后台实名"成为日常。鲍曼认为，在液态监视的社会中，流动性基础上的网络具有极大的柔韧度和包裹性，能够将所有人裹挟在其中，这产生的结果则是后全景敞视结构对监控权力的行使的隐蔽度更高，覆盖度更广，效率也更高。

二是传播结构变迁产生权力流动。从结构角度出发，互联网是一种分布式、网络化的结构，在互联网上人人都具有话语权，这就改变了传统媒体时代一对多、单向的、从中心向边缘扩散的模式。互联网实现了去中心化，改变了对话语霸权的结构，消灭了拥有霸权的人必须连接的大节点，建立了众多的小节点。社会传播网络发生了本质的改变，因此权力也随着网络变化产生了流动，如福柯所说："权力只有通过社会关系的角度才有意义，因为权力构建于社会网络之中。"当今中国社会呈现出流动的特点，这正是社会学家鲍曼所言的"液态的现代性"，鲍曼认为，时空已经"变得是流程性的、不定的和动态的，而不再是预先注定的和静态的"。除了时空，权力也是流动的。比如在短视频平台上，"小镇青年"占据了很大比例，这不仅体现在观看视频的用户分布上，也体现在发布视频记录生活的创作者之中。这是由于在中国"城市—乡村"二元结构下，青年人口趋向于从乡村和三、四线城市流向一、二线城市，小镇青年开始接触新媒体并进行内容生产。学者秦朝森和梁淑莹（2021）对流动的青年群体的媒介使用进行了研究，发现生产可供性、社交可供性与移动可供性的加持下，小镇青年的短视频生产和制作的难度大大下降，被赋权的青年可以进行"自我呈现"。但是，城市中的青年流动群体虽然规模巨大，在社会中却常常处于被边缘化、被忽视的位置，在短视频的使用与互动中他们的主体意识开始觉醒，使用个体化的叙事建构出场景，在虚拟世界中的内容生产可以使自己变得"可见"。通过诸多方式被"可见"，成为城市中的青年流动群体融入新社会环境的重要一步。城市中的流动青年群体的身上沾染着城乡的双重文化色彩，他们眼中、口中、相机中的城市生活与原本就生活于城市中心的"都市精英"不同，这种反差能够勾起用户的好奇，也能使得城市流动青年获得位置感、缓解"存在性焦虑"。

潘祥辉（2020）认为短视频是一种真正意义上的草根媒介，因为它几乎无门槛的叙事结合强大的传播能力，可以唤醒普通人的传播本能，福柯口中的"无名者"进而实现历史性出场。而且，这种从民间流向中央、官方的个体化叙事，在某种程度上与官方的叙事视角、方式、情感互动共鸣，共同构造出了现代的传播体系。个体化叙事中，原本边缘的外卖小哥、工厂中的流水线工人等群体，通过议程设置进入大众视野，变得"可见"，一定程度上减弱了由于位置、立场等因素影响的官方媒体和平台对议题的选择性。

三是社交媒体重建公共领域。众多学者如熊彼特、布鲁纳和杜威等从诸多角度讨论过公共领域这一概念的相关议题，汉娜·阿伦特则更直接地提出了公共领域，她认为公共领域是通过话语和行为进行自我展示并且产生互动的领域。本书重点使用的是哈贝马斯的公共领域概念，哈贝马斯认为公共领域是介乎于国家与社会之间、公民参与公共事务的地方，其由来可上溯至古希腊时期，公共领域的存在凸显了公民在政治过程中的互动与作用。哈贝马斯认为，18世纪随着资本主义发展到垄断资本主义阶段，政治公共领域逐渐受到私人利益和私人力量的入侵，原本独立的公共领域侵入市场逻辑和强权逻辑，塌陷到原本属于私人领域的范畴之中，倒退回无政府主义的两极状态，资产阶级的公共领域衰落。

理论上社交媒体拥有成为公共领域的潜力。社交媒体的社交可供性中可致意、可传情、可协调、可连接的四个方面，能够跨越地理、社会和心理的距离，实现原本被边缘化群体的"可见"，从而促进社会身份认同。学者曾丽红等（2021）通过对B站美妆视频社区的考察，发现社会化媒介赋权当代女性，女性们通过重构审美标准以及相互的情感支持等行为，展现出强大的性别解放潜力与政治意涵。但在现实研究中，部分学者也基于现实条件给出了反对观点。比如，学者徐敬宏等（2021）以微博平台为研究田野，从性别角度切入，收集了＃什么是今天该有的男性气质＃微博话题的数据并进行了量化分析。他们发现，尽管在微博平台上该话题参与成员非常广泛、成员内部相对平等，议题讨论比较开放，但实际上由于社会主流意识形态的影响以及平台本身的把关机制，为权力和商业资本留下了作用的空间，因此微博独立性不足，尚不能被称为性别公共领域。

数字时代，公共领域重建的关键在于培养公众的反思性、媒体的公共性和交往理性。尼尔·波兹曼提出"媒介即隐喻"。媒介作为一种超意识形态正在以一种隐蔽而有力的方式来定义现实世界。图像影视媒体的发展及其感性的表达方式使公众的反思性日渐消逝，这是公共领域陷落的重要原因。所以公民反思性、公众议题及媒体的公共性和公众间交往理性是民众真正掌握互联网并利用互联网重建公共领域的关键，三者相辅相成，只有实现了这些，才能真正满足公共领域开放、理性和批判的三个基本条件，最终实现公共领域的重建。

另外，部分学者认为数字时代的公共领域标准应有所改变。譬如学者孙慧英和明超琼（2020）提出应该关注到社会情感，不能刻意追求公共领域的"理性"与"中立"。他们认为，长期以来的研究深受哈贝马斯定义的影响，认为带有感情偏向的文本是非理性的，把情感与理性对立。但研究表明，社会情感普遍存在于公共领域之中，以及社会情感并不必然导致正向或反向的结果，其最终结果是由多重因素共同作用出现的，深受偶然性和不确定性的影响。社会情感有重要的存在价值，它是被边缘化群体的声音，如果刻意追求"理性""中立"，实际上是在无形之中预设了公共领域的准入门槛。

7.3.3 移动可供性视角

一是无边界的智能传播。移动可供性包括可携带、可获取、可定位和可兼容。学者陈虹和杨启飞认为，媒介演进中产生的可供性催生智能传播，智能传播表现为部分边界突破与部分边界融合。在信息传播系统中，人、技术和信息是三个核心要素，移动可供性视角下，这三者之间的边界突破表现为：数据区隔被打破、感知边界被超越、人机界限被突破。首先，传统的数据区隔问题。由于商业平台的竞争和目前技术发展的限制，在 5G、物联网等技术使得万物互联的状态可能成为现实，尚未被收集或使用的潜在数据资源将被唤醒。进一步地，信息空间、物理空间和社会空间之间的边界将愈发模糊，产生"内爆"，数据的跨空间流动与汇聚进程将被加速。其次，超越感知边界可以表现为对原本感知的加强和打破不同感知之间的界限。麦克卢汉认为"技术即人的延伸"，几乎无限制呈现内容的印刷术是人类视力的延伸，而几乎无限制播送声音的广播则是人类听觉的延伸。按照麦克卢汉的思维，当今的 VR 技术也能延伸人体感官，能够超越人类本身物理阻碍，能将人带入"其他空间"进行视觉听觉体验，还有希望融入触觉，产生能够触摸的仿真系统。再次，人机界限也可能被打破，这种打破是"双向的"，一边是机器以人为目标，模仿人类、向人类学习迭代，另一边是人类以机器为参照物，人日渐与机器相嵌。对于前者来说，目前类人化的机器人已开始普及，譬如能够按照预设的系统进行多维信息采集的无人机和传感器、能够自动播报新闻的 AI 主播、能够进行语音识别与人类互动的智能音箱。可以说，未来重复性的、缺少创新的传统信息传播的工作，都可以由类人机器人代替，将人类从繁重的工作中解放出来。相比之下，后者则从主体融合的层面出发，后人类主义提出了"赛伯格"（cyborg）这一概念，来描述人与机器物理融合的情况。学者刘海龙提出，智能环境下，当智能设备不再局限于辅助地位，成为人类的感知的支柱并且实现对人体的嵌入，成为主体的一部分，人类就变成了"赛博人"。

二是场景化转向。喻国明（2019）认为媒介移动可供性使得信息生产与信息消费模式出现"场景化"趋势，其基础有二：一是基于特殊场景的数据采集与分析，建立基于地理位置的 LBS 系统；二是智能化技术浪潮到来，增强现实（AR）、虚拟现实（VR）与诸多可穿戴设备等日渐普及。周蔚华和杨石华认为，信息产品的场景化的典例有"网络直播"，譬如新闻现场直播、直播带货等。场景化也是传统媒体进行媒介融合的一种手段。学者彭兰（2018）认为传统媒体转型时，除了渠道层面的迁移外，还需要转变内容焦点与叙事方式，当然使用多种媒体手段进行新闻场景化呈现也十分重要。传统媒体时代虽然电视仿佛能够完全呈现新闻现场，但实际上镜头的把控、机位的架设、导播的选择使得电视节目变成了精心设计的蒙太奇，因此观众只能是"观看"新闻，而非是"进入"新闻。在场景化视角下，传统媒体可以借助短视频等形式为用户带来身临其境的感觉。短视频平台虽然限制了视频长短，但多个碎片化视频可以从多个角度呈现新闻现场，形成视频间的网络联动效果，另外，短视频的编辑逻辑与传统节目不同，短视频需要在 15 秒或 1 分钟内，多使用微观的、贴近用户生活的平凡化文本，聚焦于新闻事件的一个侧面或一个细节，利用音乐、画面等抓住用户眼球，增强传统媒体内容的影响力。

场景化转向离不开场景化思维。与其他互联网思维对比，场景化思维可以看作是用户思维的提升，场景化思维以用户场景为核心，关注用户在某场景下的个性化需求，而平台化思维以平台建设为核心，发力于增强用户黏性与留存。简而言之，场景化思维就是要让设计者设身处地地站在用户角度，体验用户在某个具体情境下的真实需求。场景包括物理场景与心理场景，物理场景包括用户具体的地理位置、当下时间、所处的周围建筑物等，心理场景则包括用户的使用习惯、社交氛围。目前大部分平台都关注到了用户的物理场景，比如用户在使用百度地图进行地点搜索时，百度会提供一系列周边服务，如果搜索地点与用户处于同一城市，就会推荐美食、购物、银行、医疗等休闲娱乐服务；如果是处于不同城市，就会推荐旅游景点、酒店预定等服务。可以说当前地图类产品作为中介平台，基本聚合了大部分用户场景化的需求，能辐射日常生活中的大部分服务。但是，目前产品对用户心理场景的把握并不是很充足，用户在相同物理场景、不同心理场景下进入平台产品，接收到的推送内容往往是有较大相似度的。其原因有两方面，一方面用户作为真实生存的个体，行为具有偶然性与随机性，旧数据记录的用户心理、用户情绪、用户喜好和习惯等，在预判用户未来行为时可能会出现效果不佳的情况。另一方面，平台间存在数据孤岛的问题，每个平台或应用获取的都是用户行为的部分数据。这些数据可能包括缺失了结构的断裂数据、被污染的脏数据和失效的旧数据，但目前尚未有高效的清洗方法，因此每个平台的数据基础就存在问题，那么根据这些数据所进行的"场景化"推送，往往与用户在场景下的真实需求有较大偏差。

第8章 结　语

社交媒体是互联网环境下迅速崛起的一种新媒体，它不仅引发了人类传播史上前所未有的媒体变革和传播革命，而且潜移默化地影响了整个社会的关系、结构、决策、伦理等方面。社交媒体已凭借独特的传播优势和媒介环境成为当今传媒领域中影响力巨大的重要媒体。自社交媒体出现以后，学者们从不同的视角对其进行了全方位、立体化的研究，取得了丰硕的成果。有学者探究了社交媒体平台的用户行为、用户心理、算法推荐、风险管理、舆情治理；有学者研究了政务微博、政务微信、政务抖音使用与治理情况；有学者研究了社交媒体平台自我呈现、社交语境、国家形象传播、公民权利与义务、饭圈治理、数据保护等。但是这些研究大多是从某一具体方面对我国社交媒体进行了探讨。目前尚未有学者对我国社交媒体研究进行全面的、系统的综述和分析。因此，本研究基于知识图谱的理论方法，运用 CiteSpace 可视化软件对 2008 年到 2022 年期间发表在中国知网 CSSCI 数据库的有关社交媒体研究的文献进行了定量分析，旨在识别我国社交媒体领域研究的核心作者和机构、研究热点、热点的演化、研究前沿和研究趋势。本研究运用知识图谱方法探究我国社交媒体研究的发展状况得出以下结论：

（1）以吉林大学王晰巍为代表的 30 多名研究者为推动我国社交媒体研究的发展作出了巨大的贡献。社交媒体研究领域存在相当一部分的独立作者，在近年的社交媒体研究中有着较稳定的成果产出频率和成果产出质量。多数学者具有跨学科的教育背景，集中于情报学、计算机和软件工程、信息技术以及新闻传播学等专业，且青年学者占有一定比例，在社交媒体领域属于潜力型作者。但多数独立作者缺乏较为稳定的、专门从事社交媒体研究的团队合作，未来应主动扩大其合作圈子，促进社交媒体领域高影响力独立作者之间的合作交流。

以武汉大学信息管理学院为代表的 30 家机构是研究社交媒体的主要机构，为推动我国社交媒体的发展作了很大的贡献。结合整体的机构合作网络和典型机构的分析，信息资源和学科资源丰富的小部分机构之间存在合作关系，成果产出的频率和影响力表现在机构合作网络节点上较为突出，但是大部分机构仍然处于独立研究阶段，对外的合作交流程度尚有较大的提升潜力。未来应该鼓励不同地域、不同学科、不同层次学者之间的跨机构合作，以更加多元开放的跨学科视角展开对社交媒体的研究，极大地开发社交媒体领域的学术研究潜力，推动社交媒体研究领域作出更多成果。

（2）我国社交媒体的研究热点主要集中在社交媒体语境、政务微博、信息传播、媒介融合等四个方面。当前，社交媒体已经成为互联网时代重要的社交工具，勾连了个体间、个体与社会间的交流和互动。互联网与社交媒体平台打破了原本现实生活中分离的稳定的情境边界，使得多种情境交织重叠，模糊了公共与私人的界限，使个体陷入"语境崩溃"的困境。语境崩溃成为近几年来社交媒体研究的热点议题之一。社交平台语境崩溃理论的研究最早可以溯源到欧文·戈夫曼的拟剧理论和梅罗维茨的媒介情境论。网络化的民众、隐形的观众与想象的观众和公共与私人的界限模糊是社交媒体平台语境崩溃形成的主要原因。我国有关语境崩溃的研究还没有形成一套系统的理论，一些学者对其概念和相关理论还存在着一定的质疑和争议。最近几年，政府利用微博、微信、抖音、Twitter 等社交媒体平台参与社会治理等成为一个重要的研究热点议题。社交媒体对政府机构的决策制定等产生了重大的影响，政务微博是学者们关注的重中之重。政务微博是用于收集民众意见、倾听民意、及时发布信息、服务民众的官方网络互动平台，旨在通过与公众的良性互动，搭建一个社会化参政、议政、问政的网络交流模式与平台。政务微博在推进政府治理和提供个性化服务等方面起着重要作用。学者们指出我国政务微博面临人才缺乏、管理制度不完善、内容同质化等问题，这往往容易使其陷入"塔西托陷阱"，降低政府公信力。针对我国政务微博出现的问题，学者们提出建立健全微博问政的法制法规和强化政务微博在处理突发公共事件中的能力等。总体来看，政务微博相较其他微博意见领袖具有官方性、权威性、直接性等特点，在众多纷繁复杂的网络舆情中总能起到关键性辨明真假的导向作用。社交媒体平台的信息传播也是近些年学界研究的热点问题之一。其中一个凸显议题是数字时代老年人社交媒体使用的效果研究。此外，媒体融合发展也受到了学界的广泛关注。早在2014年，我国就提出了关于推进传统媒体与新兴媒体媒介融合发展的政策，到了2020年9月，中共中央办公厅、国务院办公厅印发了《关于加快推进媒体深度融合发展的意见》，拉开了我国各级媒体平台在全媒体时代媒介融合的大幕。研究的侧重点主要集中在新的时代形势下，各级媒体内容生产呈现形式、融媒体人才培养模式、新的媒体话语体系建设、健全四级媒体格局、新闻职能功能转变等方面。

（3）在2008年以来，我国社交媒体研究经历了四个发展阶段：第一阶段（2008—2011年）是我国社交媒体研究的起步阶段，高频关键词包括网络传播与政务微博兴起。在这一阶段一个突出的特点就是政务微博的兴起成为学界广泛关注的对象。以张志安为代表的学者探讨了政务微博的定义，认为与政府及公共事务相关的微博可以统称为"政务微博"，是基于网民与政府机关利益关系的，政务信息的共享、传递和获取的公共空间。政务微博的价值研究是学者们最初关注的一个重要议题，随着时间的推移，政务微博在突发事件中的治理作用受到了越来越多的关注。第二阶段（2012—2016年）是我国社交媒体研究平稳发展阶段，主要关键词包括微博和用户等。微博几乎消解并重构了传统传媒的生态关系。公众进入了一个"众声喧哗"的时代，从隐含传播过程单向被动特征的受众概念向凸显交流过程双向主动特征的用户概念转移。微博用户成为这一阶段研究的重要议题之一。微博用户使用与行为、用户个人价值实现、主流媒体微博用户等成为关注的热点话题。第三阶段（2016—2019年）是我国社交媒体快速发展阶段，高频关键词包括个人隐私与网络舆情等。数字时代，大数据给人们提供了便利，但是同时也给人们带来了隐私泄露的风险。开放式的社交媒体为用户提供了自我呈现和与他人互动的场域，但在场景模糊和圈层泛化的赛博空间，用户却不能完全掌握自己分享的范围，维护隐私和公开的边界对于用户自身来说难以平衡，容易导致隐私泄露风险。此外，社交媒体助长了谣言的传播，网络谣言的治理也是时下关注的一个热门话题。第四个阶段（2020—2022 年）是我国社交媒体研究持续快速发展阶段，核心关键词包括微信传播与新冠肺炎疫情突发事件等。2020 年新冠肺炎疫情在全球范围内暴发，社交媒体平台的健康传播和舆情治理成为学者关注的热点议题。其中，微信平台的健康传播成为一个重要的研究议题。利用微信平台进行健康传播有其独特的优势：高覆盖率和到达率、信息发布的便捷性、高互动性和参与性。微信为健康传播增加了隐私性与安全性。新冠肺炎疫情背景下网络谣言的传播与治理也是这一时期研究的重要议题。新冠肺炎疫情期间谣言的传播呈圈层化的态势，这在一定程度上加剧了人们的恐慌程度。因此，新冠肺炎疫情背景下社交平台谣言治理成为一个热点议题。

（4）社交媒体呈现研究、政务抖音研究、传统媒体反思、意见领域及网络舆情研究是当下我国社交媒体研究的前沿议题。首先，互联网的社交赋权，从本质上改变了人与人连接的场景与方式，重新制定了一套社交规则，形塑着新的社会关系网络与权力分布格局。自我呈现在社交媒体空间中的延续性，为我们理解数字时代的人际关系提供了思路。因此，社交媒体平台的自我呈现成为一个重要的研究议题。随着新媒体技术的发展，抖音等短视频平台兴起，政务抖音成为当下学界研究的一个前沿话题。与传统的政务微博不同，政务抖音通过人格化的传播，更易与民众产生共鸣，且内容丰富，不易产生审美疲劳。然而，政务抖音账号的娱乐化倾向影响了其在沟通民众、政务公开等方面功能的发挥，违背了政务新媒体设置的初心与使命。经营政务账号的并不是专业的新媒体工作者，没有较高的媒介素养，缺乏形成新媒体矩阵的意识。因此，政务抖音的治理也是当下一个前沿性的研究问题。随着传播生态的改变，意见领袖这一理论被赋予了新的理解。互联网时代，网络意见领袖是互联网"再中心化"后的信息节点，是嵌入网络信息传播中的行动者，它打破了传统人际传播、群体传播和大众传播的分界线。网络意见领袖兼具了大众和人际传播的双重属性。然而，新媒体时代意见领袖传播也面临着非去中心化的争议。意见领袖的程度越高则相互之间就越是趋似，呈现越来越强的用户异质性消解与"社会窄化"；意见领袖的阶层越高则层内用户相似性结构越集聚化和中心化，而非去中心化。此外，随着新冠肺炎疫情的暴发，网络舆情成为当下学界关注的前沿问题。学者们重点研究了重大突发公共事件中网络舆情的过程原理、网络舆情的预警和处理、网络舆情的管控与治理等。

（5）我国社交媒体研究趋势主要包括以下几个方面：社交媒体平台的情绪传播研究、政务微信传播与治理研究和社交媒体可供性研究。随着人工智能技术、自然语言技术的发展，公众的情绪研究成为社交媒体研究的主要趋势之一。情绪是民众借以表达意见、摆明态度的手段。在舆论的生成过程中，情绪的社会分享与感染起着关键作用。情绪有助于观点在社交媒体上的传播，情绪性信息更多的网络内容更容易受到人们的关注与分享。社交媒体为公众情绪的聚集、扩散和群体极化行为提供诱因。社交媒体平台情绪传播与社会治理将是我国社交媒体研究的一个重要转向。当下，学者机器学习等方法对微博、抖音、微信等社交媒体平台民众的情绪进行了分析和研究。政务微信是继政务微博后出现的政务新媒体，具有精准性、便捷性、互动性等特点。学者们探究了政务微信的价值，他们认为随着政务微信等社交媒体的繁荣，中国政府治理能力的现代化迎来了重要契机。然后，学者们也提出政务微信面临的一些问题，并探讨了提高政务微信传播效果的意见和建议。此外，媒介可供性也成为我国社交媒体研究的又一大趋势。学者们主要从生产可供性、社交可供性和移动可供性这三个方面探讨了媒介可供性这一理论在不同情境下的应用。

本研究推测社交元宇宙将是社交媒体未来研究的重要议题之一。1992年，尼尔·斯蒂芬森（Neal Stephenson）在赛博朋克小说《雪崩》中，首次提出"元宇宙"（Metaverse）这一概念，他认为未来的社会会呈现为在不同地理位置的个体通过互联网，以虚拟化身（avatar）的形式进行交往。2021年，扎克伯格宣布将公司更名为"Meta"。彭博的行业研究报告预计，两年内元宇宙的市场规模将达到 8000 亿美元；普华永道则认为十年内这规模将达到 1.5 万亿美元。可以说，元宇宙这一概念已经引发了全球学界与业界的轰动。

元宇宙并不是一个新概念，元宇宙是视觉沉浸技术到达极致的虚拟世界。最早期的"元宇宙"以桌面式虚拟现实为主，美国林登实验室在 2003 年发布的虚拟世界"Second Life"是典型案例，用户可以在 Second Life 中创建自己的"虚拟化身"并进行社交。之后，随着沉浸式技术和人机交互技术的发展，虚拟世界的呈现逐渐由平面的、被动的转变为立体的、主动的。随着 5G、云计算和人工智能等技术与 VR 的深度融合，元宇宙的技术体系得以逐渐走向成熟。在未来，脑机接口将彻底打破现实与虚拟之间的壁垒，用户可以真正随心所欲地在虚拟世界进行交互。

元宇宙的技术基础方面，诸多学者提出了自己的看法。学者喻国明和耿晓梦认为，元宇宙是集合全部数字技术的媒介，其中包括互联网、AR、VR、区块链、数字孪生等技术。元宇宙并不是某一项技术的应用结果，而是数个技术的结合，集其大成，从而实现现实与虚拟的连接，建构新型世界（喻国明和耿晓梦，2022）。方凌智和沈煌南从物质基础和软件基础两方面阐释了元宇宙的技术基础。二人提出，物质基础方面，首先在现实世界与元宇宙之间穿梭必须要有接口，接口技术不仅包括现实中的具体软件入口，也包括脑机接口技术等，其次高端芯片制造、显示硬件技术、数据存储设备技术等计算机硬件的条件也不可或缺，还有为了实现人们在元宇宙中交互的流畅体验，通信的相关技术比如 5G、6G、云技术等也十分重要。软件基础方面，第一，人工智能必不可少，这是元宇宙世界运行的基础；第二，元宇宙中必然存在数字资产，因此数字资产保护和交易需要的加密技术也很重要，区块链技术有待发展；第三，应用于建构元宇宙景观的图形与图像技术，比如动画制作、CG 特效和音频技术能够在复刻现实世界的同时，促进元宇宙中虚拟文明的发展。

元宇宙有两个主要特征：交融性和文明性（方凌智和沈煌南，2022）。元宇宙同现实世界之间，并不仅仅是简单的交互关系，而是更加强烈的"交互融合"性。交融性可以概括为四部分：共建性、即时性、沉浸性和服务性。第一，共建性。任何一个文明的建立都离不开具体的劳动者，元宇宙文明也是如此，必须要让所有的数字替身共同参与建设。第二，即时性。因为人类对元宇宙的期望是随时进入与退出的世界，目前高速率、高容量、低时延、低能耗的 5G 技术也是顺应这一期望而迭代升级的技术。第三，沉浸性。元宇宙是模拟现实世界的虚拟世界，前文提到的种种技术会让人们产生强烈的临场感和真实性，从而实现鲍德里亚所说的"仿真"。但从另一个方面看，元宇宙可能会出现"内爆"问题，即真实与虚假之间边界的模糊，用户难以分辨真假。第四，服务性。元宇宙存在的目的不是颠覆现实世界，而是服务于现实社会。文明性也可以概括为四部分：虚拟性、附属性、独立性、统一性。第一，元宇宙文明的虚拟性来源于元宇宙的本质，是一个没有物质实体的、虚拟的数字世界，因此这个世界酝酿的文明一定也带有虚拟的特征。第二，附属性。在某种程度上说，元宇宙是对现实世界的模拟与超越，可以看作是现实世界的"附属"，元宇宙酝酿出的虚拟文明自然也以现实文明为基础。第三，独立性。这种独立性表现在虚拟文明会拥有与现实人类文明系统不同的特征，譬如语言、审美、传播方式等。第四，统一性。与现实世界不太相同，目前设想中的元宇宙是真正的"地球村"，因此其产生的虚拟文明应不具有区域性和种族性的差异。

元宇宙概念产生的影响可以从技术和产业两个维度分析。技术层面，需求增长推动技术的革新，元宇宙依赖的硬件与软件都会因此实现进步。产业层面，诸多产业可以运用元宇宙进行升级与变革，最突出的则是游戏产业，在线教育、艺术行业等也备受瞩目。譬如刘革平和王星等（2021）认为，元宇宙是在线教育发展的新方向，元宇宙可以从底层技术、系统、教育要素和教育目标等方面，实现用户智能化的在线学习。杨新涯和钱国富等（2021）关注到了元宇宙中的图书馆，他们认为图书馆行业应该抓住元宇宙这一发展机遇，构建并完善在虚拟空间中的服务体系。学者杨嘎关注了加密艺术，他认为从早期区块链上的元素创造艺术，到以太坊上诞生了 NFT，加密艺术逐渐流行。在新冠肺炎疫情全球化的背景下，加密艺术能帮助传统的艺术品投资者不受影响地欣赏、购买作品，艺术创造者也能获得更大的创作空间和展示平台。整体来看，元宇宙被视为社交媒体的延伸，它将提供更好的沉浸感，虚拟世界中的互动将比社交媒体上的互动更加人性化。

参 考 文 献

中文参考文献

[1] 郭德俊，刘海燕，王振宏．情绪心理学 [M]．北京：开明出版社，2012．

[2] 郭德俊．动机与情绪 [M]．北京：首都师范大学出版社，2017．

[3] 郭德俊，刘惠军．心理学 [M]．北京：中央广播电视大学出版社，2011．

[4] 林崇德，杨治良，黄希庭．心理学大辞典（上）[M]．上海：上海教育出版社，2003．

[5] 刘建明．基础舆论学 [M]．北京：中国人民大学出版社，1988．

[6] 陈悦，陈超美，胡志刚，等．引文空间分析原理与应用 [M]．北京：科学出版社，2014．

[7] 李杰．科学计量与知识网络分析 [M]．北京：首都经济贸易大学出版社，2018．

[8] 徐翔．中国文化国际社交媒体传播研究 [M]．上海：同济大学出版社，2019．

[9] 王斌．社区传播论：新媒体赋权下的居民社区沟通机制 [M]．北京：中国人民大学出版社，2017．

[10] 邓胜利．新一代互联网环境下网络用户信息交互行为 [M]．北京：中国社会科学出版社，2014．

[11] 彭兰．网络传播概论 [M]．北京：中国人民大学出版社，2001．

[12] 李彪．社交网络时代的舆情管理 [M]．南京：江苏人民出版社，2015．

[13] 喻国明. 微博：一种新传播形态的考察影响力模型和社会性应用 [M]. 北京：人民日报出版社，2011.

[14] 巴伦·李维斯克利夫·纳斯. 媒体等同：人们该如何像对待真人实景一样对待电脑、电视和新媒体 [M]. 卢大川，袁野，李如青，等译. 上海：复旦大学出版社，2001.

[15] 马歇尔·麦克卢汉. 理解媒介 [M]. 何道宽，译. 北京：商务印书馆，2000.

[16] 斯蒂芬·李特，约翰凯伦·福斯. 人类传播理论 [M]. 7 版. 史安斌，译. 北京：清华大学出版社，2004.

[17] 戴维·迈尔斯. 心理学导论（下）：人格、社会与异常心理学 [M]. 黄希庭，等译. 北京：商务印书馆，2019.

[18] 斯托曼. 情绪心理学 [M]. 张燕云，译. 沈阳：辽宁人民出版社，1986.

[19] 艾略特·阿伦森，乔舒亚·阿伦森. 社会性动物 [M]. 邢占军，黄立清，译. 上海：华东师范大学出版社，2020.

[20] 安尼·希尔，詹姆斯·沃森，马克·乔伊斯，等. 人际传播关键主题 文化、身份与表演 [M]. 刘蒙之，景琦，译. 北京 / 西安：世界图书出版公司，2016.

[21] 南希·K 拜厄姆. 交往在云端：数字时代的人际关系 [M]. 董晨宇，唐悦哲，译. 北京：中国人民大学出版社，2020.

[22] 李芳，陈静，李洁. 体育新闻传播研究的演进逻辑、知识图谱与热点议题 [C]// 中国体育科学学会. 第十二届全国体育科学大会论文摘要汇编——专题报告（体育新闻传播分会），2022.

[23] 陈凤林. 武术文化国际传播研究知识图谱可视化分析 [D]. 成都：成都体育学院，2019.

[24] 王艺洋. 我国健康传播研究的知识图谱分析 [D]. 乌鲁木齐：新疆大学，2020.

[25] 唐静. 群体动力论视角下的"饭圈"与"饭圈文化"及其引导规制研究 [D]. 北京：北京外国语大学，2021.

[26] 姚远. 网络热点反转事件中微博意见领袖的作用发挥 [D]. 烟台：烟台

大学，2021．

[27] 单文盛，张梦洁．政务抖音的话语困境研究 [J]．传媒观察，2021（10）：83-88．

[28] 张子帆，李怀苍，王勇．我国政务短视频的特征、功能及发展研究综述 [J]．昆明理工大学学报（社会科学版），2021，21（4）：113-122．

[29] 何海翔．短视频趋势下政务新媒体困境与进路 [J]．中国出版，2020（23）：30-35．

[30] 谭玥雨．传播学视角下政务抖音对政府形象的建构研究——以"共青团中央"和"青春武汉"为例 [J]．视听界，2019（1）：52-58．

[31] 邵泽宇，谭天．2018年政务短视频的发展、问题与建议 [J]．新闻爱好者，2018（12）：33-36．

[32] 刘鹏飞．政务微信：互联时代网络问政新利器 [J]．信息系统工程，2014（1）：6．

[33] 董立人，郭林涛．提高政务微信质量 提升应急管理水平 [J]．决策探索（下半月），2013（8）：34-35．

[34] 陈超贤．政务微信发展的现状、问题及对策 [J]．中共青岛市委党校 青岛行政学院学报，2013（4）：37-39．

[35] 邱均平．信息计量学（五）第五讲 文献信息词频分布规律——齐普夫定律 [J]．情报理论与实践，2000（5）：396-400．

[36] 陈锐维．打造高质量的政务微信 提升政民之间的强关系 [J]．新闻世界，2022（1）：39-42．

[37] 刘家红．服务型政府视角下政务微信的功能与限度研究——以"上海发布"为例 [J]．新闻研究导刊，2022，13（1）：121-123．

[38] 代朝宁．政务新媒体传播力的问题分析与提升策略——以"湘潭微政务"公众号为例 [J]．科技传播，2021，13（15）：153-157．

[39] 李肖肖．"西安发布"政务微信公众号用户满意度调查研究 [J]．现代营销（下旬刊），2020（12）：170-171．

[40] 季诚浩，戴佳，曾繁旭．环境倡导的差异：垃圾分类政策的政务微信传播策略分化研究 [J]．新闻大学，2020（11）：97-110，128．

[41] 杨畅，张彩．政务微信视角政府公信力塑造困境与提升路径 [J]．湘潭大学学报（哲学社会科学版），2020，44（4）：67-71.

[42] 杨光辉．2011 至 2015 突发事件中的政务微博研究综述 [J]．今传媒，2016，24（7）：50-51.

[43] 张志安，徐晓蕾．政务微信的社会功能及提升对策 [J]．新闻与写作，2015（9）：55-57.

[44] 阳翼，宋鹤．政务微信受众的"使用与满足"研究 [J]．现代传播（中国传媒大学学报），2015，37（4）：137-140.

[45] 艾美华．微媒体环境下农村基层的传播新路径——以新疆政务微信"最后一公里"为例 [J]．现代传播（中国传媒大学学报），2015，37（1）：52-54，75.

[46] 姚鹏，柳圆圆．政务微博在突发公共卫生事件中的传播——以河南省新冠肺炎疫情应对实践为例 [J]．青年记者，2021（22）：77-79.

[47] 汪青云，胡沈明．突发事件中政务微博信息发布理论框架建构 [J]．现代传播（中国传媒大学学报），2016，38（11）：71-75.

[48] 梁芷铭．政务微博推动政府职能转变 [J]．新闻窗，2012（5）：32-33.

[49] 桂全宝，周钢．政务微博的困境及应对之策 [J]．新闻前哨，2012（4）：22-25.

[50] 王娟．提高官员政务微博媒介素养的策略研究 [J]．现代传播（中国传媒大学学报），2012，34（4）：153-154.

[51] 宋利国，张亚娜．社会管理创新背景下我国政务微博建设刍议 [J]．理论导刊，2012（1）：26-28.

[52] 姜胜洪．我国"微博问政"的发展状况与完善路径 [J]．中国党政干部论坛，2011（8）：58-60.

[53] 李多，周蔓仪，杨奕．网络平台对于政府与网民之间关系建设作用的探索——以伍皓的微博为例 [J]．新闻知识，2010（8）：49-51.

[54] 陈彦宇．技术赋能政务传播：智能政务新媒体发展路径初探 [J]．北方传媒研究，2021（5）：86-89.

[55] 于棋，周昊．我国政务新媒体治理中的技术嵌入及实践转向——基于技

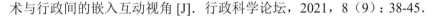

术与行政间的嵌入互动视角 [J]. 行政科学论坛，2021，8（9）：38-45.

[56] 赵瑞涛. 政务微博运用中存在的问题及解决对策 [J]. 大庆社会科学，2021（4）：68-70.

[57] 周成阳. 公共突发事件下政务微博的传播和治理研究 [J]. 新闻知识，2021（6）：69-73.

[58] 许卫婷. 治理现代化视域下的政务微博职能转变研究 [J]. 传播与版权，2020（10）：111-113.

[59] 贾晓强. 政府治理对新媒体的路径依赖研究——以政务微博为例 [J]. 南京邮电大学学报（社会科学版），2017，19（4）：51-57.

[60] 杜伟泉. 政务微博与政民互动研究 [J]. 井冈山大学学报（社会科学版），2016，37（4）：91-95.

[61] 韩宇. 突发事件中政务微博对网络舆情的引导功能 [J]. 科技传播，2016，8（7）：74-75.

[62] 吴宝昌，曾萍丽. 从新型政民互动技术看广州政府机构微博发展 [J]. 五邑大学学报（社会科学版），2014，16（3）：76-80，95.

[63] 萧鸣政，郭晟豪. 国家治理现代化建设中网络民意与政务微博的作用 [J]. 行政论坛，2014，21（4）：5-10.

[64] 刘静，凌以民. 我国政务新媒体矩阵的建设分析 [J]. 出版广角，2020（19）：23-25.

[65] 黄沭云. 基于社交媒体的政务微博传播现状与问题——以微博 @ 淮安发布为例 [J]. 青年记者，2020（5）：23-24.

[66] 林纲. 政务微博语篇言语行为分析 [J]. 传媒观察，2019（12）：77-83.

[67] 杨雨忻. 浅析我国政务微博人格化特征的利与弊 [J]. 新闻研究导刊，2019，10（21）：74-75.

[68] 滕羽. 公安政务新媒体传播力问题分析与优化策略 [J]. 青年记者，2019（23）：84-85.

[69] 夏晓璇. 互联网时代官方媒体对政府形象和公信力的影响机制——以政务微博"冰花男孩"事件为例 [J]. 中国管理信息化，2019，22（15）：189-191.

[70] 宋雪．环境类政务微博话语空间的建构路径研究 [J]．传媒，2019（12）：
    51-53．

[71] 程亚文．政务微博发展中存在的问题及对策研究 [J]．戏剧之家，2018
    （34）：230-231．

[72] 徐汉滨．参与式治理视阈下"政务微博"的现实困境及其规制之道 [J]．
    广西政法管理干部学院学报，2018，33（5）：39-43．

[73] 刘宁，李银英．政务微博舆论引导策略研究——以"河北发布"微博为
    例 [J]．传媒论坛，2018，1（14）：19，21．

[74] 张善蕊．政务微博舆论引导的障碍与优化路径研究 [J]．采写编，2018
    （2）：37-38．

[75] 姜飞，侯锷．政务微博中传播权力和传播信用的博弈 [J]．现代传播（中
    国传媒大学学报），2018，40（2）：136-139，146．

[76] 王鸽子，苏静．政务微博如何规避"塔西佗陷阱"[J]．攀登,2017,36(5)：
    73-77．

[77] 伊士国，李杰．论我国"微博问政"的制度化 [J]．新闻爱好者，2017
    （4）：42-45．

[78] 陈丽娜，赵桂英．政务微博不能沦为"摆设"[J]．人民论坛，2017（6）：
    52-53．

[79] 顾洁，闵素芹，詹骞．社交媒体时代的公民政治参与：以新闻价值与政
    务微博受众参与互动关系为例 [J]．国际新闻界，2018，40（4）：50-75．

[80] 张放，王盛楠．政务微博拟人化互动效果的实验研究 [J]．国际新闻界，
    2018，40（3）：132-151．

[81] 毛晓飞．政务微博对社会主流价值观的传播引导作用研究 [J]．新闻研究
    导刊，2016，7（24）：286．

[82] 李琳．政务微博对突发性事件的舆情应对 [J]．新闻世界，2016（11）：
    50-53．

[83] 马子博．政务微博应对网络舆情危机失灵的原因及改进策略分析 [J]．中
    国出版，2013（17）：31-35．

[84] 胡翼青，马新瑶．作为媒介性的可供性：基于媒介本体论的考察 [J]．新

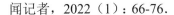

闻记者，2022（1）：66-76.

[85] 喻国明，耿晓梦. 元宇宙：媒介化社会的未来生态图景 [J]. 新疆师范大学学报（哲学社会科学版），2022，43（3）：110-118，2.

[86] 殷乐，高慧敏. 智能传播时代的社会交往：场景、逻辑与文化 [J]. 中国编辑，2021（10）：77-81.

[87] 曾丽红，叶丹盈，李萍. 社会化媒介赋权语境下女性"能动"的"可见性"——兼对 B 站美妆视频社区的"可供性"考察 [J]. 新闻记者，2021（9）：86-96.

[88] 徐敬宏，黄惠，游鑫洋. 微博作为性别议题公共领域的理想与现实——基于"男性气质"微博话题的计算机辅助内容分析 [J]. 国际新闻界，2021，43（5）：106-124.

[89] 常江，田浩. 生态革命：可供性与"数字新闻"的再定义 [J]. 南京社会科学，2021（5）：109-117，127.

[90] 孙慧英，明超琼. 公共领域中热点事件的社会情感价值分析 [J]. 现代传播（中国传媒大学学报），2020，42（7）：147-152.

[91] 潘祥辉. "无名者"的出场：短视频媒介的历史社会学考察 [J]. 国际新闻界，2020，42（6）：40-54.

[92] 董晨宇，丁依然. 当戈夫曼遇到互联网——社交媒体中的自我呈现与表演 [J]. 新闻与写作，2018（1）：56-62.

[93] 潘忠党，刘于思. 以何为"新"？"新媒体"话语中的权力陷阱与研究者的理论自省——潘忠党教授访谈录 [J]. 新闻与传播评论，2017（1）：2-19.

[94] 周莉，李晓，黄娟. 政务微博在突发事件中的信息发布及其影响 [J]. 新闻大学，2015（2）：144-152.

[95] 孙振虎，张驰. 风险社会语境下政务微博的政府形象塑造——以"7·21北京大雨事件"中"@平安北京"微博传播为例 [J]. 现代传播（中国传媒大学学报），2013，35（8）：51-54.

[96] 刘锐，谢耕耕. 中国政务微博运作现状、问题与对策 [J]. 编辑之友，2012（7）：10-14.

[97] 何芳. 浅析政务微博发展的困境与出路 [J]. 编辑之友, 2012（7）：21-22.

[98] 相德宝, 吴竞祎. 政务微博的现状与发展对策 [J]. 新闻与写作, 2012（2）：12-15.

[99] 瞿旭晟. 政务微博的管理风险及运营策略 [J]. 新闻大学, 2011（2）：151-155.

[100] 方凌智, 沈煌南. 技术和文明的变迁——元宇宙的概念研究 [J]. 产业经济评论, 2022（1）：5-19.

[101] 刘革平, 王星, 高楠, 等. 从虚拟现实到元宇宙：在线教育的新方向 [J]. 现代远程教育研究, 2021, 33（6）：12-22.

[102] 杨新涯, 钱国富, 唱婷婷, 等. 元宇宙是图书馆的未来吗？ [J]. 图书馆论坛, 2021, 41（12）：35-44.

[103] 陈虹, 杨启飞. 无边界融合：可供性视角下的智能传播模式创新 [J]. 新闻界, 2020（7）：33-40.

[104] 喻国明, 赵睿. 媒体可供性视角下"四全媒体"产业格局与增长空间 [J]. 学术界, 2019（7）：37-44.

[105] 周蔚华, 杨石华. 技术变革、媒体转型及对传媒业的新挑战 [J]. 编辑之友, 2018（10）：5-11, 16.

[106] 刘海龙. 传播中的身体问题与传播研究的未来 [J]. 国际新闻界, 2018, 40（2）：37-46.

[107] 彭兰. 移动化、社交化、智能化：传统媒体转型的三大路径 [J]. 新闻界, 2018（1）：35-41.

[108] 王军峰. 场景化思维：重建场景、用户与服务连接 [J]. 新闻与写作, 2017（2）：97-99.

[109] 李波. 网络舆情中微博意见领袖的培养和引导 [J]. 新闻大学, 2015（1）：145-149.

[110] 王平, 谢耘耕. 突发公共事件网络舆情的形成及演变机制研究 [J]. 现代传播（中国传媒大学学报）, 2013, 35（3）：63-69.

[111] 陈显中. 政务微博引导网络舆情的机制研究 [J]. 宁夏社会科学, 2012

（3）：9-13.

[112] 谢耘耕，荣婷．微博舆论生成演变机制和舆论引导策略 [J]．现代传播（中国传媒大学学报），2011（5）：70-74.

[113] 李昌祖，张洪生．网络舆情的概念解析 [J]．现代传播（中国传媒大学学报），2010（9）：139-140.

[114] 谢科范，赵湜，陈刚，等．网络舆情突发事件的生命周期原理及集群决策研究 [J]．武汉理工大学学报（社会科学版），2010，23（4）：482-486.

[115] 史波．公共危机事件网络舆情应对机制及策略研究 [J]．情报理论与实践，2010，33（7）：93-96.

[116] 纪红，马小洁．论网络舆情的搜集、分析和引导 [J]．华中科技大学学报（社会科学版），2007（6）：104-107.

[117] 刘毅．略论网络舆情的概念、特点、表达与传播 [J]．理论界，2007（1）：11-12.

[118] 谢海光，陈中润．互联网内容及舆情深度分析模式 [J]．中国青年政治学院学报，2006（3）：95-100.

[119] 胡泳，陈磊．网络传播研究述略：从本体研究到规范研究 [J]．现代传播（中国传媒大学学报），2020，42（1）：143-152.

[120] 敖永春，张振卿．全媒体时代网络传播话语体系建构 [J]．传媒，2019（13）：74-78.

[121] 胡泳，陈秋心．中国网络传播研究：萌芽、勃兴与再出发 [J]．新闻战线，2019（3）：53-59.

[122] 李彪，喻国明．"后真相"时代网络谣言的话语空间与传播场域研究——基于微信朋友圈4160条谣言的分析 [J]．新闻大学，2018（2）：103-112，121，153.

[123] 白建磊，张梦霞．国内外政务微博研究的回顾与展望 [J]．图书情报知识，2017（3）：95-107.

[124] 金兼斌，江苏佳，陈安繁，等．新媒体平台上的科学传播效果：基于微信公众号的研究 [J]．中国地质大学学报（社会科学版），2017，17（2）：

107-119.

[125] 方婧，陆伟. 微信公众号信息传播热度的影响因素实证研究 [J]. 情报杂志，2016，35（2）：157-162.

[126] 熊茵，赵振宇. 微信舆情的传播特征及风险探析 [J]. 现代传播（中国传媒大学学报），2016，38（2）：79-82.

[127] 吴中堂，刘建徽，唐振华. 微信公众号信息传播的影响因素研究 [J]. 情报杂志，2015，34（4）：122-126.

[128] 王海燕. 传统媒体微信公众号编辑与运营策略分析 [J]. 编辑之友，2015（2）：85-88.

[129] 李文芳. 微信时代健康传播的特征与应用探讨 [J]. 新闻大学，2014（6）：149-154.

[130] 苏涛，彭兰. 技术载动社会：中国互联网接入二十年 [J]. 南京邮电大学学报（社会科学版），2014，16（3）：1-9.

[131] 靖鸣，周燕，马丹晨. 微信传播方式、特征及其反思 [J]. 新闻与写作，2014（7）：41-45.

[132] 李明德，蒙胜军，张宏邦. 微博舆情传播模式研究——基于过程的分析 [J]. 情报杂志，2014，33（2）：120-127.

[133] 方兴东，石现升，张笑容，等. 微信传播机制与治理问题研究 [J]. 现代传播（中国传媒大学学报），2013，35（6）：122-127.

[134] 刘雪艳，闫强. 政府微博中的热点事件信息可信度研究 [J]. 北京邮电大学学报（社会科学版），2013，15（2）：6-12.

[135] 史丽莉，谢梅. 中国地方政务微博信息传播的效果研究 [J]. 电子政务，2013（3）：27-38.

[136] 兰月新. 突发事件微博舆情扩散规律模型研究 [J]. 情报科学，2013，31（3）：31-34.

[137] 李彪，郑满宁. 微博时代网络水军在网络舆情传播中的影响效力研究——以近年来 26 个网络水军参与的网络事件为例 [J]. 国际新闻界，2012，34（10）：30-36.

[138] 金永辉. 浅谈网络传播的新闻价值观 [J]. 传媒，2012（8）：74-75.

[139] 郭海霞. 新型社交网络信息传播特点和模型分析 [J]. 现代情报, 2012, 32（1）: 56-59.

[140] 陈力丹. 微博 "圈子文化" 解码 [J]. 人民论坛, 2011（31）: 66-67.

[141] 刘社瑞, 唐双. 自媒体时代微博舆情演化与应对策略 [J]. 求索, 2011（10）: 86-87, 171.

[142] 喻国明. 微博影响力发生的技术关键与社会机理 [J]. 新闻与写作, 2011（10）: 64-66.

[143] 米彦泽, 张昊. 网络传播中议程设置的新特点 [J]. 新闻世界, 2010（7）: 200-201.

[144] 李胜, 徐丹红. 网络传播的特点及运作问题分析 [J]. 西南民族学院学报（哲学社会科学版）, 2001（4）: 144-148.

[145] 匡文波. 论网络传播学 [J]. 国际新闻界, 2001（2）: 46-51.

[146] 陈虹, 周庆安. 互联网: 我们与世界同步——"网络时代的新闻传播" 研讨会综述 [J]. 国际新闻界, 2000（4）: 27-31.

[147] 徐汉滨. 参与式治理视阈下 "政务微博" 的现实困境及其规制之道 [J]. 广西政法管理干部学院学报, 2018, 33（5）: 39-43.

[148] 王志刚, 邱长波. 基于主题的政务微博评论用户画像研究 [J]. 情报杂志, 2022, 41（3）: 159-165.

[149] 赵琳. 政务新媒体内容生产的创新路径——以共青团中央新媒体为例 [J]. 传媒, 2022（3）: 57-59.

[150] 靖鸣, 张孟军. 政务微博传播机理、影响因素及其对策 [J]. 山西大学学报（哲学社会科学版）, 2021, 44（6）: 60-68.

[151] 吕行, 金忻淳. "何人可见" 与 "何时可见": 双重语境崩溃下社交媒体用户的自我呈现管理——一项对于微信朋友圈可见性控制的考察 [J]. 新媒体研究, 2021, 7（18）: 37-41, 55.

[152] 吴世文, 何羽潇. 媒介、情感与社交关系: 网友的 QQ 记忆与技术怀旧 [J]. 现代传播（中国传媒大学学报）, 2021, 43（9）: 144-150.

[153] 安璐, 徐曼婷. 突发公共卫生事件情境下网民对政务微博信任度的测度 [J]. 数据分析与知识发现, 2022, 6（1）: 55-68.

[154] 李一铭，徐绪堪，王普查．面向突发事件的网络舆情可信度评估及政务微博引导研究 [J]．情报杂志，2021，40（11）：87-92，120．

[155] 石国良，王国华．政务微博"弱"议题舆论引导中的网民情感及其原因分析——基于重要媒体评马保国事件的个案分析 [J]．情报杂志，2021，40（6）：156-162，142．

[156] 张杰，马一琨．语境崩溃：平台可供性还是新社会情境？——概念溯源与理论激发 [J]．新闻记者，2021（2）：27-38．

[157] 刘娜，梁潇．媒介环境学视阈下 Vlog 的行为呈现与社会互动新思考 [J]．现代传播（中国传媒大学学报），2019，41（11）：47-54．

[158] 秦艳华，王元欣．社交媒体用户的媒介素养探析——从微信朋友圈的"观众隔离"现象谈起 [J]．中国编辑，2019（10）：21-26．

[159] 陈呈，靖鸣．政务微博满足公民知情权的困境与路径 [J]．新闻爱好者，2018（7）：26-31．

[160] 张志安，章震．政务机构媒体的兴起动因与社会功能 [J]．新闻与写作，2018（7）：64-69．

[161] 黄莹．语境消解、隐私边界与"不联网的权利"：对朋友圈"流失的使用者"的质性研究 [J]．新闻界，2018（4）：72-79．

[162] 董晨宇，丁依然．当戈夫曼遇到互联网——社交媒体中的自我呈现与表演 [J]．新闻与写作，2018（1）：56-62．

[163] 蒋建国．微信朋友圈泛化：交往疲劳与情感疏离 [J]．现代传播（中国传媒大学学报），2016，38（8）：67-71．

[164] 吕冬青．微信朋友圈"语境消解"的定性研究 [J]．编辑之友，2016（8）：62-67．

[165] 蔡露芹．传统媒体与新媒体互动融合的现状与困境 [D]．南昌：南昌大学，2017．

[166] 徐翔．社交网络意见领袖"同心圈层"：现象、结构及规律 [J]．深圳大学学报（人文社会科学版），2022，39（1）：133-148．

[167] 徐翔，杨航宇，徐舟爽，等．社交网络的情绪波动周期性及应对策略——基于新浪微博样本的大数据分析 [J]．新闻与写作，2021（8）：

22-32．

[168] 郭丽娟．碎片化时代传统媒体的坚守和创新 [J]．中国广播电视学刊，2021（5）：59-61．

[169] 詹新惠．社交媒体：提速媒介化社会生活 [J]．青年记者，2020（36）：11-12．

[170] 曹秦雨．大数据技术下新媒体用户画像与隐私安全 [J]．新闻研究导刊，2020，11（24）：251-252．

[171] 张梦霞，桂万保．社交媒体用户隐私边界的失控与调适 [J]．青年记者，2020（15）：37-38．

[172] 汤景泰，陈秋怡．意见领袖的跨圈层传播与"回音室效应"——基于深度学习文本分类及社会网络分析的方法 [J]．现代传播（中国传媒大学学报），2020，42（5）：25-33．

[173] 朱晓霞，孟建芳．多层网络中意见领袖及跟随者观点演化研究——基于有界信任模型 [J]．情报科学，2019，37（6）：30-36．

[174] 赵慧宇．新浪微博用户的"使用与满足"研究 [J]．传播力研究，2018，2（9）：67．

[175] 晏青，刘钰．社交媒体平台抑郁群体的社会支持寻求研究——基于对微博"抑郁症超话"的考察 [J]．新闻界，2022（6）：1-12．

[176] 马小萍．社交媒体中的谣言传播与政府治理 [J]．中共银川市委党校学报，2022（3）：91-96．

[177] 张雅馨，范晓玲．重大突发自然灾害事件下影响政务新媒体传播效果的因素研究——基于郑州发布微博实证分析 [J]．今传媒，2022，30（6）：11-13．

[178] 程张根，曹琳．徽州文化在社交媒体 Twitter 上的传播研究——基于同类账号的对比分析 [J]．安徽商贸职业技术学院学报，2022，21（2）：63-67．

[179] 赵树旺，付佳．社交媒体环境下网络传播叙事中的身份焦虑问题研究 [J]．编辑之友，2022（6）：66-71．

[180] 崔家勇，王锡苓．社交媒体中的新冠疫苗信息框架及其对疫苗犹豫的影

响——基于新浪微博的内容分析与在线控制实验 [J]. 信息资源管理学报，2022，12（3）：165-180.

[181] 杨光，岳之楠，秦静. 重大公共事件中政务微博信息特征研究——以河南暴雨事件中 @ 人民日报新浪微博为例 [J]. 情报探索，2022（5）：87-93.

[182] 马威. 社会安全阀视阈下政务微博的网络舆情治理探析 [J]. 新闻论坛，2022，36（2）：67-69.

[183] 何万莉. 基于知识图谱的国内网络舆情治理研究现状与前沿分析 [J]. 新媒体研究，2022，8（5）：9-14.

[184] 黄飞思，张博. 政务微博与媒体微博在突发自然灾害事件中的传播对比研究——以"7·20"暴雨事件为例 [J]. 新媒体研究，2022，8（5）：33-38.

[185] 刘政委，张新星，徐聪宝，等. 政务微博沟通效果评估及其影响因素的实证研究 [J]. 图书情报导刊，2022，7（2）：66-73.

[186] 安璐，吴一丹. 突发事件情境下政务微博的舆情引导能力成熟度诊断模型 [J]. 情报理论与实践，2022，45（5）：133-141.

[187] 冯广，冉建. 基于知识图谱的我国体育文化传播研究热点与前沿演进分析 [J]. 湖北体育科技，2021，40（10）：890-894.

[188] 郝俊卿，董亚梦. 秦岭山地旅游灾害风险感知及其影响因素分析 [J]. 灾害学，2021，36（3）：165-169.

[189] 张萌. 媒体融合研究二十年的学术场域——基于 CiteSpace 的科学知识图谱分析 [J]. 保定学院学报，2021，34（2）：60-67.

[190] 常甜甜. 基于文本挖掘的网络舆情研究进展述评——使用 CiteSpace 的可视化图谱研究（2000—2020）[J]. 新媒体研究，2021，7（3）：5-7.

[191] 冯慧宁，李洁. 我国民族传统体育传播研究的前沿热点与演进态势——基于 CNKI（2009—2019 年）文献的知识图谱分析 [C]// 国家体育总局体育文化发展中心、中国体育科学学会体育史分会. 2020 年体育史年会论文摘要集，2020：27-28.

[192] 高海芮. 多元与联动：新冠肺炎疫情背景下社交媒体传播研究 [J]. 新

闻研究导刊，2020，11（15）：43-44.

[193] 臧海群. 后疫情时代社交媒体公共治理和媒介素养的多维建构——以网络亚文化社群冲突为例 [J]. 新闻与写作，2020（8）：24-30.

[194] 张克旭. 社交媒体在疫情危机风险传播中的核心作用与传播机制 [J]. 新闻与传播评论，2020，73（3）：26-35.

[195] 陈娟，郭雨丽. 社交媒体与疫情：对公共卫生事件的预测、沟通与干预 [J]. 新闻记者，2020（4）：60-69.

[196] 徐在贵，郭玉成. 近十年武术传播研究的回顾与评析——基于 2009—2018 年 CNKI 数据库的知识图谱解读 [J]. 吉林体育学院学报，2020，36（2）：99-108.

[197] 侯丽. 合理利用社交媒体绘制疫情地图 [N]. 中国社会科学报，2020-04-03（02）.

[198] 易艳刚. 社交媒体时代的"信息疫情" [J]. 青年记者，2020（6）：96.

[199] 孙亚宁，李宁蒙，柴玥. 国内外健康传播研究知识图谱——基于 WoS 和 CNKI 期刊的文献可视化分析 [J]. 东南传播，2020（1）：120-126.

[200] 程飒. 国外经由社交媒介进行健康传播研究的知识图谱——基于 Citespace 的计量分析 [J]. 中国新闻传播研究，2017（2）：152-175.

[201] 张秀丽，韩立新，俱鹤飞. 我国媒介形态研究 30 年：演进脉络与范式转换——基于知识图谱的文献计量学分析 [J]. 传媒，2018（20）：72-75.

[202] 傅居正，喻国明. 数据新闻的学科建构：演进逻辑、知识图谱与前沿热点——基于美国核心期刊数据库 Web of Science（1992—2018）的文献分析 [J]. 新闻记者，2018（10）：57-69.

[203] 相德宝，张弛. 议题、变迁与网络：中国国际传播研究三十年知识图谱分析 [J]. 现代传播（中国传媒大学学报），2018，40（8）：73-77.

[204] 陈帅彤，殷琦. 国际媒体融合研究的知识图谱——基于 1995—2017 年 Web of Science 的数据 [J]. 新闻论坛，2018（3）：103-108.

[205] 何雨蔚. 中国近十年媒介融合研究现状的知识图谱——基于文献计量和内容分析的双重视角 [J]. 传媒，2018（9）：69-72.

[206] 翟旭瑾. 国内经济学领域对传媒经济问题的研究——基于经济学 CSSCI 期刊的知识图谱考察 [J]. 传媒经济与管理研究，2017（0）：22-33.

[207] 林玲，陈福集. 基于 CiteSpace 的国内网络舆情研究知识图谱分析 [J]. 情报科学，2017，35（2）：119-125.

[208] 杨晓晨，张明. 比特币：运行原理、典型特征与前景展望 [J]. 金融评论，2014，6（1）：38-53，124.

[209] 王仕民，严哲. 从精准扶贫到共同富裕：扶志研究的知识图谱——基于 CiteSpace 和 VOSviewer 的可视化分析 [J]. 西南民族大学学报（人文社会科学版），2022，43（6）：221-230.

[210] 张旭，吕冬晴，阮选敏，等. 融合文献计量与同行评议共识的期刊评价方法研究 [J]. 情报学报，2022，41（5）：486-496.

[211] 林宝灯. 近十年我国高等教育评价研究现状与前沿演进——基于 CiteSpace 知识图谱的可视化分析 [J]. 西南民族大学学报（人文社会科学版），2022，43（5）：233-240.

[212] 张香菊，钟林生，虞虎. 近 50 年自然保护地旅游研究进展与启示——基于文献计量分析 [J]. 旅游学刊，2022，37（5）：45-56.

[213] 李卓育. 知识传播的社会网络结构研究——以 MOOC 为例 [J]. 情报科学，2022，40（5）：180-186，193.

[214] 李晓武，曲国华，张悦，等. 区块链研究现状、知识演进与趋势分析——基于 WoS 核心数据库文献的科学计量 [J]. 经济问题，2022（5）：54-63.

[215] 李莹莹，王宏起，王珊珊，等. 战略性新兴产业技术创新研究的知识结构——基于 SSCI 和 CSSCI 的文献计量分析 [J]. 情报杂志，2022，41（5）：183-189.

[216] 王志刚，邱长波. 基于主题的政务微博评论用户画像研究 [J]. 情报杂志，2022，41（3）：159-165.

[217] 赵琳. 政务新媒体内容生产的创新路径——以共青团中央新媒体为例 [J]. 传媒，2022（3）：57-59.

[218] 徐翔. 社交网络意见领袖"同心圈层"：现象、结构及规律 [J]. 深圳大

学学报（人文社会科学版），2022，39（1）：133-148.

[219] 饶珊，曾明．新冠肺炎疫情下的新意见领袖及其舆论引导作用 [J]．新媒体公共传播，2021（2）：61-69.

[220] 段相宜．基于社会网络分析的环保类网络舆情信息传播研究——以新浪微博"垃圾分类"话题为例 [J]．新媒体研究，2021，7（24）：6-10.

[221] 靖鸣，张孟军．政务微博传播机理、影响因素及其对策 [J]．山西大学学报（哲学社会科学版），2021，44（6）：60-68.

[222] 徐翔．微博媒介使用中的用户趋同化现象与路径——基于新浪微博用户的实证分析 [J]．北京理工大学学报（社会科学版），2021，23（6）：176-187.

[223] 臧国全，孔小换，张凯亮，等．社交网络用户自我披露意愿研究——以新浪微博为例 [J]．图书情报工作，2021，65（16）：90-97.

[224] 魏国强，杨晓璇．自媒体时代"意见领袖"的影响力与责任研究 [J]．出版广角，2021（17）：82-84.

[225] 安璐，徐曼婷．突发公共卫生事件情境下网民对政务微博信任度的测度 [J]．数据分析与知识发现，2022，6（1）：55-68.

[226] 李一铭，徐绪堪，王普查．面向突发事件的网络舆情可信度评估及政务微博引导研究 [J]．情报杂志，2021，40（11）：87-92，120.

[227] 曾雪强，华鑫，刘平生，等．基于情感轮和情感词典的文本情感分布标记增强方法 [J]．计算机学报，2021，44（6）：1080-1094.

[228] 石国良，王国华．政务微博"弱"议题舆论引导中的网民情感及其原因分析——基于重要媒体评马保国事件的个案分析 [J]．情报杂志，2021，40（6）：156-162，142.

[229] 常庆，李艳群．疫情中主流媒体在微博上的舆论引导——以主流媒体官微 90 后抗疫报道为例 [J]．青年记者，2020（32）：30-31.

[230] 张志安，孔令旖．从微博十年发展看网络舆论变化轨迹 [J]．南方传媒研究，2019（5）：109-119.

[231] 任中杰，张鹏，兰月新，等．面向突发事件的网络用户画像情感分析——以天津"8·12"事故为例 [J]．情报杂志，2019，38（11）：126-

133.

[232] 万晓榆，杨腾，袁野，等．微博信息情绪类型对用户分享意愿的影响研究 [J]．情报科学，2019，37（8）：97-101，107.

[233] 邓枭弋．微博使用对"95后"用户情感认知的影响分析——从群体画像到青年文化 [J]．新闻爱好者，2019（3）：25-28.

[234] 潘晓英，陈柳，余慧敏，等．主题爬虫技术研究综述 [J]．计算机应用研究，2020，37（4）：961-965，972.

[235] 崔彦琛，张鹏，兰月新，等．面向时间序列的微博突发事件衍生舆情情感分析研究——以"6·22"杭州保姆纵火案衍生舆情事件为例 [J]．情报科学，2019，37（3）：119-126.

[236] 陈呈，靖鸣．政务微博满足公民知情权的困境与路径 [J]．新闻爱好者，2018（7）：26-31.

[237] 栗雨晴，礼欣，韩煦，等．基于双语词典的微博多类情感分析方法 [J]．电子学报，2016，44（9）：2068-2073.

[238] 刘义红，朱琛，祝恒书．一种基于词序的社会情感演变分析模型 [J]．计算机工程与科学，2015，37（11）：2175-2181.

[239] 刘龙飞，杨亮，张绍武，等．基于卷积神经网络的微博情感倾向性分析 [J]．中文信息学报，2015，29（6）：159-165.

[240] 陈钊，徐睿峰，桂林，等．结合卷积神经网络和词语情感序列特征的中文情感分析 [J]．中文信息学报，2015，29（6）：172-178.

[241] 陈静，袁勤俭．国内外政务微博研究述评 [J]．情报科学，2014，32（6）：156-161.

[242] 赵宇翔，范哲，朱庆华．用户生成内容（UGC）概念解析及研究进展 [J]．中国图书馆学报，2012，38（5）：68-81.

[243] 刘志明，刘鲁．微博网络舆情中的意见领袖识别及分析 [J]．系统工程，2011，29（6）：8-16.

[244] 喻国明．微博价值：核心功能、延伸功能与附加功能 [J]．新闻与写作，2010（3）：61-63.

[245] 孙卫华，张庆永．微博客传播形态解析 [J]．传媒观察，2008（10）：

51-52.

[246] 徐琳宏，林鸿飞，赵晶．情感语料库的构建和分析 [J]．中文信息学报，2008（1）：116-122.

[247] 陈悦，刘则渊．悄然兴起的科学知识图谱 [J]．科学学研究，2005（2）：149-154.

[248] 王江蓬，李潇凝．建设性新闻视域下的公众情绪治理——以重大突发事件为中心的考察 [J]．中国编辑，2021（10）：16-19，24.

[249] 刘婵君，王威力．媒体类型、新闻框架与用户在线情绪表达：以新加坡"第一家族"纠纷的社交媒体呈现为例 [J]．国际新闻界，2021，43（4）：133-161.

[250] 郭小安．公共舆论中的情绪、偏见及"聚合的奇迹"——从"后真相"概念说起 [J]．国际新闻界，2019，41（1）：115-132.

[251] 党明辉．公共舆论中负面情绪化表达的框架效应——基于在线新闻跟帖评论的计算机辅助内容分析 [J]．新闻与传播研究，2017，24（4）：41-63，127.

[252] 张志安，晏齐宏．个体情绪 社会情感 集体意志——网络舆论的非理性及其因素研究 [J]．新闻记者，2016（11）：16-22.

[253] 刘宏艳，吕明，赵吴骏，等．情绪性语言表达对情绪体验的影响 [J]．中华行为医学与脑科学杂志，2014，23（6）：575-576.

[254] 王俊秀．社会情绪的结构和动力机制：社会心态的视角 [J]．云南师范大学学报（哲学社会科学版），2013，45（5）：55-63.

[255] 王传宝，王金礼．新闻煽情主义的伦理批判 [J]．南京政治学院学报，2010，26（6）：106-110.

[256] 王潇，李文忠，杜建刚．情绪感染理论研究述评 [J]．心理科学进展，2010，18（8）：1236-1245.

[257] 徐建民，孙朋，吴树芳．传播路径树核学习的微博谣言检测方法 [J]．计算机科学，2022，49（6）：342-349.

[258] 骆正林．社交媒体时代虚假新闻的社会危害与治理路径 [J]．未来传播，2022，29（1）：37-47，128.

[259] 张爱军，朱欢. 聚合与割裂：社交媒体时代的政治认同 [J]. 哈尔滨工业大学学报（社会科学版），2022，24（1）：43-50.

[260] 张柳，王晰巍，李玥琪，等. 信息生态视角下微博舆情生态性评价指标及实证研究 [J]. 情报理论与实践，2022，45（3）：35-41.

[261] 姜永志，白晓丽，张璐，等. 青少年线上积极自我呈现与幸福感的关系：线上积极反馈与自尊的作用 [J]. 心理发展与教育，2022，38（1）：45-53.

[262] 石义彬，邱立. 弱者的力量：生命历程视域下留守妇女的社交媒体赋权 [J]. 新闻与传播评论，2021，74（5）：13-27.

[263] 喻国明，李彪. 互联网平台的特性、本质、价值与"越界"的社会治理 [J]. 全球传媒学刊，2021，8（4）：3-18.

[264] 李颖. 论社交媒体在我国档案馆中的应用——基于美国国家档案馆相关实践的启示 [J]. 北京档案，2015（2）：22-24.

[265] 廖圣清，李梦琦. 社交媒体中关系强度、自我呈现动机与用户转发意愿研究——以微信的新闻转发为例 [J]. 现代传播（中国传媒大学学报），2021，43（6）：149-156.

[266] 安璐，陈苗苗，李纲. 社交媒体环境下突发事件严重性评估和预警机制研究 [J]. 图书情报工作，2021，65（5）：98-109.

[267] 张萌. 媒体融合研究二十年的学术场域——基于 CiteSpace 的科学知识图谱分析 [J]. 保定学院学报，2021，34（2）：60-67.

[268] 廖秉宜，李嫣然，刘诗韵. 微信朋友圈用户广告分享行为的影响因素研究 [J]. 国际新闻界，2021，43（2）：118-140.

[269] 王斌，赵薹源. 社交媒体对新闻编辑职业角色的重构 [J]. 中国编辑，2021（1）：9-13.

[270] 顾秋阳，琚春华，鲍福光. 融入用户群体行为的移动社交网络舆情传播动态演化模型研究 [J]. 系统科学与数学，2020，40（12）：2278-2296.

[271] 顾秋阳，吴宝. 融入组合追踪策略的社交网络舆情传播控制方法 [J]. 控制理论与应用，2020（12）：1-12.

[272] 顾秋阳，吴宝，琚春华. 融入词汇共现的社交网络用户情感 Biterm 主

题模型 [J]. 电信科学, 2020, 36 (11): 47-60.

[273] 刘丽群, 谢精忠. 结构、风格与内容: 社交媒体用户转发的信息特征——基于媒体新冠肺炎疫情报道的考察 [J]. 新闻界, 2020 (11): 39-49.

[274] 王瑞, 李思豫, 袁勤俭. 学术社交网络用户特征对知识交流效果的影响——以南京大学 ResearchGate 用户为例 [J]. 图书情报知识, 2020 (4): 97-105, 132.

[275] 师文, 陈昌凤. 分布与互动模式: 社交机器人操纵 Twitter 上的中国议题研究 [J]. 国际新闻界, 2020, 42 (5): 61-80.

[276] 董浩, 骆正林, 冯迪拉. 社交媒体时代舆论引导的圈层化困境及其破解之道 [J]. 传媒观察, 2020 (3): 18-24.

[277] 张敏, 孟蝶, 张艳. "使用 - 满足"分析框架下社交媒体用户持续使用行为的概念模型研究 [J]. 信息资源管理学报, 2020, 10 (1): 92-101.

[278] 王红. 社交媒体中的自我呈现困境 [J]. 传媒, 2019 (18): 88-90.

[279] 安璐, 王小燕, 李纲. 恐怖事件情境下微博信息组织与关联可视化 [J]. 情报杂志, 2019, 38 (12): 157-163, 199.

[280] 张敏, 孟蝶, 张艳. S-O-R 分析框架下的强关系社交媒体用户中辍行为的形成机理——一项基于扎根理论的探索性研究 [J]. 情报理论与实践, 2019, 42 (7): 80-85, 112.

[281] 张继东, 蔡雪. 基于用户行为感知的移动社交网络信息服务持续使用意愿研究 [J]. 现代情报, 2019, 39 (1): 70-77.

[282] 周勇, 何天平. "自主"的情境: 直播与社会互动关系建构的当代再现——对梅罗维茨情境论的再审视 [J]. 国际新闻界, 2018, 40 (12): 6-18.

[283] 巴志超, 李纲, 毛进, 等. 微信群内部信息交流的网络结构、行为及其演化分析——基于会话分析视角 [J]. 情报学报, 2018, 37 (10): 1009-1021.

[284] 刘嘉琪, 齐佳音. 公共危机背景下的道德判断与谣言对抗行为生成路径研究——基于不同社交媒体平台的定性比较分析 [J]. 情报杂志, 2019,

38（1）：87-95，105.

[285] 张宁，袁勤俭. 用户视角下的学术社交网络信息质量影响因素研究——基于扎根理论方法 [J]. 图书情报知识，2018（5）：105-113.

[286] 张海涛，崔阳，王丹，等. 基于概念格的在线健康社区用户画像研究 [J]. 情报学报，2018，37（9）：912-922.

[287] 杨恬，蒋晓丽. 在美中国旅居者在社交媒体上的自我呈现动机研究 [J]. 国际新闻界，2018，40（3）：101-113.

[288] 董晨宇，丁依然. 当戈夫曼遇到互联网——社交媒体中的自我呈现与表演 [J]. 新闻与写作，2018（1）：56-62.

[289] 史安斌，王沛楠. 议程设置理论与研究50年：溯源·演进·前景 [J]. 新闻与传播研究，2017，24（10）：13-28，127.

[290] 张长亮，王晰巍，贾若男，李嘉兴. 信息生态视角下新媒体信息素养评价指标及评价方法研究 [J]. 情报资料工作，2017（4）：23-29.

[291] 王晰巍，张柳，李师萌，等. 新媒体环境下社会公益网络舆情传播研究——以新浪微博"画出生命线"话题为例 [J]. 数据分析与知识发现，2017，1（6）：93-101.

[292] 严炜炜，刘倩，周知，等. 学术型健康社区科研协同交互行为绩效分析——以丁香园为例 [J]. 信息资源管理学报，2016，6（4）：12-18，56.

[293] 喻国明，马慧. 互联网时代的新权力范式："关系赋权"—"连接一切"场景下的社会关系的重组与权力格局的变迁 [J]. 国际新闻界，2016，38（10）：6-27.

[294] 靖鸣，郭艳霞，潘宇峰. "魏则西事件"主流媒体与社交媒体舆论监督的共振与互动 [J]. 新闻爱好者，2016（7）：22-27.

[295] 黄霄羽，郭煜晗，王丹，等. 以"鞍"配"马"何相宜？——论档案服务与社交媒体的匹配 [J]. 档案与建设，2016（7）：4-8.

[296] 黄霄羽，郭煜晗，王丹，等. 国外典型档案馆应用社交媒体创新档案服务的实践特点 [J]. 档案学通讯，2016（3）：87-93.

[297] 刘玮，贺敏，王丽宏，等. 基于用户行为特征的微博转发预测研究 [J].

计算机学报，2016，39（10）：1992-2006.

[298] 周玫，梁芷铭. 微博话语权平衡策略研究 [J]. 传媒，2015（20）：75-77.

[299] 吴鼎铭，石义彬. 社交媒体"Feed 广告"与网络受众的四重商品化 [J]. 现代传播（中国传媒大学学报），2015，37（6）：106-109.

[300] 王国华，魏程瑞，杨腾飞，等. 突发事件中政务微博的网络舆论危机应对研究——以上海踩踏事件中的 @ 上海发布为例 [J]. 情报杂志，2015，34（4）：65-70，53.

[301] 刘砚议. 微信朋友圈中的"印象管理"行为分析 [J]. 新闻界，2015（3）：58-61，66.

[302] 何跃，帅马恋，余伟萍. 新浪微博加 V 用户特征分析 [J]. 情报杂志，2014，33（9）：148-151.

[303] 靖鸣，周燕，马丹晨. 微信传播方式、特征及其反思 [J]. 新闻与写作，2014（7）：41-45.

[304] 姜永志，白晓丽. 大学生手机互联网依赖与孤独感的关系：网络社会支持的中介作用 [J]. 中国特殊教育，2014（1）：41-47.

[305] 赵宇翔，范哲，朱庆华. 用户生成内容（UGC）概念解析及研究进展 [J]. 中国图书馆学报，2012，38（5）：68-81.

[306] 沈洪洲，宗乾进，袁勤俭，等. 我国社交网络隐私控制功能的可用性研究 [J]. 计算机应用，2012，32（3）：690-693.

[307] 靖鸣，王瑞. 微博已成公众舆论助推器和制造者——由"随手拍照解救乞讨儿童"说起 [J]. 新闻爱好者，2011（12）：10-11.

[308] 李雨薇. 社交媒体时代主流媒体新型记者形象建构分析——以央视总台记者王冰冰为例 [J]. 今传媒，2022，30（6）：56-59.

[309] 姜琳琳，孙宇. 超越媒介：探究新阶段媒介融合问题的三重视野 [J]. 当代传播，2022（2）：58-61.

[310] 胡正荣，张英培. 市场、技术与现代性："十四五"时期全媒体传播体系的构建 [J]. 出版广角，2022（3）：11-15.

[311] 朱江丽. 媒体融合行动者网络的制度逻辑及"散射效应"研究 [J]. 新闻大学，2022（1）：105-118，124-125.

[312] 陈秀娟，张志强，郭进京. 国际知名智库社交媒体传播特征及其启示 [J/OL]. [2021-11-29] 图书馆论坛，https://kns.cnki.net/kcms/detail/44.1306. G2.2021//26./336.004.html.

[313] 黄楚新，吴梦瑶. "新闻，政务服务商务"运营模式探析 [J]. 视听界，2021（5）：5-8，17.

[314] 胡正荣，蒋东旭. 全媒体传播体系与四级融合新发展格局 [J]. 中国编辑，2021（5）：4-7，27.

[315] 于春瑶. 媒介融合趋势下新闻传播的特点及趋势——评《媒介融合趋势下的新闻传播及其变革研究》[J]. 新闻与写作，2021（4）：115.

[316] 周葆华，钟媛. "春天的花开秋天的风"：社交媒体、集体悼念与延展性情感空间——以李文亮微博评论（2020—2021）为例的计算传播分析 [J]. 国际新闻界，2021，43（3）：79-106.

[317] 赵娜，谭天. 社交媒体中的积极老龄化探析——基于马斯洛需求层次理论 [J]. 新闻爱好者，2021（3）：22-26.

[318] 韩金，张生太，白少一. 社交网络用户人格特质对社会资本积累的影响——基于微信的研究 [J]. 管理评论，2021，33（2）：239-248.

[319] 苏悦，刘明明，赵楠，等. 基于社交媒体数据的心理指标识别建模：机器学习的方法 [J]. 心理科学进展，2021，29（4）：571-585.

[320] 曾雪云，郝宁华，时准. 小微企业如何提升信息沟通绩效——基于社会化客户关系管理能力与社交媒体可见度的研究 [J]. 经济理论与经济管理，2021，41（2）：98-112.

[321] 张英培，胡正荣. 从媒体融合到四级融合发展布局：主流媒体发展改革的新阶段 [J]. 出版广角，2021（1）：6-9.

[322] 李华君，涂文佳. 5G 时代全媒体传播的价值嬗变、关系解构与路径探析 [J]. 现代传播（中国传媒大学学报），2020，42（4）：1-5.

[323] 孙少晶，王帆，刘志远，等. 新冠肺炎疫情语境中多元媒介的微博话语表达 [J]. 新闻大学，2020（3）：16-30，117.

[324] 詹绪武，李珂. Vlog，新闻：主流话语的传播创新路径——以"康辉 vlog"为例 [J]. 新闻与写作，2020（3）：98-102.

[325] 郭海玲，马红雨，许泽辉. 社会化媒体用户信息披露意愿影响模型构建与实证——以微信用户为例 [J]. 图书情报工作，2019，63（15）：111-120.

[326] 牛静，孟筱筱. 社交媒体信任对隐私风险感知和自我表露的影响：网络人际信任的中介效应 [J]. 国际新闻界，2019，41（7）：91-109.

[327] 王昀. "日常的我们"：自媒体生产的社群化动力及其可持续性反思 [J]. 现代传播（中国传媒大学学报），2019，41（1）：152-157.

[328] 牛静，常明芝. 社交媒体使用中的社会交往压力源与不持续使用意向研究 [J]. 新闻与传播评论，2018，71（6）：5-19.

[329] 谭天，张子俊. 我国社交媒体的现状、发展与趋势 [J]. 编辑之友，2017（1）：20-25.

英文参考文献

[1] PAPACHARISSI Z. Affective publics and structures of storytelling: Sentiment, events and mediality [J]. Information, Communication & Society, 2016, 19(3): 307-324.

[2] PAPACHARISSI Z. Affective publics: Sentiment, technology, and politics[M]. Oxford: Oxford University Press, 2015.

[3] BOYD D. Social network sites as networked publics: Affordances, dynamics, and implications. In A networked self [M]. London: Routledge, 2010: 47-66.

[4] MERGEL I. A framework for interpreting social media interactions in the public sector[J]. Government Information Quarterly, 2013, 30(4):327-334.

[5] CRIAD J I, SANDOVAL-ALMAZAN R, GIL-GARCIA JR. Government innovation through social media[J]. Government Information Quarterly, 2013, 30(4):319-326.

[6] WUKICH C, MERGEL I. Closing the citizen-government communication gap: Content, audience, and network analysis of government tweets[J]. Journal of Homeland Security and Emergency Management, 2015, 12(3): 707-735.

[7] HOGAN B. The presentation of self in the age of social media: Distinguishing performances and exhibitions online[J]. Bulletin of Science, Technology & Society, 2010, 30(6):377-386.

[8] TIM C. Annette lavers, roland barthes: structuralism and after[J]. Oxford Literary Review, 1982(1).

[9] WESCH M. YouTube and you: Experiences of self-awareness in the context collapse of the recording webcam[J]. Explorations in Media Ecology, 2009, 8(2):19-34.

[10] SONTAG S. On photography[M]. London: Macmillan, 2001.

[11] MCKEMMISHS. Evidence of me.... [Personal recordkeeping.][J]. Archives and Manuscripts, 1996, 24(1):28-45.

[12] TRIGGS A H, MOLLER K, NEUMAYER C. Context collapse and anonymity among queer Reddit users[J]. New Media & Society, 2021, 23(1):5-21.

[13] COSTA E. Affordances-in-practice: An ethnographic critique of social media logic and context collapse[J]. New Media & Society, 2018, 20(10):3641-3656.

[14] SZABLA M, BLOMMAERT J. Does context really collapse in social media interaction? [J]. Applied Linguistics Review, 2020, 11(2):251-279.

[15] GEORGAKOPOULOU A. "Whose context collapse?": Ethical clashes in the study of language and social media in context[J]. Applied Linguistics Review, 2017, 8(2-3):169-189.

[16] BAURILLARD J. Simulacra and Simulation[M]. Ann Arbor: The University of Michigan Press. 1994.

[17] KIM E M, IHM J. Online news sharing in the face of mixed audiences: context collapse, homophily, and types of social media[J]. Journal of Broadcasting & Electronic Media, 2020, 64(5):756-776.

[18] BRANDTZAEG P B, LUDERS M. Time collapse in social media: extending the context collapse[J]. Social Media+ Society, 2018, 4(1).

[19] MARWICK A E, BOYD D. I tweet honestly, I tweet passionately: Twitter users, context collapse, and the imagined audience[J]. New Media & Society,

2011, 13(1):114-33.

[20] VITAK J. The impact of context collapse and privacy on social network site disclosures[J]. Journal of Broadcasting & Electronic Media, 2012, 56(4):451-470.

[21] HOLLENBAUGH E E. Self-presentation in social media: Review and research opportunities[J]. Review of Communication Research, 2021(9):80-98.

[22] TEDESCHI J T, SCHLENKER B R, BONOMA T V. Cognitive dissonance: Private ratiocination or public spectacle? [J]. American Psychologist, 1971, 26(8):685.

[23] LOH J, WALSH M J. Social Media Context Collapse: The consequential differences between context collusion versus context Collision[J]. Social Media+ Society, 2021, 7(3).

[24] PARCHOMA G. The contested ontology of affordances: Implications for researching technological affordances for collaborative knowledge production[J]. Computers in Human Behavior, 2014(37):360-368.

[25] MARKUS M L, SILVER M S. A foundation for the study of IT effects: A new look at DeSanctis and Poole's concepts of structural features and spirit[J]. Journal of the Association for Information Systems, 2008, 9(10):5.

[26] RAINIE H, WELLMAN B. Networked: The new social operating system[M]. Cambridge, M A: Mit Press, 2012.

[27] ELLISON N B, STEINFIELD C, LAMPE C. Connection strategies: Social capital implications of Facebook-enabled communication practices[J]. New media & society, 2011, 13(6):873-892.

[28] CHRISTOPHE V, RIME B. Exposure to the social sharing of emotion: Emotional impact, listener responses and secondary social sharing[J]. European Journal of Social Psychology, 1997, 27(1):37-54.

[29] FRIJDA N H. Emotion, cognitive structure, and action tendency[J]. Cognition and Emotion, 1987, 1(2):115-143.

[30] LUONG A. Affective service display and customer mood[J]. Journal of Service Research, 2005, 8(2):117-130.

[31] WENGNER D M, PENNEBAKER J W. Handbook of mental control[M]. Upper Saddle River: Prentice-Hall, Inc, 1993.

[32] RIME B, PHILIPPOT P, BOCA S, Mesquita B. Long-lasting cognitive and social consequences of emotion: Social sharing and rumination[J]. European Review of Social Psychology, 1992, 3(1):225-258.

[33] SCHEUFELE D A, TEWKSBURY D. Framing, agenda setting, and priming: The evolution of three media effects models[J]. Journal of Communication, 2007, 57(1):9-20.

[34] BOLINO M C, TURNLEY W H. Counter normative impression management, likeability, and performance ratings: The use of intimidation in an organizational setting[J]. Journal of Organizational Behavior: The International Journal of Industrial, Occupational and Organizational Psychology and Behavior, 2003, 24(2):237-250.

[35] GOFFMAN E. The presentation of self in everyday life[M]. New York: Anchor, 2021.

[36] SCHLENKER B R, SORACI J R S, SCHLENKER PA. Self-presentation as a function of performance expectations and performance anonymity[J]. Proceedings of the Division of Personality and Society Psychology, 1974, 1(1):152-154.

[37] WALTHER J B. Interpersonal effects in computer-mediated interaction: A relational perspective[J]. Communication Research, 1992, 19(1):52-90.

[38] ZEIGLER-HILL V, MUERS E M. An implicit theory of self-esteem: The consequences of perceived self-esteem for romantic desirability[J]. Evolutionary Psychology, 2011, 9(2).

[39] TITCHENER E B. An outline of psychology[M]. London: Macmillan, 1902.

[40] EGGHE L, ROUSSEAU R. Introduction to informetrics: Quantitative methods in library, documentation and information science[M]. Amsterdam: Elsevier

Science Publishers, 1990.

[41] KRETSCHMER H. Coauthorship networks of invisible colleges and institutionalized communities[J]. Scientometrics, 1994, 30(1):363-369.

[42] HOU H, KRETSCHMER H, LIU Z. The structure of scientific collaboration networks in Scientometrics [J]. Scientometrics, 2008, 75(2):189-202.

[43] ZUNDE P. Structural models of complex information sources[J]. Information Storage and Retrieval, 1971, 7(1):1-8.

[44] MARSHAKOVA I. Citation networks in information science[J]. Scientometrics, 1981, 3(1):13-25.

[45] GRIFFITH B C, MULLINS N C. Coherent Social Groups in Scientific Change: "Invisible colleges" may be consistent throughout science[J]. Science, 1972, 177(4053):959-964.

[46] SMALL H, GRIFFITH B C. The structure of scientific literatures I: Identifying and graphing specialties[J]. Science studies, 1974, 4(1):17-40.

[47] OBAR J A, WILDMAN S S. Social media definition and the governance challenge: An introduction to the special issue[J]. Telecommunications Policy, 2015, 39(9):745-750.

[48] CHEN Y. Convolutional neural network for sentence classification[D]. Wlater loo: The University of Waterloo, 2015.

[49] BAYM N K, BOYD D. Socially mediated publicness: An introduction[J]. Journal of Broadcasting & Electronic Media, 2012, 56(3):320-329.

[50] GILES C L, BOLLACKER K D, LAWRENCE S. CiteSeer: An automatic citation indexing system[J]. Proceedings of the third ACM conference on Digital libraries, 1998: 89-98.

[51] KAUR J, HOANG DT, SUN X, POSSAMAI L, et al.. Scholarometer: A social framework for analyzing impact across disciplines[J]. PLOS ONE, 2012, 7 (9): e43235.

[52] HOANG DT, KAUR J, MENCZER F. Crowdsourcing scholarly data[M]. Raleigh, N C, USA, 2010:1-8.

[53] LOWERY PB, GASKIN J, HUMPHERYS SL, et al. Evaluating journal quality and the association for information systems senior scholars' journal basket via bibliometric measures: Do expert journal assessments add value? [J]. MIS Quarterly, 2013: 993-1012.

[54] DEAN D L, LOWRY P B, HUMPHERYS S. Profiling the research productivity of tenured information systems faculty at US institutions[J]. MIS Quarterly, 2011, 31(5): 1-5.

[55] KARUGA G G, LOWRY P B, RICHARDSON V J. Assessing the impact of premier information systems research over time[J]. Communications of the AIS (CAIS), 2007, 19(7): 115-131.

[56] LIU J S, LU L Y. An integrated approach for main path analysis: Development of the Hirsch index as an example[J]. Journal of the American Society for Information Science and Technology, 2012, 63(3):528-542.

[57] LOWRY P B, KARUGA G G, Richardson V J. Assessing leading institutions, faculty, and articles in premier information systems research journals[J]. Communications of the Association for Information Systems (CAIS), 2007, 20(16): 142-203.

[58] SUBRAHANYAM K, GREENFIELD P, KRAUT R, et al. The impact of computer use on children's and adolescents' development[J]. Journal of Applied Developmental Psychology, 2001, 22(1): 7-30.

[59] DEREK J. DE SOLLA PRICE. Networks of Scientific Papers[J]. Science, 1965, 149(3683): 510-515.